JEAN FAILLER

Mémoires d'un petit Quimpérois

ÉDITIONS DU PALÉMON.
ZI de Kernevez — 11 B rue Röntgen — 29 000 Quimper

Aux Éditions du Palémon

Les enquêtes de Mary Lester

1 *Les bruines de Lanester*
2 *Les diamants de l'Archiduc*
3 *La mort au bord de l'étang*
4 *Marée blanche*
Prix Fondation Paul Ricard - 1995
5 *Le manoir écarlate*
6 *Boucaille sur Douarnenez*
Association des Écrivains de l'Ouest:
Grand Prix de la Ville de Rennes - 1995
7 *L'homme aux doigts bleus*
8 *La cité des dogues*
9 *On a volé la Belle Étoile!*
10 *Brume sous le grand pont*
11 *Mort d'une rombière*
12 *Aller simple pour l'enfer*
13 *Roulette russe pour Mary Lester*
14 *À l'aube du troisième jour*
15 *Les gens de la rivière*
16 *La bougresse*
17 *La régate du St-Philibert*
18 *Le testament Duchien*
19 *L'or du Louvre*
20 *Forces noires*
21 *Couleur Canari*
22-23 *Le renard des grèves*
24 *Les fautes de Lammé-Bouret*
25 *La Variée était en noir*
26 *Rien qu'une histoire d'amour*
27 *Ça ira mieux demain*
28 *Bouboule est mort*
29 *Le passager de la Toussaint*
Prix C&C Produit en Bretagne 2007
30-31 *Te souviens-tu de Souliko'o?*
32 *Sans verser de larmes*
33-34 *Il vous suffira de mourir*
35 *Casa del Amor*
36 *Le 3e œil du professeur Margerie*
37-38 *Villa des Quatre Vents*
39 *Le visiteur du vendredi*
40-41 *La Croix des Veuves*
42-43 *État de siège pour Mary Lester*
44 *Avis de gros temps pour Mary Lester*
45 *Les mécomptes du capitaine Fortin*
46-47 *Mary Lester et la mystérieuse affaire Bonnadieu*
48-49 *Ça ne s'est pas passé comme ça*
50 *C'est la faute du vent…*
51-52 *Fallait pas commencer*
53-54 *Le menteur revient toujours*
55 *Au rendez-vous de la Marquise*
56-57 *Retour au pays maudit*
58 *En secret à Belle-Île*

Les aventures de Filosec et Biscoto (jeunesse)

1 *Les naufragés de l'Île sans Nom*
Prix des Embouquineurs / Brest 1999
Prix Loustig / Pont-l'Abbé 1999
2 *Le manoir des hommes perdus*
3 *Les passagers du Sirocco - T1*
4 *Les passagers du Sirocco - T2*
5 *Monnaie de singe* (J.-L. Le Pogam)

Romans historiques

Mammig
T1 *Les temps héroïques*
T2 *Le temps des malamoks*
T3 *Pêcheurs de haute mer*

L'ombre du Vétéran
La Fontenelle, Seigneur de l'île Tristan
Mémoires d'un petit Quimpérois

Théâtre

Authentique Histoire de Bélise…
Prix des Écrivains Bretons 1998

Le Festin des Gueux
(Éditions Les Mandarines)

Nouvelles

Le gros lot

L'homme que je n'ai pas tué

AVERTISSEMENT

Comme beaucoup de jeunes de ma génération, je n'ai pas appris le breton à l'école – lieu d'où il était farouchement banni par les hussards noirs de la République, sous peine de punition sévère – mais au contact de mes grands-parents bigoudens, qui ne connaissaient pas d'autre langue.

Si je l'ai parlé – et qu'il m'en reste fort heureusement quelques rudiments – je n'ai donc jamais su l'écrire.

J'ai bien évidemment – comment pourrait-il en être autrement ! – émaillé ce récit d'expressions bretonnes qui étaient, durant mon enfance, incontournables à Quimper et à Douarnenez. Je les ai couchées ici brutes de décoffrage, telles que je les ai toujours entendues, et perçues, sans me préoccuper de leur orthographe que je n'ai jamais maîtrisée. Car pour moi, le breton, c'est ça !

Je prie donc les puristes de notre belle langue de ne pas m'en vouloir pour ces approximations ! Et conseille à ceux qui souhaiteraient la découvrir de se munir d'ouvrages plus « sérieux » sur la question…

Quimper 1943

Premiers pas d'un petit Quimpérois dans sa ville.

Sur les quais de l'Odet, un vieil homme marche lentement en tenant un enfant par la main.

L'enfant, c'est moi, Jean Armand Failler, né à Penhars, une petite commune voisine de Quimper, rue Victor Hugo, le 26 février 1940, soit cent trente-huit ans jour pour jour après le grand poète et cent soixante-seize jours après la déclaration de la Seconde Guerre mondiale. J'ai donc passé les cinq premières années de ma vie dans un pays en guerre.

Penhars était alors, avec Kerfeunteun et Ergué-Armel, l'une des communes rurales qui côtoyaient le chef-lieu du département[1].

La préfecture du département, Quimper n'était encore qu'une petite ville enserrée entre ses deux églises, celle de la paroisse

---

1. Depuis 1959, ces communes se sont jointes au chef-lieu de canton pour faire le grand Quimper.

Saint-Mathieu et la cathédrale Saint-Corentin, impressionnant édifice de granit dont les doubles tours hardiment pointées vers le ciel dominent la vallée de l'Odet, aimable fleuve côtier qui la traverse paresseusement avant de se jeter dans la mer à Bénodet.

Le bourg de Penhars était alors majoritairement habité par des Bigoudens comme celui de Kerfeunteun l'était par des Melenigs[2], et Ergué-Armel par des indigènes du pays de Fouesnant.

Ces ruraux, attirés par la ville mais méfiants tout de même, s'arrêtaient en lisière de l'agglomération ; probablement parce que c'était encore la campagne et qu'il leur était plus facile de s'y loger, mais aussi pour rester au plus près de leur bourg de naissance afin de pouvoir s'y réfugier au moindre signe hostile.

En quatre siècles, les Failler n'avaient guère bougé de leur terroir. En remontant leur généalogie, on trouve l'attestation du mariage d'un Jan Le Phallier aux registres paroissiaux de Beuzec Cap Caval – qui englobait alors Penmarc'h – en 1640.

Le Phallier, qui signifie « le faucheur », indique donc probablement la profession de cet ancêtre. D'autres étaient enregistrés comme « laboureurs de terre » ; de nos jours, on dirait ouvriers agricoles. Au fil du temps et de la fantaisie des recteurs chargés de la tenue des registres, Le Phallier devint Le Fallier, puis Le Failler et enfin Failler.

Parcourant une demi-lieue de dune, ils avaient également déménagé de Beuzec Cap Caval, paroisse aujourd'hui disparue dont il ne subsiste que la très vieille église et quelques maisons contemporaines, pour s'établir à Tréguennec, où ils demeurèrent quelques siècles avant de faire une lieue de plus pour se fixer à

2. Les petits jaunes, en breton, surnom donné aux habitants d'Elliant pour les dorures qui ornaient leur costume de fête.

Plonéour-Lanvern, gros bourg rural qui dispute à Pont-l'Abbé le titre de véritable capitale du Pays bigouden.

Un concours de circonstances fit naître mon père à Pont-l'Abbé, dans le quartier populaire de Lambour où sa mère était *keginerez*[3] dans une auberge.

Cependant, dès qu'il le put, le couple regagna Plonéour-Lanvern où mon grand-père Jean-Noël était journalier agricole, louant ses bras au gré des saisons, selon les besoins de propriétaires terriens presque aussi misérables que lui.

Au sortir de la grande guerre – il était revenu presque intact de l'enfer de Verdun – Jean-Noël, paysan sans terre, avait trouvé une situation dans un manoir des environs : contre la jouissance de la maison de garde du domaine, il devait en entretenir les abords et la longue allée bordée de hêtres qui menait à la demeure des maîtres et, plus évidemment, surveiller les lieux.

Déjà riche de cinq enfants, il avait jugé l'affaire avantageuse car, outre la maison de garde, il pouvait disposer d'une parcelle de terre qui lui permettait de cultiver des légumes et donc, de nourrir sa nichée.

Mon père, Jean-Eneour-Pierre-Marie Failler, neuvième du nom, avait six ans lorsque son père partit pour une guerre meurtrière qui devait durer quatre ans.

Il avait donc dix ans lorsque ce dernier revint de cet enfer avec ses deux bras et ses deux jambes. Il était surtout traumatisé, bien qu'il tentât de n'en rien laisser voir, par les horreurs qu'il avait vécues pendant ces longues années.

Peu loquace de nature, dès qu'une conversation menait à la Grande Guerre, Jean-Noël devenait carrément muet, laissant,

---

3. *Fille de cuisine.*

avec un petit sourire triste et des hochements de tête entendus, d'autres « héros » s'épancher sur leurs exploits dans les tranchées.

Il en était donc revenu presque intact. Presque… Gazé à l'ypérite à Verdun, il y avait « gagné » une vue troublée et des yeux constamment larmoyants, ce qui avait irrémédiablement gâché ses talents de tireur d'élite. Bien sûr, comparé à ceux qui avaient perdu un bras, une jambe voire la vie, c'était presque bénin et ces maux n'avaient pas justifié l'octroi d'une pension qu'il avait d'ailleurs négligé de demander. Ne sachant ni lire ni écrire et ne parlant que breton, comment aurait-il pu plaider sa cause auprès d'une administration peuplée de petits chefs imbus de leur supériorité sur ces misérables ploucs ?

Il retrouva donc avec satisfaction la petite maison de garde et sa chère Naïg qui devait lui donner cinq autres enfants.

Mon père eut la chance de fréquenter l'école laïque jusqu'à l'âge de douze ans. C'était une époque où les gens de sa condition ne traînaient guère sur les bancs de l'école, surtout quand on était l'aîné d'une famille où une dizaine de bouches bien endentées attendaient leur pitance deux fois par jour. D'ailleurs, pour la plupart de ses condisciples, l'école était un insupportable pensum et ils préféraient mille fois travailler aux champs qu'ânonner l'alphabet et suer sur les quatre opérations. Ce n'était pas le cas de mon père. Lui apprenait facilement et avec plaisir, pour le plus grand bonheur de son maître qui envisageait sérieusement un succès au Certificat d'études primaires.

Cependant, il fallut que ce hussard noir de la République fît une grande lieue à pied à travers champs pour décider mon grand-père à laisser à son aîné une journée pour se présenter à l'examen.

Jean-Noël ne voyait pas l'intérêt qu'il y avait à perdre son temps en une période de l'année où tous les bras disponibles étaient requis pour les travaux des champs. Selon l'usage, dès l'âge de sept ans, âge décrété « de raison » par le clergé – il menait à la communion privée –, les enfants accompagnaient les adultes aux champs pour aider dans la mesure de leurs moyens aux récoltes des premières pommes de terre, des haricots verts, et des petits pois.

À l'époque, en Pays bigouden, le destin d'un enfant issu d'une famille pauvre était tout tracé : les travaux de la ferme. La terre avait besoin de bras. La mer aussi, pour qui naissait dans un port. Dès ses douze ans, promu au rang de petit mousse, il embarquait sur la chaloupe d'un père, d'un oncle ou d'un cousin.

Il faut croire que l'instituteur sut se montrer persuasif puisque mon père put bénéficier d'une journée de repos pour tenter de décrocher ce Graal de l'instruction publique.

Jean-Eneour-Pierre-Marie Failler, qui ne manifestait aucun goût pour les travaux agricoles, réussit le prestigieux examen haut la main.

Auréolé de ce succès, il entra en apprentissage chez le menuisier du village.

*

Jean-Enéour Failler monte à Paris.

Lorsque Jean-Noël, mon grand-père, fut démobilisé en 1918, mon père avait dix ans. Comme on l'a vu, ce dernier passa le Certificat d'études à douze ans et entra aussitôt en apprentissage chez le menuisier du bourg, à Plonéour-Lanvern, ravi de pouvoir échapper à ces travaux des champs qui le rebutaient tant.

À seize ans, ayant appris tout ce que son patron pouvait lui apprendre, il sentit qu'il était temps de changer d'air.

Lors d'un séjour au pays, une vague tante de sa famille, dont le mari s'était exilé à la capitale où on embauchait des manœuvres pour creuser le métro, incita mes grands-parents à lui confier leur aîné. Elle se faisait forte de le loger et de lui trouver un emploi.

Les rares audacieux qui avaient osé quitter le village natal pour les feux de la capitale jouissaient alors d'une aura toute particulière.

L'aventure tenta mon père. Il nota soigneusement l'adresse de la tante Lisette et se prépara pour le grand départ. Pour n'avoir pas à payer le train, grand-mère Naïg eut recours aux services d'un marchand de bestiaux qu'elle avait connu lorsqu'elle officiait dans les cuisines de l'auberge où cet homme important avait ses habitudes. L'homme avait justement des porcs à convoyer jusqu'à Vaugirard. Le garçon n'avait qu'à s'installer dans le wagon avec les bêtes, il passerait pour un convoyeur et le tour serait joué.

Ce fut donc dans cet arroi peu reluisant que notre Rastignac bigouden prit pied dans la capitale.

De là, ce fut grâce à un périple épuisant par les rues de cette capitale immense, demandant son chemin en montrant le papier où figurait l'adresse de la tante Lisette, qu'il parvint à trouver son nouveau gîte.

Il se sentait en terre étrangère, hostile même. Bien sûr, il parlait le français appris à l'école, mais à la maison, tout le monde communiquait en breton. Il ne comprenait pas ces gens qui parlaient trop vite et qui s'écartaient d'un air dégoûté car le voyage – une journée parmi les cochons – l'avait imprégné d'une puanteur tenace.

Enfin, épuisé, affamé, il parvint chez tante Lisette qui le réconforta comme elle le put. Son mari et elle étaient logés petitement et lui avaient généreusement octroyé une paillasse dans un réduit obscur.

Cependant, c'était une base de départ. Tante Lisette le présenta à un entrepreneur en menuiserie. Celui-ci employait une quinzaine d'ouvriers dans un vaste atelier vitré. Il considéra mon père avec curiosité et lui demanda s'il savait travailler. Celui-ci opina vivement de la tête, alors le patron lui désigna un établi qui paraissait libre et demanda à un de ses employés de lui apporter une douzaine de planches. Puis, lui montrant une porte finie, il commanda : « C'est bon, montre-nous ça. Tu as la journée pour faire la même porte… »

Les autres ouvriers contemplèrent d'un air gouailleur ce freluquet trop maigre, s'attendant à le voir fondre en larmes.

Mon père ne leur donna pas cette joie. Il tomba la veste et se mit à l'œuvre. Soucieux de relever le défi, il ne prit même pas le temps de déjeuner. Mais au soir, une porte à panneaux chevillée était terminée, en tout point semblable à celle qui lui avait servi de modèle, et sans une seule pointe.

— C'est bon, lui dit le patron, tu es embauché. Passe au bureau pour qu'on t'enregistre. Sois-là demain à huit heures et tâche d'être ponctuel.

Et il ajouta, ce qui ravit mon père :

— La journée que tu as passée à faire cette porte te sera payée.

Mon père devait rester quelque temps chez cet employeur et se fit des connaissances parmi les compagnons qui œuvraient à ses côtés. Il ne demeura pas longtemps chez tante Lisette et trouva à se loger dans un petit hôtel où nombre d'ouvriers séjournaient. Dès qu'il le put, il renouvela sa garde-robe et prit, comme ses compagnons d'atelier, l'habitude l'aller à la douche municipale le dimanche matin.

Peu à peu, son patron, qui l'appréciait, lui confia de nouvelles responsabilités en le nommant chef d'équipe pour une branche d'activité dans laquelle l'entreprise était renommée : l'installation de magasins, activité où son savoir-faire et sa débrouillardise firent des merveilles. Et il put enfin expédier des mandats à Plonéour-Lanvern où grand-père Jean-Noël peinait à nourrir les huit enfants encore au logis avec son maigre salaire d'ouvrier agricole.

*

Retour sur les quais de l'Odet.

Je poursuis ma route, ma petite main dans celle de mon grand-père maternel François.

La marée est pleine et l'eau verte venue de la mer affleure la route, si bien que les sabliers qui déchargent leur cargaison de maërl ou de sable fin devant le palais de justice paraissent posés sur la chaussée.

Dans des halètements de moteurs et le cliquetis de chaînes, des bennes aux mâchoires d'acier arrachent la moisson marine à la cale.

Des cordillères artificielles s'élèvent ainsi peu à peu, jusqu'au Cap Horn. Le quartier a pris le nom d'un bistrot situé là où l'Odet, corseté de granit le temps de traverser la ville, reprend ses aises pour couler paisiblement jusqu'à la mer.

C'est alors le port de commerce de Quimper dans lequel les lougres et les goélettes déchargent les bois du Nord ou le charbon gallois.

Les sabliers, de plus petite taille, déversent leur butin du jour plus haut, tout au long de la route qui mène au Pays bigouden. Quant aux lougres transportant du vin, ils remontent presque jusqu'à la jonction du Steir et de l'Odet, jusqu'à la cale Alavoine, du nom d'un important négociant en pinard de la place.

Une faune curieuse rôde toujours autour de ces déchargements, mystérieusement prévenue de l'arrivée d'un nouveau bateau. Quelques désœuvrés espèrent trouver là matière à gagner trois sous en « donnant la main » pour les manutentions de déchargement.

Les plages les plus proches, Bénodet ou Beg-Meil, sont à quatre bonnes lieues de Quimper, donc hors de portée de la plupart de ses habitants qui n'ont que leurs jambes pour se déplacer. Ce sont, pour la majorité, des gens de petite condition, ouvriers ou manœuvres qui, venus de la campagne, gagnent leur pain « à la sueur de leur front », comme il est dit dans la Bible, et plutôt mal que bien.

Aux marées de bon coefficient, puisqu'ils ne peuvent pas aller à la plage, c'est la plage qui vient à eux dans les flancs de ces sabliers ventrus, le *Roger*, le *Camille* et quelques autres.

Les montagnes de maërl gris, que les paysans d'alentour viennent chercher avec leurs charrettes traînées par de robustes postiers bretons pour amender leurs champs, n'ont pas la faveur des quêteurs de coquillages, mais les sables d'or du Letty recèlent fréquemment de coquillages estimables comme des coques, des pieds de couteaux, des palourdes, des *couilloù kwezic,* voire des lançons que l'on se dispute avidement.

Il faut faire vite. À peine la benne a-t-elle largué sa cargaison que chacun se précipite, grattant avidement le sable à pleines mains et guettant d'un œil inquiet le prochain envoi. Le préposé à la manœuvre du treuil ne se soucie pas des traînards et on peut penser qu'il trouve même un malin plaisir à déverser son mètre cube de sable dégoulinant d'eau de mer sur le dos des retardataires.

Mon grand-père François, ancien patron pêcheur de Douarnenez que la maladie a cloué à terre loin de son cher Rosmeur[4], vient alimenter sa nostalgie en respirant l'odeur de marée basse qui s'exhale de cette cargaison arrachée aux fonds marins.

La rue de la Providence, où sa femme Mélanie, ma grand-mère, a trouvé un « pas-de-porte », comme on disait alors, pour exercer son métier de repasseuse afin de faire bouillir la marmite familiale, est à deux jets de pierre de l'opulente rue Kéréon où s'étale un luxe impensable de bijouteries, de riches fourrures, et de tissus que l'on débite au mètre. La rue de la Providence est un quartier pauvre qui respire la misère et dans laquelle tout un quart-monde s'entasse dans des masures branlantes.

À Douarnenez, grand-père était un patron respecté dont la parole comptait ; dans la rue de la Providence, il n'est désormais qu'un pauvre déclassé de plus, juste bon à promener les enfants.

---

4. Port de pêche de Douarnenez.

Je viens d'avoir trois ans et, trois quarts de siècle plus tard, je me souviens de cette époque comme si c'était hier. Étrange chose que la mémoire qui, au printemps de la vie, marque de façon indélébile nos jeunes cervelles.

Nous traversons la rue devant la cale Saint-Jean qui fait face au palais de justice pour voir le spectacle de plus près. Cela ne présente aucun risque car, sur cette artère aujourd'hui si fréquentée par la circulation automobile, il ne passe pas une voiture par heure, et encore, c'est en général un tacot brinquebalant marchant au gazogène – n'oublions pas que c'est la guerre et que l'essence, réservée à l'occupant, est rare – qui frôle parfois les trente kilomètres heure.

Grand-père salue les matelots du sablier, qu'il connaît désormais. Ne comptez pas sur un vieux marin pour aller balader sa progéniture à la campagne. Ses pas le conduisent obligatoirement vers la mer, surtout au temps des grandes marées qui lui rappellent son Douarnenez natal.

François Marot n'est pas un grand marcheur comme peut l'être Jean-Noël, mon pépé de Plonéour.

À vrai dire, il n'est bien que sur l'eau, dans un bateau de pêche. Ne lui parlez pas de yachts de plaisance, il y en a si peu que pour lui ils n'existent pas. Il prend ces coques immaculées, avec leurs hauts mâts vernis et leurs grandes voiles blanches et évanescentes comme des traînes de mariées, pour des incongruités, des bateaux de crâneurs, des anomalies de riches qui ne savent que faire de leur argent. D'ailleurs, ne leur faut-il pas, pour faire naviguer ces esquifs, le concours de vrais marins débauchés de leurs chaloupes sardinières ? Pour lui, un vrai bateau ne peut être qu'un outil de travail qui sent le poisson, la saumure et le coaltar, non pas un « bateau madame », si gracieux soit-il.

Nous continuons notre périple vers le Cap Horn, nom du bistrot de madame Pernez, réputé pour ses berlingots – les bonbons – « souverains contre le mal de mer ». Une pancarte publicitaire l'atteste.

C'est de là que partent les vedettes *Reine* et *Perle de l'Odet* qui font visiter « la plus belle rivière de France » – une autre pancarte le certifie – aux touristes en quête du frisson d'une aventure navale.

Mais par la grâce des berlingots de madame Pernez, et peut-être aussi grâce au cours paisible de la belle rivière, ils surmonteront fièrement les affres du mal de mer.

La *Reine* est à quai. Nous montons à bord pour saluer Noël Le Mut, un cousin de Jean-Noël, mon grand-père bigouden. Noël, qui fut batelier de sable lui aussi, est passé au grade envié de commandant de ce promène-couillons, comme les appelle le père Naour, le tailleur de pierre qui œuvre face à la rivière.

Noël Le Mut, qui passe sa vie sur l'Odet, apprend les dernières nouvelles à pépé : ces vedettes de promenade seraient – faute de clients – reclassées en bateaux de pêche.

Les deux vieux hochent la tête en évoquant cette époque de misère.

Je n'y comprends pas grand-chose car l'échange se fait en breton ; aussi, je m'impatiente et je tire sur la main de grand-père :

— Tu viens, tu viens ?

Il résiste. Visiblement, les nouvelles que diffuse Noël l'intéressent.

— *Chom peoc'h t'en!* [5]

Et Noël, qui n'est pas un grand bavard, comme son nom l'indique – Le Mut signifie « le muet » en breton – me frotte la tête affectueusement :

— *Dihabask eo!* [6]

Grand-père a un geste fataliste :

— *Yaouank eo!* [7] *Kenavo*, Noël…

— *Ar wech all* [8], François.

Nous reprenons pied sur le quai et grand-père m'apprend les nouvelles communiquées par tonton Noël : l'*Isolda* est arrivée à Bénodet, où elle est amarrée sur le coffre de la Marine nationale, et elle remontera probablement le lendemain avec la marée jusqu'à Quimper.

L'information est d'importance car l'*Isolda* est une goélette norvégienne qui transporte des bois du Nord pour le compte de la maison Marsesche, laquelle a ses entrepôts sur les quais.

Des madriers bruts de sciage pleurent des larmes ambrées qui répandent un merveilleux parfum de résine. Et ça sent comme chez nous, quand papa installe le sapin de Noël.

Plus loin, l'entreprise Feillet importe des charbons anglais qui font de grosses montagnes sombres dans la cour de l'entrepôt où tout est noirci de charbon. Derrière les grilles, des hommes de peine, maculés de noir eux aussi, chargent des sacs sur un fardier qu'un cheval va tirer dans les rues de la ville. Les charbonniers, ainsi appelle-t-on ces hommes qui portent avec aisance sur leur

---

5. *Tais-toi donc!*

6. *Il est impatient.*

7. *Il est jeune.*

8. *À une prochaine fois, François.*

dos des sacs d'un quintal pour descendre à la cave ou hisser dans les étages la houille qui assurera le chauffage des appartements. Leurs faces noires couvertes de poussière m'effrayent un petit peu.

Et plus haut, au confluent de l'Odet et du Steir, juste avant le pont Pissette, une cale, la dernière du domaine maritime, permet aux pinardiers de débarquer leurs barriques destinées aux chais de messieurs Alavoine et Darnajou, importateurs de vins.

Quimper est une ville où les négociants, les propriétaires de conserveries et les commerçants de la rue Kéréon tiennent le haut du pavé. Certains d'entre eux possèdent, luxe suprême, une villa à Bénodet ou Beg-Meil. Ils s'y rendent au beau temps dans leurs superbes Traction-Avant Citroën.

Le populaire ne renonce pas pour autant aux joies de la plage. Un comité a fondé la fête des Gueux qui se rend les dimanches où la marée est haute à la grève éponyme sise sur la rive gauche de la baie de Kerogan.

Quand la mer « est en haut », comme on dit ici pour parler de marée haute, on ne voit plus les immenses étendues de vase noire, et même qu'en haut de la laisse de mer, près des joncs, il y a une assez large bande de sable presque blond.

À la belle saison, le populo s'y rend en groupe le dimanche en entonnant la chanson *Les bons gueux de Bretagne*, composée pour la circonstance par le chansonnier local, Eugène Rouyer, dit Gégène.

On saucissonne sur la grève ; le PPVR (pain pâté vin rouge) connaît un grand succès. Et puis on se baigne, on crie, on chante, on se chamaille à grand bruit. Les gosses, en slip Petit

Bateau faute de caleçon de bain, marchent avec délectation dans la vase noire et tiède pour se faire des bottes, précurseurs innocents de ces thalassos où, de nos jours, les bobos se rendent pour les mêmes soins, mais bien plus onéreux. Bref, on rigole bien et on rentre le soir « *barbouillés de cerises par des chemins bordés de palissades grises.* », comme dit le poète André Rivoire.

Ah, la belle vie, le dimanche, à la fête des Gueux !

On en oublie presque que le lendemain, il faudra pointer à l'aurore pour une longue journée de travail.

Nous reviendrons voir si la goélette a pu remonter jusqu'aux quais du Cap Horn, car grand-père s'est lié de sympathie avec le capitaine Olsen, un rude gaillard qui ne parle pas un mot de français et, cela va de soi, grand-père n'en sait pas davantage en norvégien. Néanmoins, ce sont deux hommes de mer et Olsen raconte, tandis que grand-père acquiesce en hochant gravement la tête.

— Qu'est-ce qu'il a dit le monsieur, pépé ?

Grand-père me caresse les cheveux en souriant et me glisse à l'oreille :

— C'est un secret. Je te dirai ça tout à l'heure, à la maison.

Demain, c'est sûr, j'aurai une nouvelle histoire du commandant Olsen perdu dans les glaces et qui, pour survivre, a dû manger du phoque cru pendant un mois ; ou encore, la fois où il a tué une baleine d'un seul coup de harpon en plein dans l'œil, sauvant ainsi de la famine toute une tribu d'esquimaux qui dérivait sur un iceberg. Depuis, bien entendu, ce sont ses frères de sang, à la vie, à la mort.

Un rude gaillard qui n'a pas froid aux yeux, ce capitaine Olsen !

Le reflux a commencé ; grand-père n'a pas besoin de montre pour voir la renverse, il est temps de rentrer sous peine « d'attraper des pironneaux », version douarneniste de « se faire engueuler », ce qui pend au nez des retardataires quand la soupe est servie.

Nous remontons lentement au long des façades ternes, car la ville est grise d'un gris triste et mouillé. Les maisons sentent la pauvreté, du linge sèche aux fenêtres, des odeurs de chou bouilli assaillent nos narines au hasard d'une porte mal fermée, d'une fenêtre entrebâillée.

On entend des cris, des chansons, des querelles, parfois le claquement d'une main sur une joue, suivi de hurlements. Alors grand-père roule de gros yeux :

— J'aurais pas voulu la recevoir, celle-là !

Chez grand-mère, la soupe sent bon et le petit fourneau à charbon de bois sur lequel elle fait chauffer ses fers entretient une douce chaleur dans l'atelier.

— Tu manges la soupe avec nous, décide mémé.

Je suis ravi et je rejoins grand-père dans l'arrière-magasin qui sert de cuisine.

De son couteau de poche qui tranche comme un rasoir, grand-père taille de fines lamelles dans un pain bien rassis. Il accomplit cette tâche avec une méticulosité extrême qui requiert toute son attention.

Sur la cuisinière à charbon, le *pot houarn*[9] laisse échapper une vapeur délicieuse qui embaume toute la petite pièce.

Tonton Jean et tante Hélène sont arrivés. Ce sont les deux cadets de la fratrie et ils ne sont pas encore mariés. Jean, qui a

9. Marmite de fer à trois pieds dans laquelle se faisait l'essentiel de la cuisine.

dû renoncer à sa vocation de marin, est apprenti prothésiste dentaire, et Hélène se forme à la dactylographie pour devenir secrétaire. Je les adore tous les deux. Jean me fait des petits bateaux en cire avec des chutes récupérées chez son dentiste, et Hélène, avec sa si belle voix, nous apprend des chansons qu'avec mes cousines Huguette, Jacqueline et Annie, on récitera à deux voix.

Mémé sert la soupe, une vraie soupe de maçon comme dit grand-père. Pour qu'elle soit réussie, assure-t-il, il faut que lorsqu'on y enfonce la cuillère, elle y reste plantée toute droite.

De ce point de vue, elle est parfaite. Grand-mère poursuit la distribution : chacun a le doit à une carotte, deux pommes de terre, un oignon et une feuille de chou.

— Mémé, j'aime pas les oignons !

— Tu n'aimes pas les oignons ? dit pépé. C'est le meilleur ! Tu me donnes ta part ?

Je la lui abandonne sans regrets.

Ensuite, le lard, qui a fait de gros yeux jaunes sur la soupe, est partagé équitablement. La dégustation se fait dans un silence religieux. Puis grand-mère sort du four de la cuisinière un plat de terre dans lequel quatre pommes cuites ont admirablement rissolé. Mémé, qui calcule tout au plus juste, n'avait visiblement pas compté sur un convive supplémentaire. Grand-père se sacrifie :

— Puisque tu m'as donné ton oignon, je te donne ma pomme.

Comme je suis honteusement favorisé, mémé me gratifie d'une noix de beurre qui fond sur ma pomme brûlante.

Nous sommes en 1943, en pleine guerre.

Un morceau de beurre est un trésor inestimable. On m'a vanté les mérites du chocolat, mais je n'en ai jamais goûté. Chez madame Renaud, l'épicière de la rue du Chapeau Rouge, il y a au mur une belle affiche sur laquelle on voit une petite fille en jupe et bottines, appliquée à écrire sur un mur jaune, en lettres capitales, *CHOCOLAT MENIER*. Évidemment, ça donne envie. Les réclames, c'est fait pour ça, mais il y a belle lurette que les étagères sont vides.

Tante Hélène, sur un vieux vélo, fait le tour des cousins de grand-mère qui sont restés dans leurs petites fermes dans la campagne du Cap Sizun et qui, de ce fait, ne subissent pas les rigueurs du ravitaillement comme les gens de la ville. Elle ne revient jamais bredouille, rapportant au petit bonheur la chance quelques œufs, des pommes de terre, un morceau de lard salé comme celui qui a fini dans la soupe ce soir, un demi-poulet, des pommes, parfois un peu de blé que grand-mère réduit en farine dans son moulin à café (qui n'a pas vu un grain de café depuis bientôt trois ans) pour faire une sorte de pain et parfois, luxe inouï, un quart de beurre soigneusement emballé dans un « papier beurre » qu'on lavera soigneusement, après l'avoir méticuleusement raclé, pour une prochaine utilisation. Grand-père passe tous les matins aux halles où il rencontre des marchandes qu'il a connues lorsqu'il faisait la pêche. Elles se souviennent de lui :

— Ah, c'est toi qui es là, François ? Tiens, j'ai une araignée qui est extrémisée. Envoie-la avec toi. Si tu la mets dans l'eau de suite[10], elle sera *an teuzar*[11].

10. Si tu la mets à cuire.

11. Expression de la félicité suprême en matière de gastronomie.

Et François revient rue de la Providence fier comme Artaban, tenant par les pinces un butin qui n'est plus en état de recevoir l'extrême-onction car la pauvre bête a rendu l'âme – si tant est que les araignées de mer aient une âme – depuis belle lurette.

Ça ne fait rien, elle ira dans la grande marmite où l'eau bout en permanence et on s'en régalera.

Grand-père et grand-mère sont logés petitement au-dessus du magasin. Ils ont leur chambre sur la rue de la Providence et Jean et Hélène se partagent le petit débarras qui donne sur la grande cour derrière la maison. Hélène bénéficie d'un divan et Jean déplie un lit-cage métallique que l'on replie dans la journée.

Évidemment, il n'y a pas de salle de bains – il n'y a même pas d'eau à l'étage – et la toilette se fait sommairement dans une cuvette posée sur une petite table au dessus de marbre, sous laquelle il y a le seau de tôle émaillée pour les nécessités nocturnes.

Le samedi, tonton Jean et tante Hélène se payent le luxe d'une douche aux bains municipaux.

Après cette expédition avec grand-père et cette *korfen*[12] de soupe, mes yeux se ferment. J'entends Hélène parlementer avec Mélanie. Quelque chose se trame, certainement. Finalement, elles décident de me coucher par terre, entre le lit de son frère et le sien. Elle a disposé une grosse couette de plumes qui me fait une sorte de nid et a jeté sur moi une couverture. Je ne l'ai même pas sentie faire, je dors déjà, bien au chaud, sécurisé par tout l'amour qui irradie autour de moi dans cette pauvre pièce où le plâtre grisâtre du plafond est fendu de longues lézardes.

---

12. Ventrée.

Quand je me réveille, au matin, je suis seul. Je me demande où je suis et soudain, je me souviens. Je suis chez mémé Marot. Une pressante envie me pousse vers le seau et c'est pépé qui vient à mon secours. Je me lave les mains dans la cuvette, je me dépicousse les yeux, j'enfile ma culotte, mon pull-over et mes galoches de carton bouilli à semelle de bois – que pépé va nouer – et me voilà prêt à affronter la journée.

Mémé est depuis longtemps à l'œuvre : elle a allumé son fourneau à charbon de bois et s'attelle au blanchissage des faux-cols que les bourgeois de la ville confient à ses soins experts, en pestant contre ces avaricieux qui, pour n'avoir pas à payer leur blanchisseuse trop souvent, conservent leur faux-col tout un mois, ce qui les rend pratiquement indécrassables.

Grand-père m'a préparé mon petit-déjeuner dans un grand bol : une soupe de café – comme hier on avait eu une soupe de légumes – qui n'a de café que le nom, celui-ci ayant été remplacé par de la chicorée.

Comme il n'y a ni lait ni sucre, le brouet est particulièrement amer. Qu'importe, j'ai faim, et quand on a faim, on ne fait pas le difficile. J'entends la clochette qui annonce l'ouverture de la porte du magasin, puis la voix chaleureuse de mon père :

— C'est un garçon ! Où est petit Jean ?

Pour la famille, j'ai toujours été petit-Jean par rapport à grand Jean, mon père.

Je me précipite :

— Papa !

Il me regarde avec des yeux rieurs et m'embrasse. Je grimace, il ne s'est pas rasé, ça pique. Ça ne lui ressemble pas car, chaque matin, il se fait de la mousse avec son blaireau et passe son rasoir sur le cuir de sa ceinture qui fait office d'affûtoir. Puis il se rase soigneusement.

— Félicitations, mon garçon, me dit-il. Tu as un petit frère !

— Ça alors ! Un petit frère ?

— Oui, il s'appelle Gildas.

C'est un prénom assez peu usité.

Grand-père marmonne en exagérant son accent douarneniste :

— Judas ? On n'a pas idée d'appeler ce pauvre enfant Judas !

Évidemment, il fait exprès. Je m'insurge :

— Gildas, il s'appelle Gildas !

Il se rend :

— Ah, Gildas… Alors ça change tout. C'est joli, ma foi.

Et il m'embrasse, et il m'embrasse encore. Voilà pourquoi j'étais confié aux bons soins de Mélanie et de François !

— Vous prendrez bien un café, Jean ! invite ma grand-mère.

Il accepte, bien sûr, et nous voilà tous les quatre autour de la petite table de la cuisine. Papa raconte que tout s'est bien passé, que Renée, ma mère, est à la clinique du docteur Le Pape et que tout va bien.

Dans l'après-midi j'irai avec Mélanie et François faire la connaissance de mon petit frère qui est vraiment très petit.

*

Comment une famille douarneniste se retrouva à Quimper.

Suite à une pêche miraculeuse en 1927 – d'un coup de senne[13], il avait chargé à ras bord sa chaloupe de gros mulets –

13. *Grand filet qu'on hâle à la force des bras.*

mon grand-père François tomba gravement malade. C'est par une nuit glaciale de février, trempé sur son bateau non ponté, qu'il contracta une pleurésie. Il resta plusieurs semaines entre la vie et la mort et ne s'en sortit que grâce aux bons soins de grand-mère, mais tellement affaibli qu'il ne fut plus jamais en état d'exercer son dur métier. Grand-mère, repasseuse de son état, n'avait pas trouvé dans la ville un pas-de-porte où exercer son industrie. À Douarnenez, la pêche connaissait alors un incroyable essor, et le moindre emplacement commercial se vendait à prix d'or.

Ayant eu connaissance de la situation précaire dans laquelle la famille se trouvait, Daniel Flanchec, le maire communiste de la ville, vint voir grand-mère pour lui proposer l'aide que la commune dispensait aux indigents.

Proposition que grand-mère prit très mal : « Moi, aller tendre la main, monsieur le maire ? Jamais ! Tant que je pourrai travailler, je gagnerai le pain de mes enfants ! » Et comme à Douarnenez elle ne pouvait pas travailler, ce fut l'exode.

Grand-mère emprunta une charrette à bras, y entassa son pauvre mobilier, son mari malade et les deux plus petits enfants, Jean et Hélène, et se mit dans les brancards. Les deux aînées, Marie-Josèphe et Renée, ma mère, suivaient à pied en poussant la carriole dans les côtes. Sans connaître l'expression, grand-mère avait brûlé ses vaisseaux, il n'y avait plus de retour possible.

La providence vint à son secours car, dès son arrivée en ville, elle trouva à louer un local dans la rue de la... Providence, justement. L'emplacement, quoiqu'un peu excentré, était proche du cœur de la ville et plutôt mal famé. Les bourgeoises ne s'y hasardaient guère. Là subsistaient tant bien que mal des petits métiers : monsieur Duprat cordonnier, madame Ollivier débitante de vin, les demoiselles Pétillon rempailleuses de chaises et cardeuses de matelas, madame Henry épicière, monsieur Riou boucher, madame Quéau mercière, madame Tanneau y vendait des blouses et des chemises, madame Marmier des boutons, un maréchal-ferrant, un rémouleur, un raccommodeur de faïence et de porcelaine qui réparait aussi les parapluies victimes d'une bourrasque trop forte…

Le local en question se composait d'une boutique donnant sur la rue, avec une arrière-boutique à usage de cuisine. À l'étage, comme déjà évoqué, deux pièces logeaient toute la famille.

Dans la pièce donnant sur la rue, grand-mère installa des planches sur deux tréteaux en guise de table, ainsi que son fourneau à charbon de bois pour chauffer les fers à repasser, puis elle se mit à l'ouvrage.

Elle avait fait peindre les boiseries encadrant sa vitrine en bleu pâle. Sur le fronton, on pouvait lire en grosses lettres blanches la raison sociale : *Blanchisserie Fine* et sur la vitre de la porte : *Mme Marot.*

La qualité de son travail ne tarda pas à être reconnue et elle s'attacha bientôt la clientèle exigeante des bourgeois quimpérois.

À Douarnenez, le rez-de-chaussée de la maison du Rosmeur fut loué à un couple de retraités.

Exilé loin de son port natal, loin de la mer, grand-père s'étiolait. Il errait comme une âme en peine entre les halles, où les étalages de poissons et de crustacés lui rappelaient son métier perdu, et le port de Quimper qui avait pris le nom d'un bistrot, le Cap Horn, où de grands voiliers venaient encore décharger des marchandises venues des mers du Nord (bois résineux) du pays de Galles (charbons) ou des vins de Bordeaux.

Comme on l'a vu, dès que je sus marcher, il m'entraîna dans ses errances, s'arrêtant parfois au palais de justice pour écouter bouche bée les plaidoiries des maîtres du barreau.

Certains procès attiraient les foules. C'était dans ce palais de justice que Guillaume Seznec avait été jugé et condamné au bagne pour le meurtre de Quémeneur, un politicien affairiste dont on n'avait jamais trouvé le cadavre. Cette sentence avait divisé l'opinion bretonne entre les pros et les anti-Seznec comme l'affaire Dreyfus avait divisé la France, un demi-siècle plus tôt.

Je m'entendais bien avec mon grand-père François. Il racontait de si merveilleuses histoires !

*

Les Marot étaient une vieille famille de marins-pêcheurs de Douarnenez qui comptait sept enfants : Olympe, la sœur aînée, Marie, mon grand-père François, l'aîné des garçons, Pierre, Mathieu, Jules et Aline, la petite dernière.

De complexion chétive, mon grand-père François fut pourtant embarqué comme mousse à l'âge de sept ans sur une chaloupe sardinière, l'*Anastasie*.

Bien que le patron, Bernard, fût un brave homme, la vie était rude sur ces chaloupes non pontées.

Comme tous les malheureux enfants embarqués dans ces esquifs précaires, il reçut plus de coups de sabot et de taloche que de témoignages d'affection.

De ces tâches trop dures exercées trop tôt, il devait garder une scoliose qui lui permit, à quelque chose malheur est bon, d'échapper à la conscription et à la terrible guerre de 14/18.

Ainsi formé à la dure, il devint rapidement maître pêcheur, si bien que la famille se cotisa pour lui offrir son premier bateau alors qu'il avait dix-huit ans.

Grand-mère n'était pas, comme François son mari, originaire de Douarnenez. Ses parents, René et Catherine Goyat, venaient de Mahalon, dans le Cap Sizun. Paysans pauvres, ils avaient perdu la même année leur vache et leur cheval et s'étaient donc trouvés totalement ruinés. Dans l'impossibilité – faute de cheval – de cultiver leurs maigres terres, ils s'étaient donc rapprochés de Douarnenez, la ville de toutes les prospérités où fumaient les hautes cheminées de briques rouges d'une cinquantaine d'usines. René Goyat avait tout de suite trouvé à s'employer en qualité de manœuvre chez Lemarchand, une conserverie de poissons. Le malheureux devait y mourir asphyxié en nettoyant une chaudière à l'usine.

Le couple s'était établi au Golvez, au fond de l'anse du port de Tréboul, où Catherine, la mère, tenait un estaminet et préparait des casse-croûte pour les marins qui rentraient de mer.

René et Catherine eurent quatre enfants : Marie, Jean-Marie, Joseph et Mélanie, ma grand-mère. Marie, l'aînée, entra en religion à Marmande où, sœur converse car pauvre et sans perspectives pour la communauté de toucher quelque héritage, elle mourut sous le voile en pleurant son Douarnenez perdu. Mon arrière-grand-mère Catherine mourut dans le train en allant visiter la tombe de sa fille à Marmande ; et aux premiers jours de la Grande Guerre, grand-mère Mélanie perdit ses deux frères

Jean-Marie et Joseph. Mélanie restait seule au monde. En l'espace de dix ans, elle avait perdu son père, sa mère, sa sœur et ses deux frères. Comble de malheur, sa première fille, Éléonore, mourut au berceau.

Voilà pourquoi notre grand-mère Mélanie, si vaillante, si dévouée, si attentive à la peine des autres, garda toute sa vie un gros chagrin au fond du cœur.

*

J'étais, à ce qu'on m'a dit, un charmant bambin qui fit, dans les premiers temps de son existence, le ravissement et la fierté de ses parents.

Mais, c'est bien connu, il ne faut pas se fier à l'eau qui dort. Je devais, au fil des ans, trahir honteusement les grandes espérances que l'on avait mises en moi.

D'abord, le charmant bambin révéla vite un caractère coléreux que mon père réprima tout de suite de la manière forte : quand je piquais une colère, il me prenait sous son bras, ouvrait le robinet en grand et me collait la tête sous le jet. À demi-noyé, j'étais bien contraint de me taire, mais cette méthode vigoureuse n'allait pas sans laisser de traces et, aujourd'hui encore, j'étouffe et je panique quand je bois la tasse en me baignant.

Mon grand-père François usait d'une méthode plus douce et infiniment plus efficace : quand je commençais, pour une raison ou pour une autre, à trépigner, il me disait d'un air désolé : « Le diable est entré dans votre corps ? » Et il me repoussait doucement : « Allez donc, je ne vous cause plus ». Le voussoiement était alors la marque d'un profond désamour.

Dans une discussion animée, il n'était pas rare d'entendre un protagoniste à court d'arguments s'exclamer : « Je suis fâché de vous, je vous cause plus ! »

C'était là une sentence extrêmement grave.

Rageur, je quittais la pièce, généralement en tapant du pied. Il ne fallait pas longtemps pour que je m'ennuie de grand-père qui me racontait de si merveilleuses histoires. Alors, timidement, je revenais vers lui et il feignait tout d'abord de ne pas me voir. Puis, sentant mon embarras, son regard se posait sur moi et il demandait d'un ton indifférent : « Ah, vous êtes là ? » Je répondais timidement : « Oui, pépé ». « Le diable est sorti de votre corps ? » « Oui, pépé ». « Bon, venez faire du *noillic*, alors ![14] »

Je ne me faisais pas prier pour escalader ses genoux et je demandais timidement : « Tu me racontes une histoire, pépé ? »

Alors, sans se faire prier davantage, il entamait l'interminable histoire de Joclair et Beausoleil, deux personnages auxquels il arrivait les plus invraisemblables aventures. On ne savait pas qui, de l'enfant ou du vieillard, s'amusait le plus.

Grand-mère, tout en repassant ses coiffes, écoutait le récit et haussait les épaules avec réprobation : « *Ma gue permetted... sotoniou tout !* Vous allez rendre *droche* ce pauvre enfant ! » Ce qui pourrait se traduire par « Ce n'est pas permis toutes ces bêtises, vous allez rendre ce pauvre enfant idiot ! »

Le pauvre enfant vivait sur les genoux de l'ancêtre des moments d'intense bonheur. Et tant pis s'il en est resté un peu droche.

Parfois, pourtant, certaines choses me paraissaient si invraisemblables que je m'inquiétais : « C'est vrai, pépé ? »

---

14. Équivalent douarneniste de « faire un câlin. »

Et il affirmait, la main sur le cœur : « Mais *gast ar guron*[15], bien sûr qu'elle est vraie, mon histoire, d'ailleurs, je viens de l'inventer ! »

Si ça n'était pas là une garantie de véracité !

Car, si ce bon grand-père avait une incroyable faculté d'invention, grand-mère, elle, en était totalement dépourvue et prenait tout au pied de la lettre. Elle ne voyait dans ce que son mari me racontait qu'un invraisemblable tissu de mensonges. Et, dans le classement de ses valeurs, le mensonge arrivait dans le peloton de tête des gros pêchés. Elle nous ressassait : « c'est pas bien de mentir… Il ne faut pas voler… quand on donne sa parole, c'est sacré… »

Bien sûr, tous ces principes étaient excellents et je me suis toujours efforcé de ne pas trop m'en écarter, mais elle ne faisait pas la différence entre le mensonge et l'imaginaire.

Un peu plus tard, devant la famille réunie, on me fit mourir de honte. J'étais allé passer quelques jours de vacances chez le parrain de ma mère, un ancien sous-officier de cavalerie qui faisait office de vétérinaire à Douarnenez. Le tonton René, héros de la guerre 14/18, avait fini son temps avec le grade de « maréchal-soignant » comme d'autres sous-officiers étaient « maréchaux-ferrants ». Après la Grande Guerre, les petites fermes bretonnes étaient nombreuses et ne connaissaient pas encore le tracteur. Le *marc'h labour*[16] était donc l'animal indispensable à la ferme et, du fait de son expérience militaire, le tonton René s'y entendait comme personne pour les soigner. C'était donc un personnage important qui « avait du foin dans

15. *Putain de tonnerre, en breton.*

16. *Le cheval de trait.*

ses bottes » – qui était riche. Les pauvres, eux, n'avaient que de la paille pour leurs sabots. Et ils n'avaient pas de bottes !

Il habitait au cœur de Douarnenez, rue du Pont, une vaste maison ceinte d'un haut mur avec une grande cour, des hangars, et des écuries.

Le dernier né de tonton René et de tante Hélène, Jean-Noël, était un petit tardillon venu bien longtemps après ses deux sœurs et son frère mais qui était tout de même mon aîné de cinq ans.

Dans cette grande cour, il y avait les chiens de chasse du tonton René, des poules, des lapins et aussi une chatte.

J'adorais jouer avec cette bête. La tante Hélène Bossenec – on lui donnait encore son nom de jeune fille pour qu'il n'y ait point de confusion avec l'autre Hélène, la jeune sœur de maman – me confia que la chatte allait bientôt avoir des petits et que, si je voulais, elle m'en donnerait un.

Je me pris aussitôt à rêver que j'avais moi aussi mon petit chat et, de retour à la maison, je fis à la famille extasiée une description lyrique des chatons, de leur façon d'être, de se comporter… Bref, je dus y mettre tant de conviction que je trompai mon monde et que, moi-même, je finis par croire à l'existence de ces merveilleux chatons.

Quelques jours plus tard, la tante Hélène Bossenec, passant à Quimper, vint comme il se doit rendre visite à la famille. Ma mère la remercia bien sûr de m'avoir hébergé et lui fit compliment d'avoir de si jolis petits chats.

Tante Hélène s'exclama, surprise : « Les petits chats ? Mais ils ne sont pas encore nés ! »

Tous les regards se tournèrent vers moi, je me recroquevillai sur ma chaise.

Furieux de s'être laissés prendre à mon récit, les grands me tombèrent sur le râble :

« Tu n'es qu'un menteur ! », dit mon père sévèrement.

Et ma mère, vexée, renchérit : « De quoi j'ai l'air ? »

Et grand-mère rajouta sa sentence : « Ce n'est pas beau de mentir ».

Grand-père m'adressa un clin d'œil complice qui me réconforta. Il était vraiment le seul qui me comprenait.

Parfois, il me lisait des histoires dans de gros bouquins cartonnés et je trouvais cela tellement merveilleux que j'avais fort envie, moi aussi, de connaître le secret de la lecture. Avec son aide, et celle de Sœur Angèle que je présenterai plus loin, je sus lire très tôt.

Cet épisode me rendit fort circonspect et, dès lors, je gardai mes rêves bleus pour moi.

*

Tranchées.

Comme on l'a vu, je suis né aux premiers jours de la guerre, à une époque où le parking la Tour d'Auvergne était encore un vaste espace nu cerné de hauts platanes sur lequel se tenait le marché aux chevaux.

Avant la guerre et l'avènement progressif de l'automobile, le cheval était le premier collaborateur du cultivateur.

Au labour, il tirait la charrue, et pour aller en ville, on l'attelait à la charrette.

Le grand marché aux chevaux de Quimper était donc le précurseur du salon de l'automobile et toute la paysannerie des environs s'y précipitait, qui pour acheter un nouvel animal, qui pour vendre les siens.

Au Moyen-Âge, c'était une terre d'asile entourée de couvents. Il subsiste de cette époque trois bâtiments imposants : celui des dames de la Retraite, le Sacré-Cœur de Jésus devenu le lycée Brizeux, un établissement de grande réputation où les jeunes filles de bonne famille faisaient leurs humanités sous les férules aussi vigilantes qu'impitoyables de mademoiselle Lemasson, directrice, et madame de Kermadec, surveillante générale. Depuis, l'agriculture a cédé la place à la culture et à la caserne du 118e Régiment d'Infanterie ; on ne joue plus les gaîtés de l'escadron mais du théâtre sérieux dans un bâtiment imposant, beau comme une cage à poules.

En 1807, l'endroit était connu sous le nom de Place Neuve et, un siècle plus tard, en 1908, un comité décidait, par souscription, d'offrir une statue au premier grenadier de l'empire, Théophile-Malo de la Tour d'Auvergne-Corret, ancien élève du collège des Jésuites de Quimper devenu depuis le lycée la Tour d'Auvergne.

De cette statue, il ne subsistait que le socle car, en 1943, les armées d'Adolf, à cours de métaux stratégiques, avaient fait basculer le premier grenadier de son piédestal pour récupérer à des fins guerrières le bronze dont il était fait. C'était, d'après Pierre Allier dans *Les rues de Quimper* : « *Une pleureuse laissée-pour-compte d'un monument funéraire soutenant sans conviction le héros mortellement blessé…* » Allier insinuait venimeusement car il avait la plume acide : « … *par les coups de ciseau d'Hector Lemaire.* » Cette dernière phrase laisse à penser que Pierre Allier n'appréciait pas outre mesure le talent du sculpteur, mais le chantre des *Rues de Quimper* était connu pour sa misanthropie et redouté pour sa verve caustique.

Toujours est-il que dans sa chute du monument, la palme que brandissait la pleureuse se brisa et qu'un galopin du quartier, Dédé Francès, fils du marchand de vins de la place du 118e, récupéra subrepticement les quelques feuilles de bronze détachées et les emporta chez lui comme un trophée. C'était alors, pour les jeunes, un sport national que de récupérer tout ce qui pouvait être soustrait à l'occupant.

Évidemment, lorsqu'il rapporta glorieusement son trophée au logis, ses père et mère furent atterrés. N'avait-on pas vu des familles entières être déportées, voire fusillées, pour moins que ça ?

Dédé reçut donc une volée mémorable en récompense de son acte hautement patriotique et son père s'empressa d'enterrer bien profondément le corps du délit au fond de son jardin.

Les trois palmes restèrent là jusqu'à la Libération ; après, Dédé put les exhumer, les brandir et se couvrir de gloire. Il les détient toujours et je peux vous dire qu'elles pèsent joliment lourd ! C'est tout ce qui reste de la glorieuse statue du « premier grenadier de France ».

La place la Tour d'Auvergne, jouxtant la caserne, servait en temps de paix aux exercices militaires et de terrain de jeu aux enfants du quartier. Elle était cernée de bornes de pierre reliées par de grosses barres de fer auxquelles, lors des grandes foires, on attachait les chevaux. Ces jours-là, on les comptait par centaines, venus par camions de tous les coins du département. Quel spectacle pour nos yeux de petits citadins ébahis ! Ces postiers bretons étaient imposants. Nous habitions alors au troisième étage de la place du 118e Régiment d'Infanterie, au-dessus d'un restaurant réputé, à l'enseigne de La Toque Blanche. Les riches maquignons venaient y traiter leurs affaires, et comme à La Toque Blanche on recevait « à pied et à cheval » – c'était mentionné sur la vitrine – il y avait dans l'arrière-cour quelques stalles d'écuries. Pour les atteindre, les énormes chevaux de trait passaient par le couloir dallé de pierre qu'ils emplissaient de leur masse en faisant tinter le granit de leurs pattes garnies de fers qui projetaient des gerbes d'étincelles dans l'obscurité du passage.

De nos fenêtres, on pouvait voir d'épaisses liasses de billets de banque, sorties de portefeuilles aux dimensions imposantes, changer de main.

Bien entendu, l'occupation avait fait disparaître ces foires. Les Allemands avaient pris possession de l'espace et y avaient creusé des tranchées. Il serait plus exact de dire qu'ils avaient fait creuser un réseau de boyaux par nos parents, habitants à l'entour, réquisitionnés pour cette corvée. Évidemment, l'entrée de ces mystérieux boyaux était solidement gardée et les pancartes *Durchfarth Verboten*, agrémentées de têtes de mort stylisécs, annonçaient clairement les désagréments auxquels s'exposeraient ceux qui oseraient passer outre.

Cependant, les garnements du quartier Saint-Mathieu savaient s'inventer des distractions avec les moyens du bord. Parmi celles-ci, le démontage des munitions que l'on chapardait de droite ou de gauche n'était pas la moins innocente. Les plus grands, à l'aide d'une tenaille, séparaient la balle de sa cartouche et récupéraient la poudre qui était ensuite disposée en serpentin sur les dalles de l'escalier qui menait à l'entrée latérale de l'église Saint-Mathieu. Ensuite, il suffisait d'approcher une allumette et le serpentin s'enflammait de manière tout à fait enthousiasmante.

Restait l'étui de cuivre que les grands martelaient jusqu'à ce que l'amorce éclate, projetant une petite pièce métallique qui jaillissait en sifflant. J'étais bien petit alors, mais je me souviens d'une grosse balle de mitrailleuse – une aubaine, elle contenait bien plus de poudre que les balles de fusil – dont l'amorce fusa avec une telle vigueur que, traversant la place en vrombissant de belle manière, elle acheva sa course cinquante mètres plus loin, dans la vitrine de la pâtisserie, fendant la vitre de haut en bas, au grand dam des demoiselles Cosquéric. Comment n'y eut-il pas d'estropiés à ces jeux dangereux ? Je me le demande encore.

Bien sûr, nous ne trouvions pas de balles tous les jours, aussi les plus grands avaient-ils eu l'idée d'aller en faucher aux Allemands, ce qui était plus facile à imaginer qu'à faire. La rumeur voulait qu'il y eût un dépôt de munitions dans les fameuses tranchées si rigoureusement interdites et si sévèrement gardées. Les grands eurent donc l'idée de laisser le plus petit de la bande, c'est-à-dire moi, glisser dans la tranchée afin de ramasser des balles et de les leur ramener. Ils me hisseraient alors hors du trou et l'affaire serait jouée. Je n'étais pas faraud à l'idée d'aller m'aventurer dans ces sinistres boyaux, mais je ne me rendais pas compte de l'absurdité de l'entreprise. On me laissa donc glisser comme on l'avait dit et je déambulai dans cette galerie jusqu'à ce que je trouve quelques cartouches placées dans une niche. Je les enfournai dans ma barboteuse entièrement tricotée à la main par ma mère et, ainsi lesté, je retournai vers l'endroit où mes copains m'attendaient. Las ! Il n'y avait plus personne ! J'appris, par la suite, qu'une patrouille allemande était passée et que la bande s'était égaillée comme une volée de moineaux en entendant les Fridolins arriver. Désemparé, j'errai en pleurant dans ce lugubre labyrinthe dont je ne voyais pas l'issue. Finalement, j'aperçus l'obscure lueur qui annonçait la sortie et je tombai littéralement sur deux sentinelles qui me regardèrent, complètement ahuris, se demandant d'où je venais. Ils m'interrogèrent en allemand, bien sûr, tandis que je pleurais de plus belle. Finalement, l'un d'eux s'aperçut que ma barboteuse pendait entre mes jambes – sous le poids des balles – et il éclata de rire en disant quelque chose à son camarade, qui se mit à rire à son tour. Puis ils me poussèrent du bout du fusil vers la sortie avec un air dégoûté. Sans demander mon reste, je filai vers la place Saint-Mathieu où mes camarades, tirant une mine longue d'une aune, se demandaient ce qu'il fallait faire : avertir mes parents ou pas ? Bien sûr, ils me firent un accueil triomphal, d'autant que je ramenais un butin considérable dans ma barboteuse. Édouard Le Guyader, dit Dadar, un grand, initiateur de cette idée de génie, dit en rigolant : « On dirait qu'il a chié dans son froc ! »

Cette phrase me fit comprendre, bien plus tard, pourquoi les soldats avaient été si empressés à me chasser de la tranchée et peu enclins à procéder à une fouille approfondie. Ils n'avaient pas non plus averti leurs supérieurs de l'incident car ils auraient été bien en peine d'expliquer par où j'étais entré. En ces temps où la discipline militaire n'était pas un vain mot, surtout dans la *Wehrmacht*, ils n'auraient pas manqué d'être accusés de négligence et, qui sait, expédiés sur le front de l'Est pour cause disciplinaire, ce qui leur laissait peu de chances d'en revenir vivants.

Après la guerre, les tranchées furent bouchées, la place retrouva ses foires et nous notre terrain de jeux. C'était là en particulier que les élèves de l'école du Diable[17] dont j'étais se retrouvaient. Au sortir de la maternelle de Saint-Mathieu, les convictions laïques de mon père l'avaient emporté : au lieu de rejoindre l'école primaire religieuse de Saint-Joseph, je fus inscrit à la communale de Paul-Bert. Les deux écoles étaient voisines et les petits gars de la laïque affrontaient les calotins de Saint-Jo, Saint-Joseph, l'église confessionnelle des bons pères, sise dans la côte de Rosmadec, sur la place la Tour d'Auvergne.

Ça commençait à coups de cache-nez tricotés savamment tortillonnés en matraques, puis on en venait à se jeter des tuches, des touffes d'herbe arrachées avec leur motte de terre, et ça allait même jusqu'aux coups de lance-pierre, le tout accompagné de charges furieuses agrémentées de cris d'Indiens. Certains étant rentrés chez eux en piteux état, il y eut des pourparlers de paix au sommet et les lance-pierres furent interdits et impitoyablement confisqués. Néanmoins, les hostilités perdurèrent, mais simplement par jets de mottes de terre. Puis nous devînmes assez grands pour nous intéresser à autre chose, et en particulier aux filles qui allaient au cours complémentaire à l'école Ferdinand Buisson, voire au Lycée Brizeux qui touchait lui aussi la place la Tour d'Auvergne.

*

Place Saint-Mathieu.

J'avais découvert, sur les bords de l'Odet non loin du Palais de Justice, à cent pas de chez moi, un local merveilleux qui s'appelait la bibliothèque Joie de Connaître.

---

17. Skol an diaoul, surnom donné à l'école publique.

Jamais boutique n'eut à mes yeux plus joli nom. Cette bibliothèque dépendait de l'évêché et était tenue par des dames d'œuvres qui guidèrent mes premiers pas en me confiant des volumes de la bibliothèque rose, mais je m'en lassai bien vite pour plonger avec gourmandise dans la bibliothèque verte. Je chevauchai avec d'Artagnan et frissonnai avec *Le Roi des montagnes*. *Le Petit Chose* m'émut beaucoup, *Tartarin de Tarascon* me fit rire aux éclats et je fus affligé du sort terrible fait à *Michel Strogoff* par le traître Ivan Ogareff.

Aussi, tous les jeudis, je me faufilais vers ce paradis par la rue Vis. Les dames me connaissaient. Je les saluais gravement en ôtant mon béret, comme on m'avait recommandé de le faire, et je demandais poliment si je pouvais m'installer dans un coin pour lire.

Elles souriaient, surprises de voir un si petit bonhomme demeurer des heures plongé dans un bouquin même pas illustré.

Et j'étais littéralement en plongée ! Plus rien ne m'atteignait, si bien que ma mère, inquiète de me voir ainsi disparaître chaque jeudi, me suivit un jour et fut bien étonnée de me retrouver dans cet endroit.

Une des dames était cliente de la blanchisserie de ma grand-mère et ma mère s'excusa : « Il doit vous ennuyer ! » La dame la rassura : « Pas du tout ! Il est très gentil et très poli et surtout, il ne fait pas un bruit ».

Je savais que des gens entraient et sortaient, mais je ne me souciais pas de ce qu'ils venaient acheter. Alors on m'expliqua que, dans cette boutique, on ne vendait pas de livres mais qu'on les prêtait.

La dame demanda à maman : « Quel âge a-t-il ? » « Il va avoir sept ans », dit maman.

La dame s'extasia : « Sept ans ? Mais tu es notre plus jeune lecteur ! »

Au titre de plus jeune lecteur de la bibliothèque diocésaine, j'eus donc le privilège de pouvoir emporter chez moi deux livres par semaine.

Le roi n'était pas mon cousin !

*

Plonéour-Lanvern.

Aux petites vacances, Pâques, la Toussaint, on m'envoyait parfois passer quelques jours en terre bigoudène, chez mes grands-parents paternels, à Plonéour-Lanvern.

Comme j'avais la chance d'avoir deux grands-pères et deux grands-mères et que j'étais le fils de leur aîné, sans qu'il y ait eu conflit, je me partageai équitablement entre la partie paysanne de Plonéour-Lanvern et maritime de Douarnenez.

Quel choc de cultures ! En Bigoudénie, soit à moins de cinq lieues de Quimper-Corentin, on était dans un autre monde que celui que je connaissais, le monde des gens de la terre, où les femmes vêtues de noir portaient sur la tête une haute mitre de dentelle et parlaient une langue que je ne comprenais pas. Tous parlaient le breton avec une volubilité stupéfiante, si bien que la communication était difficile.

Mais un enfant a une grande capacité d'adaptation et après quelques séjours, je me débrouillais assez pour échanger avec les jeunes sœurs de mon père, et même avec Naïg et Jean-Noël, les grands-parents.

Mon grand-père Jean-Noël n'avait ni la faconde ni le débit des gens de Douarnenez. D'ailleurs, comme déjà évoqué, toute une branche de sa famille, ses cousins, s'appelait Le Mut, c'est-à-dire « le muet ».

Grand-père devait avoir hérité quelques-uns de leurs gènes car il ne parlait que quand c'était absolument nécessaire.

Il se plaisait fort dans le grand jardin qu'il louait, juste en face de sa maison, une parcelle enclose entre de hauts murs couronnés de culs de bouteille noyés dans le mortier (pour décourager d'éventuels chapardeurs) et où les poiriers en espaliers étaient l'objet de toutes ses attentions.

Grand-père y passait le plus clair de son temps car il le cultivait à des fins vivrières.

Il avait été ouvrier agricole toute sa vie, si bien qu'il ne percevait qu'une maigre pension au titre d'ancien combattant de 14/18. Il avait pu, en bénéficiant de la loi Loucheur, se faire construire une maison pour abriter sa nombreuse famille.

C'était une bien modeste bâtisse d'un étage avec deux pièces en bas et deux pièces mansardées en haut.

À main droite en entrant, il y avait la salle commune avec un âtre dans lequel grand-mère faisait sa cuisine sur un feu de bois.

La pièce était très sommairement meublée d'un buffet où on rangeait la vaisselle et d'une grande table. En guise de sièges, des bancs.

Bien entendu, il n'y avait pas d'évier, pas d'eau courante, pas le gaz, mais une maigre ampoule électrique, qu'on allumait qu'à la toute dernière lueur du jour, dispensait une lueur anémique.

L'autre pièce était la chambre des grands-parents sobrement meublée d'un haut lit duquel émergeait un édredon gonflé comme un ballon et d'une armoire de châtaigner soigneusement cirée. Un étroit escalier de sapin menait à l'étage où l'espace était partagé en deux, l'un pour les garçons – ils étaient cinq puisque l'un d'entre eux était mort en bas âge alors que grand-père était au front –, l'autre pour les filles, qui étaient quatre.

Maintenant que les garçons avaient pris leur envol, il ne restait plus que les trois plus jeunes filles, Élizabeth, dite Liza, Marthe, dite Marthon, et Jeannette qui, elle, avait gardé son prénom en entier.

La chambre des garçons, dans laquelle je dormais, n'était plus occupée que par le tonton Albert, le marin, lorsqu'il venait en permission, c'est-à-dire rarement car il servait « sous l'État » en Indochine. Les autres frères s'étaient mariés et avaient transféré leurs pénates en d'autres lieux.

Les vacances bigoudènes n'avaient pas la même saveur que les vacances douarnenistes, mais je découvrais un autre monde que celui de la mer et le peuple de la terre, bien plus austère que celui de la côte.

Comme je l'ai dit plus tôt, les femmes, tout de noir vêtues, portaient la haute coiffe bigoudène, même mes tantes qui pourtant n'avaient pas vingt ans. Madame Le Pape, qui au volant de son car assurait le service entre Quimper et Plonéour, officiait fièrement en coiffe.

À la maison comme au bourg, tout le monde parlait breton. Heureusement, je pouvais échanger plus facilement avec Jeannette, Liza, et Marthon. Travaillant à l'usine de conserves Larzul, ces dernières parlaient un français tout à fait audible.

Bien entendu, hormis les romans-photos dont tante Jeannette était friande, il n'y avait pas la trace d'un livre dans cette maison. Grand-mère Naïg, qui faisait le ménage à la mairie, en rapportait les vieux journaux pour une réutilisation domestique.

Tante Jeannette, le dos à la fenêtre, en faisait lecture à haute voix à grand-père qui se tenait très droit sur son banc.

Quand elle avait lu une phrase en français, elle la traduisait en breton. Grand-père écoutait gravement, posait parfois une brève question à laquelle, en poursuivant sa lecture, tante Jeannette s'efforçait de répondre. Grand-père assimilait longuement cette réponse et hochait la tête d'un air songeur, mais il ne faisait que très rarement un bref commentaire.

Les informations qui l'intéressaient au premier chef concernaient la guerre d'Indochine, théâtre d'opérations où son fils Albert servait en tant que maître canonnier sur le *MSS Javeline* qui patrouillait sur le fleuve Rouge entre Haïphong, Hanoï et la baie d'Along.

Drôles de rivières où naviguaient de drôles de bateaux qu'on appelait des sampans… Ça me donnait à rêver, d'autant quc tonton Albert avait apporté en guise de cadeau à sa mère un plateau à thé pourvu de deux anses de bambou et décoré d'un paysage en marqueterie d'écailles représentant la fameuse baie d'Along avec un de ces drôles de sampans.

Bien entendu, le plateau n'avait jamais connu l'usage auquel il était destiné, chez mes grands-parents on ignorait jusqu'à l'existence du thé, mais on l'avait accroché au mur comme un tableau précieux et je me perdais souvent dans sa contemplation.

Je me rappelle du jour où grand-mère rentra, toute agitée, avec, sous le bras, un numéro de *Paris Match*. En couverture, trois marins en grand uniforme présentant le fanion de l'*Arromanche*. Et, au centre de la photo, tenant fièrement le précieux fanion, l'oncle Albert. Sous le cliché, une légende en grosses lettres noires : *Les héros de l'Arromanche rentrent à Toulon.*

Ému de savoir que son fils faisait partie des héros, l'ancien de Verdun écrasa ce jour-là une petite larme en voyant la photo de ce fils du bout du monde.

Tonton Albert arriva en permission quelques jours plus tard et s'appliqua à dépenser avec munificence – et au grand dam de mes grands-parents qui s'échinaient à gagner trois sous –, le petit pactole qu'il n'avait pas eu le temps d'ébrécher dans les rizières, arrosant *ad libitum* ses vieux copains « restés au cul des vaches », comme il disait avec une condescendance amusée en fumant avec ostentation des cigarettes anglaises à bout de liège, qui profitaient évidemment de l'aubaine sans modération.

Dans un pays où chacun roulait ses clopes avec du « gros cul »[18], la cibiche anglaise vous posait son homme.

Au bout de sa permission, fauché comme les blés au mois d'août, il réembarquait à Toulon, toujours sur l'*Arromanche*, pour une nouvelle campagne indochinoise, abandonnant quelques bagages dans lesquels je découvrais, ô surprise, une douzaine de bouquins cartonnés à l'étonnante couverture jaune et noire qui portaient des titres bien singuliers.

Je décidai de commencer par *Pas d'orchidées pour Miss Blandish*, d'un certain James Hadley Chase, pour essayer de savoir ce qu'étaient ces fameuses orchidées dont semblait raffoler cette non moins mystérieuse Miss Blandish.

---

18. Tabac gris de basse qualité.

Tante Jeannette, me trouvant plongé dans la lecture de ce bouquin à la couverture jaune et noire, me demanda d'un air stupéfait et avec une moue de mépris : « Tu trouves ça joli ? »

Je sentais confusément que « joli » n'était pas le mot qui convenait pour qualifier cette singulière littérature qui tranchait tant avec les aventures de mes chers mousquetaires.

Suivait, du même Hadley Chase, un autre titre alléchant : *Douze Chinetoques et une souris blanche* dont je me proposais de me délecter quand tante Jeannette aurait tourné le dos. Je ne redoutais pas de me faire gronder, mais j'avais lu une surprise teintée de peine dans son regard en découvrant chez son petit-neveu un aspect qu'elle n'avait pas soupçonné. Tante Jeannette, comme toutes les autres sœurs de mon père, avait toujours été très gentille avec moi et je craignis soudain de la décevoir.

Si Alexandre Dumas, d'Artagnan, Aramis, Athos et Porthos m'étaient désormais familiers, en revanche, j'ignorais jusqu'à l'existence de cet écrivain au nom bizarre, James Hadley Chase et encore plus celle de cette fameuse Miss Blandish. Néanmoins, les premières lignes de ce bouquin me cueillirent à l'estomac et, immédiatement, j'entrai dans un monde inconnu mais que je trouvai tout à fait fascinant. Je m'en souviens encore :

L'affaire débuta un après-midi de juillet, par une chaleur torride, sous un ciel implacablement bleu et de brûlantes rafales de vent et de poussière...

Tout à coup, un nouveau monde s'ouvrait à moi, un monde que je n'aurais certes pas découvert dans les rayons de la bibliothèque diocésaine. Un monde dans lequel les personnages s'exprimaient comme les voyous dans la rue. C'était épatant !

Je suis même sûr que si les dames patronnesses qui en assuraient le fonctionnement avaient vu leur plus jeune lecteur plongé dans une telle littérature, elles auraient couru, un, mettre mes parents en garde contre cette mauvaise fréquentation littéraire, deux, à l'église, prier pour le retour dans le droit chemin d'une jeune âme en grand péril de damnation pour cause de lectures pernicieuses.

Il était certain qu'à cette époque, les œuvres de Hadley Chase n'avaient pas encore reçu l'imprimatur de l'évêché, et je ne crois pas que cette lacune ait été comblée depuis.

Mieux valait que je fasse l'indifférent, même devant tante Jeannette ; je hochai donc les épaules avec détachement, replaçai le bouquin sur son étagère et la suivis docilement car elle allait ramener les haricots à l'usine Raphalen, sur la route de Pont-l'Abbé.

Aux premiers beaux jours, en effet, la cueillette des haricots verts ou des petits pois dans les champs offraient aux enfants des familles modestes l'occasion de gagner quelques sous.

Cette récolte n'était pas encore mécanisée et requérait une main-d'œuvre considérable. Aussi, au dernier trimestre, les instituteurs de Paul-Bert constataient souvent que la moitié de leur effectif avait fondu. Non pas qu'ils fissent « le re », abréviation pour « faire le renard », formulation lapidaire pour parler de l'école buissonnière, mais leurs parents, qui pour la plupart n'avaient guère usé les bancs de l'école, ne voyaient pas matière à s'inquiéter pour ces braves petits qui rapportaient enfin quelques sous à la maison.

Chez grand-mère, nous n'allions pas aux champs, mais l'usine confiait des sacs de haricots verts à équeuter.

Tante Jeannette qui, avec ses gains, s'était payé un beau vélo col-de-cygne chez monsieur Le Goff, marchand de cycles au bourg, était chargée d'aller chercher les sacs de haricots à l'usine. Pour revenir, elle installait le sac sur le cadre de la machine et marchait en la poussant. Le sac était pesé et au retour, il était repesé car il fallait que le poids soit le même.

Les bouts de haricots étaient donc soigneusement conservés pour que le commis puisse vérifier qu'on n'avait pas soustrait un kilo ou deux au passage.

Dès que le sac arrivait, il était ouvert et mes tantes et ma grand-mère s'installaient sur les marches de l'escalier et équeutaient ces longs haricots verts avec une merveilleuse dextérité, tout en jacassant en breton avec une volubilité incroyable.

Là, je n'arrivais plus à suivre.

J'accompagnais donc tante Jeannette jusqu'à l'usine et, quand les haricots étaient livrés, on repartait lestés d'un autre sac. Il ne fallait pas manquer d'alimenter l'atelier familial. Pour montrer ma bonne volonté, j'équeutai gauchement quelques poignées de haricots sous les regards goguenards des femmes qui trouvaient étrange qu'un garçon ignorât que ce n'était pas là une affaire d'homme. Sentant confusément que ce n'était pas là ma place, je partis retrouver grand-père au jardin.

Le jardin était de l'autre côté de la rue. On y accédait par une double porte noire passée au goudron. Face à l'entrée, il y avait un énorme figuier, du moins me paraissait-il gigantesque à l'époque, puis à droite, une cabane en planches couverte de tôle ondulée dans laquelle grand-père rangeait ses outils.

Cette cabane abritait également des clapiers dans lesquels des familles de lapins attendaient, sans s'en douter et en dégustant les feuilles de pissenlit que j'allais leur cueillir, le jour du sacrifice.

Jouxtant la cabane, le poulailler, une cage fermée par un grillage tendu sur de gros pieux de bois, était le domaine de la basse-cour : une douzaine de poules et un coq qui prenaient leurs ébats entre les rangs de légumes dans la journée. Le soir, tout ce petit monde emplumé rentrait bien sagement se percher derrière le grillage.

Puis on trouvait les cabinets, une cabane en planches pourvue d'une sorte de banc percé au-dessus d'une tranchée. Les vieux journaux de la mairie, coupés soigneusement au carré, suspendus à un crochet, servaient de papier hygiénique. Dans la porte, pour prendre un peu de jour, un menuisier humoriste avait artistiquement découpé un trou en forme de cœur qui éclairait assez pour qu'on voie où on mettait les pieds, mais pas assez pour qu'on puisse lire les carrés de journaux.

Dans cette pénombre puante, de grosses mouches bleues zonzonnaient lorsqu'on les dérangeait. Quand la tranchée était pleine, grand-père en creusait une autre à côté et recouvrait de terre le précédent dépôt. Puis il déplaçait la cabane.

Ce qu'ils étaient écolos les vieux, quand même ! Et tout ça sans le savoir et sans même connaître le mot !

À cette époque, un redoutable prédateur sévissait sur les plants de pommes de terre : le doryphore. Ce coléoptère beige zébré de noir était, paraît-il, venu d'Amérique dans les bagages de l'armée américaine en 1917 et sa larve vous défeuillait des rangées de plants à peine sortis de terre à une allure insensée, semant la terreur chez les producteurs de ces tubercules qui étaient nombreux en Pays bigouden.

Grand-père, assurant lui-même la production nécessaire à la famille, était très attentif aux attaques de l'ennemi. Il scrutait ses plants avec un soin jaloux et, comme il n'y avait évidemment pas de traitement chimique à cette époque, nous ramassions les insectes un par un et les entassions dans des boîtes d'allumettes grand modèle que l'on jetait ensuite dans un petit feu que grand-père entretenait à cet usage.

Je regardais les misérables agresseurs de nos patates périr dans les flammes avec un âcre plaisir.

C'était une besogne longue et fastidieuse et qui devait être recommencée tous les jours car ces sales bestioles venant de champs voisins volaient en escadrilles avant de s'abattre sur les patates familiales.

Je ne suis jamais resté assez longtemps à Plonéour pour me faire des copains, mais mes cousins, Guy et Fred Pavec, des jumeaux qui eux avaient leurs deux grands-mères proches l'une de l'autre, y passaient toutes leurs vacances. À leur suite, même si j'étais plus jeune qu'eux de cinq ans – quand on a sept ans, c'est énorme! – j'accompagnais leurs expéditions en campagne. Pour se procurer quelque argent de poche, ils chassaient l'écureuil. Monsieur Guyonnet, fourreur à Quimper, payait cent sous pièce la peau de ces charmants animaux.

Alors, armés de lance-pierres, les poches bourrées de cailloux, l'équipe, une bonne douzaine de galopins, battait les bois de pins dans lesquels on avait le plus de chance de trouver des écureuils.

Quand l'un d'entre eux était lancé, un déluge de cailloux s'abattait sur lui. Cependant, bien peu touchaient leur but. L'animal bondissait d'arbres en arbres, suivi par la meute hurlante qui finissait toujours par avoir le dernier mot.

Quand l'animal tombait, il appartenait à celui qui s'en saisirait le premier. La plupart du temps, celui qui mettait la main dessus se faisait cruellement mordre et griffer, mais il subissait stoïquement ces blessures pour gagner les cent sous.

Ce jeu cruel ne me plaisait pas du tout. J'éprouvais plus de sympathie pour l'écureuil que pour ses tourmenteurs. Après deux ou trois expériences, je renonçai à accompagner ces barbares. Je préférai rester sagement au jardin aider grand-père à planter les pommes de terre, à cueillir groseilles et cassis, ou à traquer les doryphores, comme je l'ai dit plus haut. Quand j'avais accompli toutes ces besognes, je m'asseyais au soleil et, adossé au mur entre deux poiriers en espalier, je me plongeais dans la terrible destinée de miss Blandish.

J'enrageais parfois de n'avoir pas de dictionnaire car bien des mots m'échappaient. Alors je les notais avec un crayon pour pouvoir en découvrir le sens lorsque je rentrerais à la maison, habitude qui ne m'a jamais quitté.

Car à la maison, je disposais d'un dictionnaire Larousse de 1928 sur la couverture rosâtre un peu déglinguée duquel une sorte de nymphe soufflait sur une fleur de pissenlit, faisant voler une myriade de graines aux quatre coins du monde. Sous cette allégorie, la devise de la maison Larousse : « *Je sème à tout vent* ».

Ma mère l'avait eu en prix dans les années 30, pour avoir été reçue première du canton au Certificat d'études primaires.

L'ai-je feuilleté et refeuilleté, ce *Petit Larousse* ! C'était, avec le catalogue de la manufacture de Saint-Étienne, ma lecture préférée. Je m'y plongeais comme on se plonge dans un roman. Il ne me donnait pourtant pas toutes les explications que j'aurais souhaité avoir. Bien entendu, l'argot de James Hadley Chase n'y figurait pas et il aurait fallu qu'un adulte me l'explique. Cependant, une prudence innée me retenait d'aller solliciter ces explications que d'ailleurs personne n'était en état de me donner dans mon entourage.

Par exemple, à la page huit de *Pas d'orchidées pour miss Blandish*, quand Bailez entre dans le bar et qu'il ne rend pas son sourire à la blonde accoudée au comptoir, ce n'est pas sympathique. De mon point de vue, ce n'était même pas poli. La suite du récit devait m'apprendre que ce Bailez n'était en effet ni sympathique, ni poli. Pour tout dire, c'était un type peu recommandable, un de ces costauds qu'on n'aurait pas aimé croiser les soirs dans un endroit désert. Cependant, littérairement, je le trouvais très fréquentable. L'auteur précisait, comme pour excuser ce manque de civilité : « *Elle était trop grosse pour son goût…* »

Je me demandai comment il voulait la goûter et je n'avais pas de réponse… Et pour cause !

*

Une fois par semaine, grand-père allait chercher le beurre et je l'accompagnais. Je ne sais pourquoi, il se fournissait dans une petite ferme sise à mi-route de Quimper, ce qui faisait une vingtaine de kilomètres aller retour.

Je trouvais que c'était beaucoup pour aller chercher un kilo de beurre, mais Jean-Noël était un marcheur infatigable qui, comme tous les gens de sa génération trop pauvres pour avoir un cheval et encore moins une bicyclette, n'avait jamais eu d'autre moyen de locomotion que ses jambes.

Je m'en ouvris à mon père qui me fournit l'explication : la fermière était la veuve d'un compagnon de tranchée de grand-père, qui avait laissé sa peau et ses os à Verdun. Pour rien au monde, grand-père n'aurait cédé à la facilité d'aller prendre son beurre au bourg ; en homme d'honneur, il aurait considéré ça comme une trahison.

Quand, pour une raison ou pour une autre, comme une visite aux enfants établis en cette ville, il devait se rendre à Quimper, il y allait à pied avec grand-mère. Après tout, il n'y avait qu'une vingtaine de kilomètres à parcourir et il ne voyait pas pourquoi il aurait dépensé le prix d'un billet de car, quand il pouvait s'y rendre gratuitement par ses propres moyens.

Cependant, pour mes petites jambes à moi, l'épreuve était rude. Quand je restais à la traîne, il m'encourageait : « *D'eus t'en, guenaoueg !* »

C'était dit si gentiment que je mettais un point d'honneur à mettre mes pas dans les siens.

Ce n'est que quelques années plus tard que je demandai à mon père ce que voulait dire précisément « *guenaoueg* ».

— Imbécile ! me répondit-il.

Je le regardai, choqué. Qu'avais-je pu dire qui méritât ce qualificatif ?

— Pourquoi me dis-tu ça ? m'insurgeai-je.

Il me mit les points sur les « i » :

— Parce que *guenaoueg* signifie imbécile ! Et d'abord, pourquoi me le demandes-tu ?

Je lui expliquai que lorsque j'étais à Plonéour et que je me promenais avec grand-père, il me rappelait à l'ordre lorsque je restais à la traîne en me disant « *D'eus t'en guenaoueg !* »

Mon père se mit à rire :

— Ça veut dire « viens donc, imbécile ! »

Et, devant mon air ahuri, il précisa :

— Ne t'en fais pas, il ne te le dira sûrement jamais autant qu'il me l'a dit à moi. C'est tout simplement sa façon de s'adresser aux enfants.

Et, comme je ne disais rien, il ajouta :

— Pour nos anciens, les enfants ont tout à apprendre de la vie, ce sont donc des ignorants…

— Pff… fis-je vaguement vexé, il ne sait même pas lire !

— Non, reconnut mon père, il n'a jamais eu le temps d'apprendre… mais il sait tant d'autres choses que tu ne sauras, toi aussi, qu'à la fin de ta vie…

Fortes paroles qui me laissèrent songeur.

*

Faut-il le dire, chez mes grands-parents Failler, la chère était frugale. Le petit-déjeuner se composait de chicorée et d'une épaisse tartine de pain beurré. Grand-père, qui effectuait encore des travaux de force, y rajoutait une tranche de lard et un oignon cru. À midi, *souben rouz*[19] et le soir des pommes de terre cuites à l'eau trempées dans un bol de *lêz ribot*[20].

À ce régime, grand-père restait sec comme un coup de trique et on ne connaissait point d'obèses dans la famille.

Cependant, le vendredi, grand-mère faisait la galette. Pour faire la galette, il était nécessaire de préparer la pâte la veille et

19. Oignons pommes de terre.

20. Babeurre.

de la laisser reposer toute la nuit. Il fallait aussi un combustible approprié car tout se faisait dans la cheminée. Le feu ordinaire faisait mijoter le *pot houarn* sur ses petites braises.

Pour bien faire chauffer la *billig*[21], il fallait un feu vif, soutenu par moments. De nos jours, la crêpière ouvre plus ou moins le gaz pour obtenir des flammes à sa convenance.

Grand-mère, ne disposant pas de cette commodité, y suppléait en jetant sous la *billig* des poignées d'aiguilles de pin qui s'enflammaient dès qu'elles touchaient les braises.

Donc, le jeudi, j'allais avec grand-père ramasser des aiguilles de pin. Ça ne représentait pas une grosse difficulté. Il fallait seulement s'éloigner du bourg pour trouver un bois de ces résineux. Dès lors, il n'y avait qu'à ramasser la manne de longues aiguilles brunes que le vent avait couchée sur l'herbe, et à l'entasser dans de grands sacs de jute.

Quand on avait rempli chacun notre sac, grand-père estimait qu'il y avait assez de combustible pour que la séance de galettes se passe bien.

Ces sacs étaient plus volumineux que lourds, si bien que je portais fièrement le mien comme un grand, sans trop de peine.

Le jour de la cérémonie – car c'était une sorte de cérémonie – grand-mère n'arborait pas sa haute coiffe de dentelle mais seulement sa sous-coiffe qui lui faisait un curieux monticule de tissu noir sur le haut du crâne.

À genoux devant l'âtre sur une toile de sac de jute, elle posait sur la *billig* une petite louche de pâte et l'étalait d'un geste circulaire du poignet avec son *rozell*, une espèce de petit râteau en bois sans dents, jusqu'à en faire une galette bien ronde.

---

21. Poêle ronde et plate sur laquelle on étend la pâte à crêpes.

Les aiguilles de pins qui nourrissaient le feu répandaient dans toute la pièce une bonne odeur de résine.

Puis, à l'aide du *spanel*, longue spatule plate en bois également, elle retournait la galette avec une belle dextérité pour faire cuire l'autre face.

Tante Jeannette, qui l'assistait, tendait alors l'assiette et assurait le service.

La dernière galette était garnie d'un morceau de beurre en guise de dessert. On était priés de l'annoncer. Le cidre aigre qui accompagnait ce festin était tiré au robinet d'un petit fût installé sous l'escalier.

Je détestais cette boisson dont les bulles me piquaient le nez et qui sentait la pomme pourrie, mais les autres convives s'en régalaient, d'autant que c'était le seul jour où une boisson alcoolisée paraissait sur la table. L'ordinaire était à l'eau de la fontaine qu'on allait chercher sur la route de Plomeur dans des brocs de tôle galvanisée.

Quand tout le monde était rassasié, grand-mère se redressait enfin à grand-peine, se massait les reins, et sortait de cette épreuve « dans son pli » – comme on disait alors de quelqu'un resté courbé trop longtemps et qui a du mal à se redresser –, en nage, le visage cuit par la flamme, les yeux rougis par la fumée, mais heureuse d'avoir régalé son monde.

Puis, comme le commandait la tradition, elle mangeait du bout des doigts, campée derrière le fauteuil au dossier droit terriblement inconfortable où se tenait le chef de famille, les dernières galettes désormais froides.

Les vacances finies, on me confiait aux bons soins de madame Le Pape – celle-là même qui conduisait en coiffe – et sa bouzine, hoquetant, fumant, crachotant, branlant de toutes ses tôles, me déposait en moins de deux heures (dix-huit kilomètres entrecoupés de nombreuses haltes) sur la place Saint-Mathieu face à la boutique à la fière enseigne de « Poissonnerie moderne » que mes parents avaient reprise.

J'avais le cœur aux dents car cette diligence des temps modernes m'avait secoué sur le chemin pierreux. La route n'était pas encore goudronnée et les roues du car étaient en bandage plein car les sabots des paysans étaient le plus souvent garnis de clous et il s'en perdait en chemin. Lorsqu'ils rencontraient des pneumatiques, la crevaison était inévitable, sans parler des émanations d'essence et de mauvaise huile brûlée qui empuantissaient l'habitacle.

Femme prévoyante, madame Le Pape tenait à la disposition des estomacs sensibles des boîtes de conserve vides dans lesquelles il était conseillé de vomir quand le besoin s'en faisait trop ardemment sentir.

Lorsque je retrouvais mes parents, mon père s'amusait à me parler en breton, mais ma mère, ayant surpris ce jeu, y mit rapidement le holà, se souvenant de sa scolarité où sur la porte de chaque classe il y avait une pancarte précisant : « *Défense de cracher par terre et de parler breton* ». Une fois de plus, j'étais victime de l'esprit étroit de ces furieux fanatisés par une école qui n'avait de normale que le nom.

Une raison de plus de leur en vouloir. À cause de cet interdit ridicule, je n'ai jamais parlé couramment la langue de mes pères.

Et pourtant, il s'en serait fallu de si peu !

*

Retour à Quimper.

De retour au logis, rue Saint-Mathieu, je repris mes balades avec mon grand-père François, toujours au long des quais de l'Odet.

Grand-père aimait assister aux séances du palais de justice qui, pour lui, valaient toutes les pièces de théâtre.

Il n'était d'ailleurs pas le seul à apprécier les joutes car en ces temps, les distractions étaient rares et les péroraisons des avocats lors des procès attiraient les badauds.

En plus, c'était gratuit ! Il suffisait d'être silencieux et de ne pas troubler la séance.

Les manifestations intempestives d'indignation voire de colère étaient sévèrement réprimées par le président qui criait : « Silence ou je fais évacuer la salle ! ». Comme les gendarmes se tenaient prêts à exécuter cette menace, le calme revenait vite.

Je me souviens d'un certain jour, je devais avoir neuf ans, la foule se pressait devant les grilles : on jugeait Jeanne Le Her qui avait tué de trois coups de revolver un mari qui la maltraitait. Or, cette Jeanne Le Her était la fille de Guillaume Seznec. Il n'en fallait pas plus pour réveiller des passions qui ne s'étaient qu'assoupies avec le temps.

Je vois encore cette pauvre femme passer entre deux gendarmes qui la protégeaient d'une foule hostile en s'efforçant de rester digne. Toute la raille, comme on disait alors, sans doute parce que racaille était trop long, était là, grondante, menaçante.

J'entends encore une de ces pétroleuses glapir sur le passage de Jeanne Le Her : « Seznec, race d'assassins ! » avec tant de haine que j'en frémis du haut de mes neuf ans et que soixante-dix ans plus tard, j'en frémis encore.

La cour d'Assises reconnut la légitime défense à Jeanne Le Her, qui était régulièrement battue par son mari, et l'acquitta.

*

Notre-Dame-de-Boulogne.

Entre 1943 et 1948, à l'instigation du clergé, la statue de notre-Dame-de-Boulogne, représentant la Vierge et l'enfant Jésus campés sur un bateau, fut promenée à travers toute la France.

Le but était de ramener le peuple de France à la foi dans un mouvement appelé le « Grand retour à la foi » que la gouaille populaire s'empressa de transformer en « Grand retour des prisonniers » qui lui paraissait bien plus urgent.

En 1944, j'avais quatre ans, cette statue fut promenée dans les rues de Quimper. Sortie de la cathédrale où un office solennel avait été célébré par monseigneur Duparc, évêque de Quimper et Léon, elle avait emprunté la rue Kéréon, remonté la rue du Chapeau Rouge pour passer devant l'église Saint-Mathieu, c'est-à-dire juste devant la boutique de mon père.

C'était par une fin de journée qu'assombrissait un lourd orage planant sur la ville. L'apparition de cette statue toute blanche, traînée sur un chariot par une foule de paroissiens, me subjugua. Une sorte de moine aux yeux exorbités, pieds nus, précédait le cortège en brandissant une croix de bois deux fois grande comme lui et en éructant des imprécations vengeresses. Sur les trottoirs, sur les pavés de la rue, tout le monde s'agenouillait tandis que l'interminable cohorte qui suivait entonnait des cantiques qui me sont restés à jamais dans l'oreille : « *Chez nous, soyez reine… Et Sauvez la France au nom du Sacré-Cœur* »… Alors que le cortège arrivait à l'église Saint-Mathieu, l'orage se déchaîna dans un fracas de fin du monde, accompagné d'éclairs et d'une pluie diluvienne qui noya la rue en un instant.

Pour autant, les pieuses femmes, stoïques, restèrent à genoux dans l'eau boueuse qui dévalait de la route de Douarnenez, les mains jointes, le regard extatique. Impassibles, sous la bénédiction céleste, les haleurs continuaient de haler le lourd chariot sur lequel reposait la statue, tandis que le moine, infatigable, continuait de brandir sa croix en exhortant les fidèles à se repentir. Le cortège emprunta alors la rue Saint-Mathieu pour regagner la cathédrale, tandis que la foule trempée suivait le mouvement toujours chantant…

Soixante-dix ans après, je revois toujours cette scène surréaliste comme si c'était hier.

Cependant, la plus grosse angoisse que je ressentis remonte aux funérailles de monseigneur Duparc.

J'avais six ans et l'évêque emblématique de Quimper, qui était vénéré à l'égal d'un Saint, venait de mourir après un épiscopat long de trente-huit années. Ses funérailles solennelles avaient été concélébrées par de nombreux évêques et présidées par monseigneur Angello Roncalli, nonce apostolique du pape Pie XII, qui devait, douze ans plus tard, devenir pape à son tour sous le nom de Jean XXIII.

Le char funèbre, précédé par ces dignitaires de l'Église, était tiré par six chevaux caparaçonnés de tissu noir larmé d'argent.

Aux quatre coins du corbillard, quatre plumets en plumes d'autruche et derrière, une foule affligée qui psalmodiait en se battant la coulpe. Sur les côtés, suivant le corbillard, des pleureuses poussaient des cris d'affliction en se flagellant les épaules. Bien entendu, sur tout le parcours de la procession, les vitrines des boutiques étaient masquées par des voiles noirs eux aussi larmés d'argent.

Je fus tellement terrorisé par ces chevaux noirs qui paraissaient tout droit sortis de l'enfer, par ces femmes hystériques qui hurlaient leur désespoir et par cette foule silencieuse et recueillie, que je courus me cacher dans un placard dans lequel mes parents affolés finirent par me trouver pleurant et tremblant de tous mes membres.

Cette scène d'Apocalypse devait hanter mes cauchemars d'enfant pendant de longues années.

*

L'école. Sœur Angèle.

Mes premiers souvenirs d'école remontent au cours Saint-Mathieu, où je fus inscrit à la maternelle.

Mes parents ayant leur commerce à cent mètres de là, il me suffisait de traverser cette jolie place point encore bitumée et bordée de tilleuls pour me retrouver dans la cour de l'école.

Aujourd'hui, les horodateurs ont remplacé les tilleuls et les contractuels les balayeurs du petit génie.[22]

22. On appelait ainsi les anciens combattants de 14/18 dépourvus de ressources (souvent des mutilés), à qui la ville permettait de gagner trois sous en poussant la brouette et le balai pour nettoyer les rues.

Le samedi, un marché aux légumes se tenait sous les tilleuls, mais les autres jours, la place était le domaine des gosses du quartier qui s'y retrouvaient pour disputer des parties de foot acharnées avec une boule de chiffons en guise de ballon, sans craindre d'être importunés par une automobile.

L'école maternelle Saint-Mathieu occupait un espace sis entre la place et la venelle du Pain-Cuit, cet étroit boyau qui s'élargit en son milieu, et qui relie, pour les piétons seulement vu son étroitesse, la rue Saint-Mathieu à la rue du Chapeau Rouge.

J'entamais donc ma scolarité sous la férule de la redoutée Sœur Angèle dont la réputation de sévérité n'était plus à faire.

Sœur Angèle était une Sœur blanche comme on disait alors, une espèce commune qui a disparu – comme les coiffes des Bigoudènes – avec le siècle, dont la petite tête ridée comme une pomme d'api oubliée au grenier s'abritait sous une imposante cornette. À l'abri de cet édifice que l'amidon rigidifiait au point de donner aux tissus la consistance du carton, on apercevait derrière des lunettes aux montures d'acier deux petits yeux noirs pas du tout bienveillants, dont la fixité et l'acuité inquiétaient et qui disaient mieux que tous les discours que si Sœur Angèle était selon les canons de la religion une bonne Sœur, elle n'était assurément pas une fée bienveillante.

Au physique, c'était une toute petite bonne femme à laquelle seuls les voiles dont elle était vêtue donnaient un volume imposant. Mon grand-père, avec son inénarrable accent douarneniste et son sens de la formule, disait de ces gens que l'uniforme ou le costume avantageait, et en particulier des zazous qui affectionnaient les longs pardessus renforcés par des épaulettes qui leur donnaient une carrure de débardeur : « Tirées les plumes, il n'y a plus d'oâseau! ». Ce qui signifiait que dépouillée de ses voiles et oripeaux, il ne serait probablement resté de la redoutable religieuse qu'une maigre greluchonne guère plus impressionnante qu'une communiante de douze ans.

Mais personne n'aurait eu l'idée saugrenue de se risquer à faire subir ce sort cruel à Sœur Angèle.

Elle avait une façon toute personnelle d'ordonnancer sa salle de cours : sa table, juchée sur une estrade, surplombait nos petits pupitres collés les uns aux autres sur trois ou quatre rangs.

Les premiers touchaient littéralement l'estrade et revenaient en demi-cercle au plus près de Sœur Angèle. Je suppose que, vue de haut, sa classe aurait évoqué une poule entourée de ses poussins. Pour maintenir l'attention des dits-poussins, elle disposait d'un long bambou, et tout bavardage, rire intempestif ou simplement manque d'attention, était puni d'un vigoureux coup, plus spectaculaire que douloureux, sur la tête du contrevenant.

Sous la direction de notre terrible maîtresse, nous ânonnions docilement le B-A BA, suivant du doigt les lignes d'un livre merveilleux, *La journée des tout-petits, de la méthode Boscher*. La rigueur de Sœur Angèle portait rapidement ses fruits car lorsqu'on sortait de sa classe après une année de scolarité, même les plus benêts savaient lire, écrire et compter jusqu'à dix.

Comme je l'ai peut-être déjà dit, les convictions de mon père ne le portaient pas à inscrire ses enfants à l'école confessionnelle. À six ans, jugeant que j'étais désormais assez grand pour aller tout seul de la place Saint-Mathieu à la rue Bourg-les-Bourgs, je fis donc mon entrée à l'école communale de Paul-Bert où je devais rester jusqu'à l'âge de dix ans.

C'est à cette époque que mon père trouva trois petites pièces à louer sous les toits d'un immeuble de la place du 118e. Ce n'était qu'à une centaine de mètres de la poissonnerie où j'avais vécu les premières années de ma vie. Nous logions alors fort étroitement et fort insalubrement dans l'arrière-boutique – une seule pièce – et la naissance d'une troisième enfant était programmée.

Sur ces trois pièces, deux regardaient la place et le mont Frugy et l'autre, au Nord, donnait sur la cour de la caserne ; mon frère Gildas et moi y avions notre couchage : un lit pour deux.

*

La douche.

Nous étions bien heureux dans notre nouveau logement où deux pièces sur trois étaient largement ensoleillées. La troisième, celle où nous dormions mon frère et moi, était orientée au Nord, je viens de le dire. Comme nous étions sous les toits et que l'on ne parlait pas encore d'isolation, en hiver elle était glaciale. D'ailleurs, nous l'appelions « la chambre froide ».

Bah, on nous mettait une couverture de plus et, à tout prendre, nous y étions mieux que dans l'arrière-boutique de la poissonnerie où, les jours de grosse pluie, l'eau goutait sur nos couchages.

Dans notre logement de la place du 118e, un petit évier recevait l'eau courante et il y avait un W.-C. commun à tous les locataires à l'étage.

On se doute que dans ces conditions, la toilette de trois enfants était fort sommaire.

Mon père décida alors d'installer une douche dans l'arrière-boutique de la place Saint-Mathieu. Il s'était procuré je ne sais par quelles tractations un chauffe-eau à gaz d'occasion qu'il installa dans les W.-C. de l'arrière-boutique.

Pour recevoir les eaux qui tombaient de la pomme d'arrosoir, il avait coulé un bac de béton avec une évacuation centrale.

Cependant, la mise en route du chauffe-eau s'avéra plus laborieuse que prévu. Le pauvre appareil avait dû vivre plusieurs vies avant d'échouer chez nous.

Il produisait une eau quasiment bouillante qui, lorsqu'on voulait la tempérer en tournant le bouton de réglage d'un tout petit cran, devenait soudain glaciale et qui, tout à coup, s'arrêtait net.

La machine tressautait, gargouillait avec des bruits inquiétants venant de ses entrailles de cuivre et la douche se terminait invariablement, après un ultime tressaut d'agonie, par un rinçage à l'eau froide que notre père nous infligeait sans le moindre état d'âme.

Mon frère et moi subissions stoïquement cette douche écossaise et étions même très fiers de dire à nos petits copains, à l'école, que nous avions une douche chez nous.

*

Communale Paul-Bert.

Ma maîtresse en cette première année à la communale de Paul-Bert s'appelait madame Leroux. Elle faisait fugure de Sœur Angèle laïque tout aussi exigeante qui, si elle n'avait ni bambou ni cornette, ne lésinait ni sur le rouge à lèvres ni sur les taloches, voire sur les coups de règle sur les doigts pour faire aller les choses dans le bon sens. Elle n'hésitait pas à allumer une gauloise en pleine classe, à nous mettre au piquet derrière le tableau et, dans les cas graves, à coiffer le délinquant d'une sorte de mitre de papier confectionnée par ses soins sur laquelle – pour que nul ne l'ignore – était écrit en majuscules : *ÂNE*.

Ces méthodes, de nos jours, lui auraient pour le moins valu la correctionnelle, une radiation immédiate et la réprobation de la corporation enseignante au motif de violences volontaires et stigmatisation – ce mot ne connaissait pas encore la vogue qui est sienne aujourd'hui. Mais dans ce cas, il aurait fallu virer la quasi-totalité du personnel enseignant qui appliquait cette vigoureuse discipline sans le moindre état d'âme. D'ailleurs, il ne nous serait pas venu à l'idée de nous plaindre auprès de nos parents car les temps, sans qu'on s'en offusquât, étaient toujours à la double peine. Avouer avoir reçu une baffe à l'école était le meilleur moyen, si on commettait l'imprudence de se faire plaindre une fois rentrés à la maison, d'en recevoir deux autres, voire quatre, infligées en retour par le *pater familias*. Les baffes, comme les chaussettes, allant généralement par paire.

Madame Leroux arborait coquettement une blouse blanche, mais les maîtres en portaient des grises et ils n'hésitaient pas non plus à fumer pendant leurs heures de cours, ce qui ne choquait personne, sauf mon père, ennemi du tabac, qui désapprouvait en silence.

Chez madame Leroux, on apprenait à lire et à écrire. Quel douloureux apprentissage que celui qui consistait à faire des rangées de a, de e, de o ; le u était particulièrement ardu car il fallait monter, puis redescendre, puis remonter, avec un porte-plume qui accrochait le papier ! On trempait cette plume dite « tête de mort » dans l'encre violette du petit encrier de faïence incrusté dans notre pupitre que la maîtresse remplissait à l'aide d'une bouteille munie d'un bec. On tirait la langue tant notre application était grande car madame Leroux passait dans les rangées, surveillant sourcilleusement le travail, très attentive aux pleins et aux déliés ; au moindre « pâté », les petits doigts étaient sanctionnés d'un vigoureux coup de règle et le maladroit traité de « *bibic* » ; je n'ai jamais su à quoi correspondait ce qualificatif mais on sentait bien qu'il se voulait infamant, d'autant que la récidive vous valait la terrible sentence « Au piquet ! » coiffé du bonnet d'âne.

C'était rude, on avait souvent les larmes aux yeux, mais ça activait l'attention des plus étourdis.

Cependant, on apprenait des choses merveilleuses. Les mésaventures du Corbeau et du Renard, comme tout le bestiaire de La Fontaine, m'enchantaient.

Et je récitais avec délice :

« *Un jour, sur ses longs pieds, allait je ne sais où,*
Le héron au long bec emmanché d'un long cou.
Il côtoyait une rivière.
L'onde était transparente ainsi qu'aux plus beaux jours… »

Quelle musique ! Quelles images dans ma tête rêveuse !

Je visualisais très bien ce crâneur de héron et pressentais que son mépris n'allait pas lui retomber sur le bec… Comme me retombait sur le crâne la règle de madame Leroux.

Elle avait quitté subrepticement ce fichu héron et, sans que je m'en aperçoive, était passée au calcul, fâcheuse discipline qui n'arrivait pas à me passionner. Mon esprit s'évadait dès que les chiffres apparaissaient sur le tableau noir, ce qui me valut de sérieux déboires tout au long de ma scolarité. Madame Leroux écrivait sur le bulletin de notes : « *toujours dans la lune, ne travaille pas* », ce qui me valait de sérieuses réprimandes lorsque je devais faire signer ce bulletin.

Comme si ces châtiments avaient pu me faire aimer une discipline que d'instinct je détestais ! Bien au contraire, chaque coup reçu augmentait mon aversion qui tourna vite à la phobie. J'avais un problème particulier avec la division. Mon père prit alors les choses en main pour me faire entrer cette maudite opération dans la tête. Peine perdue ! Je me souviens encore d'un certain dimanche de mai où cela faillit tourner au drame. Traditionnellement, à cette date, nous allions chez mes grands-parents paternels pour le pardon de Plonéour-Lanvern, fête votive de la paroisse qu'on ne devait manquer à aucun prix. Dans mes souvenirs d'enfant, c'était une date que j'attendais comme Noël ou les grandes vacances. Grand-mère faisait le « fricot », deux gros lapins que grand-père avait élevés pour la circonstance. Il mettait également un point d'honneur à nous servir les premières pommes de terre nouvelles qu'il avait surveillées comme le lait sur le feu, couvrant ses jeunes plants de sacs de jute pour leur éviter les gelées de l'aube. Tous les frères et sœurs de mon père étaient de la fête – ils étaient neuf ! – avec leurs enfants.

Mon préféré était le tonton Albert, maître canonnier dans la Marine nationale. Ses primes de campagne Outre-Mer semblaient lui brûler les doigts et il nous gratifiait, mon cousin Eugène, qui avait mon âge, et moi d'une pièce de cinq francs pour aller sur les manèges. Quelle débauche de nougats, de pommes d'amour, de berlingots et de tours de manèges !

Et voilà que mon père menaçait de me priver de cette journée exceptionnelle, depuis si longtemps attendue, à cause de cette maudite division. Il m'avait entrepris dès le samedi soir précédant la fête, me donnant des opérations à faire sous peine de ne pas participer à cet événement. Évidemment, ma crispation n'avait fait que s'amplifier. Le dimanche matin, j'en étais à un point de tétanisation paralysante qui me valut quelques mornifles plus vexatoires que douloureuses, qui se voulaient stimulantes mais qui, accompagnées par la grosse voix paternelle, me terrifiaient. Bien entendu, le remède fut pis que le mal. Mon père, excédé par ce qu'il pensait être de l'entêtement, m'empoigna par la peau du cou, me descendit dans la cave à charbon, un affreux réduit sans air et sans lumière, et m'assura que j'allais passer le dimanche là-dedans.

Il ne s'agissait que d'une vaine menace, mais mon Dieu que je fus terrifié quand j'entendis la porte de grosses planches se refermer sur moi et la clé grincer abominablement dans la serrure !

Je passai dans cette geôle improvisée ce qui reste, je pense, la plus longue demi-heure de ma vie, et c'est à cette séquestration, je crois, que je dois d'être claustrophobe à jamais.

Finalement, ma mère ayant timidement intercédé en ma faveur, mon père, un peu penaud, j'imagine, d'avoir été si cruel, vint me délivrer.

Il ne comprenait pas que je n'assimile pas une chose aussi simple que l'opération de la division, et ça le fâchait. Quant à moi, je ne faisais en aucun cas preuve de mauvais vouloir, j'aurais fait n'importe quoi pour n'avoir pas eu à connaître l'horrible épreuve qu'il venait de m'infliger.

Bien entendu, la réunion de tous les frères et sœurs dans la petite maison de Plonéour-Lanvern parvint à gommer ma peine.

Mais trois quarts de siècle plus tard, il m'en cuit encore et je n'ai oublié aucune de ces affreuses minutes passées assis sur un sac d'anthracite dans une cave obscure et nauséabonde.

Après la classe de madame Leroux, j'entrai dans celle de monsieur Guillou. Les maîtres avaient tous leur réputation et celui qui coiffait tous les autres était monsieur Citeau, un long gaillard qui avait fait Verdun, comme mon grand-père paternel. Il était plus maigre qu'un mauvais chien. À la moindre contrariété, il vous soulevait le contrevenant par les oreilles avant de le propulser à la porte d'un vigoureux coup de pied au derrière en le traitant rageusement de « rossard ! », son injure favorite. Quand il se mettait en colère, ce qui arrivait souvent, il jurait « bordel de chiens ! » en donnant du poing sur nos tables ; ce vocabulaire faisait tiquer jusqu'à ses collègues qui, pourtant, en avait connu d'autres.

Autant vous dire que dans sa classe, on entendait les mouches voler.

Terrorisé, je m'appliquais comme je ne l'avais jamais fait, tant j'avais peur de devoir redoubler. Deux ans avec le père Citeau ? J'aurais préféré aller me jeter dans l'Odet !

Monsieur Guillou, lui, était connu pour être un militant communiste actif. On disait qu'il avait fait de la prison parce qu'avec d'autres camarades, il s'était allongé sur les rails, à la gare, pour s'opposer au départ du train qui transportait les troupes françaises pour l'Indochine où une nouvelle guerre venait de se déclencher. À cette époque, le parti communiste représentait le quart de la population française et cette popularité lui conférait un poids politique énorme.

Auprès des élèves, monsieur Guillou avait la réputation d'être bon bougre et on n'appréhendait pas de l'avoir pour maître. La classe suivante était tenue par monsieur Coïc, un homme débonnaire et érudit qui – à ma connaissance – ne porta jamais la main sur un élève. À l'époque, la chose était assez rare pour qu'on puisse la souligner.

Monsieur Coïc, qui devait terminer sa carrière comme bibliothécaire de la ville de Quimper, avait la fibre littéraire. Il était l'auteur de plusieurs romans remarquablement écrits et ne nous accablait pas de mathématiques. Il était, comme mon père, originaire de Plonéour-Lanvern, d'ailleurs ils se tutoyaient. Il appelait mon père Jean et celui-ci lui rendait la politesse en l'appelant Bastien – Sébastien.

Je garde un excellent souvenir de mon passage dans sa classe, peut-être parce que j'avais, sans le savoir à l'époque, des affinités de goûts et de pensée avec lui.

Enfin, à quatorze ans, on passait dans la classe de monsieur Mélou, un homme sévère mais juste et un excellent pédagogue qui préparait au Certificat d'études et qui, en outre, entraînait l'équipe de foot de l'école.

Comme je l'ai dit, l'année que je passai dans la classe de monsieur Citeau fut une épreuve de chaque instant et me parut bien longue, bien pénible et bien douloureuse. Cependant, j'obtins sous la terreur des résultats suffisamment intéressants pour que mon père songe à me faire poursuivre des études au Lycée.

L'année 1949 me vit donc inscrit en classe de 7e au lycée la Tour d'Auvergne. J'eus beaucoup de peine à quitter mes copains de la communale, mais mon père en avait décidé ainsi, il n'y avait donc pas à discuter.

Mademoiselle Autret, une institutrice fort estimée, était chargée de préparer sa classe au fameux mais redouté examen d'entrée en 6e qui nous ouvrirait les portes du grand lycée. C'était une longue femme maigre et austère, déjà proche de la retraite, qui n'avait pas besoin d'élever la voix pour asseoir une autorité que nul ne songeait à contester.

Quand je vis les sinistres bâtiments de cet ancien collège de Jésuites, ces cours sombres dans lesquelles il était interdit de jouer au ballon, et même de courir, mon âme prit le deuil de ma liberté perdue. Et quand on m'annonça que si tout allait bien je devrais passer mes sept prochaines années dans cet établissement – où le port de la cravate était obligatoire à partir de la 6e – et ensuite partir pour d'autres écoles, à Rennes ou à Paris, je ne pus me résigner à envisager un sort si désespérant, ce qui fait que tout alla mal.

Mes cousins bigoudens, Guy et Fred Pavec, les fils jumeaux de ma tante Marie, la plus âgée des sœurs de mon père, me raillaient. Dès leurs quatorze ans, ils étaient entrés en apprentissage chez leur ébéniste de père et mon cousin Fred envisageait déjà de s'acheter un vélo de course avec ses gains, ce qui me faisait baver d'envie, mais j'étais encore loin du compte!

Mademoiselle Autret avait pris mon sort en mains et réussit, en dépit de mon inappétence pour l'arithmétique, à me faire passer avec succès l'examen d'entrée en 6e, sésame obligé pour le « grand Lycée ».

À la rentrée de 1950, je me présentai donc en 6e A et c'est là que le naufrage eut lieu.

Personne ne m'avait expliqué les règles en vigueur dans cet établissement d'élite où la moitié des profs étaient agrégés de l'Université. Quand on me demanda de prendre mon cahier de textes, je ne savais même pas de quoi il s'agissait. Les professeurs avaient chacun leur salle de cours, et les élèves devaient se déplacer pour aller recevoir leur enseignement.

Bien entendu, mon père comme ma mère n'avaient pas la moindre notion du fonctionnement d'un établissement secondaire. Ils avaient fréquenté la communale jusqu'à leur Certificat d'études. Pour mon père, à Saint-Jean-Trolimon, près de Plonéour-Lanvern, où, dans une classe unique, l'instituteur enseignait les rudiments à une quarantaine d'élèves de six à quatorze ans. Ma mère, elle, s'enorgueillissait d'avoir été reçue première du canton de Douarnenez au Certificat d'études primaires.

Contrairement à son fils, elle avait adoré l'école et, un demi-siècle après avoir quitté la communale, elle me parlait encore avec vénération de madame Menou, une institutrice qu'elle avait fort appréciée.

Après ce brillant succès au Certificat, elle aurait voulu poursuivre ses études pour devenir institutrice à son tour mais les nécessités économiques en décidèrent autrement. La blanchisserie de grand-mère avait besoin de bras car il y avait encore deux petits à élever, mon oncle Jean et ma tante Hélène. Donc, avec sa sœur aînée Marie-Jo, elle s'adonna, sous la houlette de notre grand-mère Mélanie, à l'art difficile du repassage, du tuyautage, de l'amidonnage des chemisiers de soie, des robes de mariées et de communiantes, un métier pour lequel elle n'avait pas plus d'affinités que son fils pour les mathématiques.

Lorsqu'elle fut mariée et que mon père se fut lancé dans le commerce du poisson, elle tint tout naturellement la boutique avec lui. Ce qui était nécessaire car mon père débarquait dans une activité dont il n'avait qu'une vague idée, le commerce. Pour la circonstance, il s'était inscrit aux cours Pigier pour apprendre les rudiments de la comptabilité. Ce nouveau métier imposait à mes parents d'aller chaque jour acheter le poisson à l'arrivée des bateaux. Ils quittaient donc Quimper vers seize heures dans leur vieille Citroën C4 pour Saint-Guénolé. Ils rentraient rarement avant vingt-et-une, parfois vingt-deux heures, quand une panne ou une crevaison n'ajoutait pas au retard. Étant l'aîné, j'avais la charge en rentrant du lycée d'aller chercher ma petite sœur Renée, âgée de quatre ans, à son école de la rue Vis, de la trimballer au troisième étage où nous habitions, de veiller sur mon petit frère Gildas, un galopin de sept ans fort aventureux, et d'allumer le feu dans la cuisinière après avoir été chercher un seau de boulets de charbon dans cette foutue cave où je ne pénétrais jamais sans frissonner.

Autant dire que cet emploi du temps ne laissait guère place à la rédaction des devoirs et à la révision des leçons.

Mon frère *pignousait*[23], ma sœur aussi. L'attente était interminable.

Seul avec ces deux marmots au troisième étage de notre petit immeuble, j'étais en proie à d'incoercibles angoisses dès que la nuit commençait à tomber. Je me faisais un cinéma : et si mes parents ne rentraient pas ? Et s'ils nous avaient abandonnés ?

---

23. Pleurnicher sans cesse et sans raison.

Et s'ils avaient eu un accident de voiture ?

Enfin, j'entendais des pas dans l'escalier. Ils arrivaient harassés par leur longue journée de travail. Maman faisait cuire les langoustines ou les poissons qu'elle avait apportés. On dévorait ça avec du pain beurré et ensuite, on allait au lit avec un bonbon gomme en guise de dessert.

Le premier bulletin trimestriel tomba comme un couperet. Le proviseur avait écrit au bas d'une cohorte de notes catastrophiques cette sentence terrible : « *N'a rien à faire au Lycée* ». Cette fois, contrairement à ce que je craignais, je ne fus pas châtié. Ce fut pire. Je lus de l'abattement dans les yeux de mon père :

— C'est ainsi que tu nous récompenses ? me demanda-t-il d'une voix où perçaient tout son découragement et toute sa désillusion. On te donne la chance d'entrer dans la meilleure école pour que tu aies un bon métier et voilà le résultat !

Il posa son index sur l'appréciation du proviseur :

— « *N'a rien à faire au Lycée...* » Qu'est-ce qu'on va faire de toi ?

Cependant, chez lui, l'abattement ne durait guère et, comme c'était un homme d'action, au matin il m'empoigna par le bras et m'entraîna au pas de charge vers le lycée où il entra en bousculant le concierge qui voulait faire barrage, se présenta à la porte du proviseur et frappa d'une main ferme.

Quand il entendit « entrez », il poussa la porte, me fit passer devant lui et salua le proviseur.

— Bonjour, monsieur le Directeur...

Le proviseur, surpris, se leva à demi.

— Bonjour, monsieur...

— Failler… Monsieur Failler.

— Ah… fit le proviseur perplexe, monsieur Failler…

Il se rassit et toisa mon père par-dessus son pince-nez à la fine monture d'or. Toute son attitude disait sa réprobation devant cette intrusion brutale. Dans cette institution feutrée, on n'était pas habitué à ces manières pour le moins directes.

Le maître du lycée était alors un homme qui arrivait au bout de sa carrière, c'est-à-dire qu'il approchait de la soixantaine, l'âge de mon grand-père que je considérais alors comme un vieillard.

Il était toujours « tiré à quatre épingles », comme disait ma mère à qui son nœud papillon inspirait le plus grand respect.

Mon père, lui, était alors dans la quarantaine et ses activités ne le portaient pas aux élégances. Le costume de dimanche était réservé… aux dimanches et aux occasions exceptionnelles de la vie, enterrements, baptêmes, noces. Je me souviens que lorsqu'on le sortait, il empestait la naphtaline car ma mère, qui redoutait les mites, truffait sa penderie de ces boules puantes.

Sur la semaine, il portait une veste de velours et un pantalon de grosse toile. Cependant, soucieux des convenances, il avait consenti, sur les conseils insistants de ma mère, à nouer autour de son col une cravate comme celle qu'il nous fallait porter pour aller en classe. Sans élégance, faut-il le dire, car cet artifice de mode pendait comme une ficelle mal nouée.

Pour le proviseur – dont ce poste éminent était un bâton de maréchal, il n'en était pas peu fier –, mon père était donc un jeune homme « brut de décoffrage » qu'il convenait d'entendre avec indulgence. Il répéta, avec une nuance de sarcasme dans la voix :

— Monsieur Failler… Et qu'est-ce qui vous amène, monsieur Failler ?

Pauvre homme ! Il essayait de prendre mon père de haut et, d'expérience, je savais qu'il en serait pour ses frais.

— Je suis le père de ce petit misérable… dit mon père.

Le petit misérable se recroquevillait, plus misérable que jamais.

— Je sais que j'aurais dû prendre rendez-vous, mais je n'en ai pas pour longtemps. Voilà, je suis venu désinscrire mon fils de votre établissement.

Les yeux du proviseur s'écarquillèrent. Il s'attendait à tout autre chose :

— Le désinscrire ?

— Oui. Il ne reviendra pas après les vacances de Noël.

— Mais… Pourquoi ? Le lycée la Tour d'Auvergne est un excellent établissement !

La réponse fusa :

— Certainement trop bon pour lui !

Visiblement, le proviseur ne s'était jamais trouvé devant une telle situation. Il s'adressa à moi :

— Dans quelle classe es-tu, mon petit gars ?

Je répondis d'une voix mourante :

— 6eA, Monsieur.

L'air ennuyé, il ouvrit une porte qui se trouvait derrière son siège et on l'entendit demander :

— Mademoiselle, donnez-moi donc le dossier du jeune Failler, de 6eA…

Une minute plus tard, la porte s'ouvrit et un dossier vert fut déposé sur le bureau du proviseur.

— Voyons… dit-il en l'ouvrant.

Il examina quelques documents, fit « hum… hum… » et revint vers mon père :

— Évidemment, tout ceci n'est pas fameux… Cependant, il y a des points forts, en français, en anglais, en histoire… En revanche, en latin et en mathématiques… hum…

Il me contempla par-dessus son lorgnon et constata sévèrement :

— Vous ne travaillez pas assez, mon jeune ami ! Il va falloir vous mettre au travail !

Puis il revint vers mon père et sa voix se radoucit :

— Il ne faut pas dramatiser, ce n'est que le premier trimestre, il a le temps de se reprendre. Je note d'ailleurs qu'il a honorablement passé son examen d'entrée en 6e et que l'appréciation de mademoiselle Autret est plutôt favorable.

— Peut-être, mais la vôtre ne l'est pas, objecta mon père.

Le proviseur le regarda sans comprendre. Mon père posa alors son index sur la sentence fatale :

— « *N'a rien à faire au Lycée…* » C'est bien vous qui avez écrit ça ?

— En effet, reconnut le proviseur après avoir examiné le document, mais…

Mon père l'interrompit :

— Il n'y a pas de mais, Monsieur, « *N'a rien à faire au Lycée* » tout est dit ! Il n'a rien à faire au lycée, donc il n'y reviendra pas ! Je suppose que vous n'écrivez pas de telles phrases sans y avoir réfléchi.

— Vous savez, dit le proviseur ennuyé, chaque trimestre j'ai quelques centaines de bulletins à signer, alors…

— Alors vous signez n'importe quoi !

Le proviseur regimba :

— Je ne vous permets pas…

— Vous ne me permettez pas quoi ? De vous dire ce que je pense ? Vous avez bien dit ce que vous pensiez de mon fils, vous, et vous avez signé !

« Ça y est, pensai-je, voilà la rogne qui le reprend ! »

Le proviseur essaya d'arrondir les angles devant cette situation qui lui échappait. Il revint vers moi :

— On verra plus clair au second trimestre, n'est-ce pas, mon petit gars ?

Le petit gars ne mouftait pas.

Mon père me prit par le col.

— Viens par ici, toi !

Et au proviseur :

— On ne verra rien du tout ! Vous croyez que je vais laisser mon fils dans un établissement où le directeur signe n'importe quoi ? Pas question ! Je ne suis qu'un simple ouvrier, mais je n'ai jamais renié ma signature, moi ! Je vous salue bien, monsieur le Directeur !

Et il se retira dignement, laissant le proviseur à sa stupéfaction.

Nous redescendîmes la rue Saint-Nicolas à pas plus mesurés que ceux qui nous avaient menés au lycée ; mon père ruminait sa rancœur, moi j'étais bien heureux d'avoir échappé à une roustée mais aussi bien incertain quant à mon avenir.

Ce fut ma grand-mère Mélanie qui trouva une réponse à cette question qui tournait en boucle dans la tête de mon père : « Mais qu'est-ce qu'on va faire de lui ? » Mélanie avait une cousine, une demoiselle Marie Queffurus, dite « tante Mie », qui était intendante au collège de Quimperlé.

Ma destination suivante était donc toute trouvée : dès le mois de janvier, je serais pensionnaire au collège moderne et technique de Quimperlé.

*

Quimperlé.

Les vacances de Noël 1951 se passèrent vite. Évidemment, j'avais été réquisitionné pour aider à la vente des huîtres, car Noël et le premier de l'An étaient la période où la demande était la plus forte. Donc je passai mon temps à servir les clients qui se pressaient au magasin. Ça ne me déplaisait pas, d'ailleurs, indépendamment du fait que les coquilles écorchaient mes petits doigts et que j'avais souvent l'onglée.

Le magasin, où étaient entassées des piles de bourriches, sentait bon le bois déroulé dont elles étaient faites, le goémon et la marée basse. Le soir, j'empilais les bourriches vides, je jetais la sciure sur le carrelage et ensuite je balayais et je ramassais la sciure souillée.

Cette activité me permettait d'oublier un peu que quelques jours plus tard, je serais en pension, c'est-à-dire à l'école vingt-quatre heures sur vingt-quatre. J'imaginais mal ce que ça pouvait être, mais je sentais que ce ne serait pas bien folichon. Cependant, j'étais secrètement content de ne plus retourner dans ce lycée aux bâtiments austères, aux cours de récréation cernées de hauts murs où il n'était pas bien vu de courir de crier, de jouer au foot. Et puis, il y avait cette foutue cravate qu'il fallait impérativement porter et qui me donnait l'impression fâcheuse d'avoir en permanence la corde au cou.

Je n'aurais plus à subir les méprisantes railleries de certains professeurs ni les méchancetés de mes condisciples pour qui j'étais une sorte d'intrus, car je n'étais ni fils d'enseignant, ni fils de médecin, de pharmacien, d'industriel ou de riche commerçant, catégories sociales qui fournissaient le gros des troupes estudiantines en cet établissement d'élite, mais le rejeton du marchand de poisson qui, il y avait peu, n'était qu'un ouvrier du bâtiment, c'est-à-dire bien peu de choses. J'étais celui qui balayait la boutique et allait porter les bourriches commandées par les restaurants en traînant sa petite remorque à main derrière lui.

Je faisais mienne une maxime que répétait souvent ma grand-mère Mélanie : « À chaque jour suffit sa peine ». Je ne me projetai donc pas dans l'avenir. En dépit de mon mauvais bulletin, j'avais trouvé dans mon soulier soigneusement posé devant la cheminée l'album que je convoitais : *Tintin en Amérique,* que je lisais et relisais avec délectation. Au jour de l'An, j'étais allé présenter mes vœux à mon parrain, Armand Cloarec, qui habitait rue Goarem-Dro. J'aimais beaucoup mon parrain et il me le rendait bien, me gratifiant à chaque fois d'un billet de dix francs, une petite fortune.

J'allais aussi livrer les clients qui ne voulaient pas se déplacer. Mes préférés étaient monsieur et madame Jourdan, des bijoutiers réfugiés de Brest où leur maison avait été anéantie par les bombardements. Ils habitaient quai de l'Odet dans un immeuble imposant et cossu où il y avait un ascenseur et le chauffage central, des éléments de confort dont je ne soupçonnais même pas l'existence avant d'être entré chez les Jourdan, qui étaient de bons clients. Tous les dimanches ils achetaient cinquante huîtres numéro zéro, les plus grosses donc les plus chères, qu'il fallait leur livrer. Mon père attachait la bourriche sur le porte-bagages de mon petit vélo et je filais de la place Saint-Mathieu aux quais de l'Odet. L'immeuble où habitaient monsieur et madame Jourdan se trouvait face aux remparts, de l'autre côté de la rivière. Lorsque j'arrivais, j'avais l'onglée et les genoux rougis par le froid car je portais toujours des culottes courtes. Avant de monter le large escalier – je n'osais pas prendre l'ascenseur –, je restais un moment dans le hall souffler dans mes doigts gelés, et lorsque la circulation du sang se refaisait, la douleur était si forte que j'en pleurais. Par bonheur, en plus du prix des huîtres, madame Jourdan me récompensait d'une grosse pièce de cinq francs en aluminium. En faisant sauter ma pièce dans ma main, je trouvais que ça valait quand même le coup de souffrir un peu.

Les vacances se terminant, il fallut songer à revenir aux choses sérieuses. À l'époque, il fallait acheter ses livres mais le choix de ceux-ci n'était pas uniforme. Cela variait selon les établissements et il me faudrait compléter la liste qui nous avait été communiquée par la direction de ma nouvelle école auprès des élèves qui étaient passés en classe supérieure.

Je me retrouvai donc, par une froide après-midi de janvier, dans la cour du collège moderne et technique de Quimperlé.

Mes parents m'y avaient conduit dans la vieille C4 Citroën qui sentait la marée. J'étais assis à l'arrière sur la valise en contreplaqué fabriquée par mon père et dans laquelle étaient entassés mon linge de corps et un pot de grès contenant le beurre de mon petit-déjeuner qui devait me durer quinze jours sans jamais connaître le frigo. Mais ce détail était de peu d'importance tant les bâtiments jamais chauffés étaient glacials. Cette valise en contreplaqué, renforcée dans ses coins par des défenses d'acier, semblait indestructible. Mon père l'avait fabriquée lorsqu'il travaillait à Paris et qu'il revenait au pays en train. Il fallait qu'elle soit assez solide pour qu'on puisse s'asseoir dessus car, bien souvent, lorsque toutes les places étaient prises, c'était le seul recours pour ne pas voyager debout. J'en fus l'usufruitier et elle m'accompagna jusqu'au fin fond de la Kabylie où elle se perdit, avec tous mes pauvres trésors de bidasse, dans les sables d'un oued lors de la débâcle de 1962.

La tante Mie nous accueillit avec force effusions. Tout était fort chez cette femme : la voix, la poitrine, la personnalité.

Elle m'avait toujours fait penser, tant par le maintien que par une inébranlable assurance, à la redoutable Castafiore des aventures de mon cher Tintin.

Grande Résistante pendant la guerre, elle avait organisé au collège dont elle était l'intendante une filière qui recueillait les aviateurs anglais abattus par la DCA allemande et les faisait passer en zone libre d'où ils pouvaient regagner l'Angleterre. Tante Mie ne s'en laissait conter par personne, fut-il inspecteur d'académie, maire, voire ministre. Un seul homme lui en imposait : le général de Gaulle, qui l'avait décorée au front des troupes. À côté de ce géant, les autres hommes pesaient bien peu.

Elle ne s'était pas mariée, bien qu'elle fût, aux dires de ceux qui l'avaient connue en ses vertes années, une très jolie femme.

Cela tenait peut-être à une trop forte personnalité qui aurait effrayé les prétendants.

Tante Mie me conduisit elle-même à mon lit, une armature de fer au milieu de cinquante autres lits semblables, dans une grande salle basse aux plafonds de plâtre largement fissurés et aux planchers de larges lattes de sapin poussiéreux desquelles les nœuds émergeaient comme des verrues de mauvais aloi.

Si les locaux du lycée la Tour d'Auvergne étaient rebutants par leur austérité, ceux du collège Technique et Moderne de Quimperlé avaient tout d'un champ de ruines.

Pour autant, tante Mie évoluait sans se départir d'une aisance qui aurait mieux convenu à l'accompagnement de riches touristes vers leur luxueuse suite dans un hôtel trois étoiles.

Puis elle s'en retourna à ses occupations, et maman entreprit de ranger mon maigre bagage dans une sorte de placard fermé par un rideau.

Enfin elle m'aida à faire mon lit tout en me prodiguant des paroles lénifiantes. Lorsque ce fut fini, elle rejoignit mon père qui s'occupait des formalités d'admission.

Abandonné à mon triste sort, je sortis dans la cour et contemplai le morne univers qui, désormais, allait être le mien : c'était bien pire que le sombre lycée d'où je venais. Des bâtiments vétustes tout en longueur abritaient les salles de classe, et les dortoirs se trouvaient au-dessus, à l'étage. La cour de récréation était en pente, ravinée et pleine de cailloux. Dans le fond se dressaient les hautes murailles grises du bâtiment neuf appelé à remplacer les pitoyables locaux que je venais de découvrir.

Je ne rentrerais plus chez moi ni le midi ni le soir. Bref, j'avais gagné le gros lot.

Pas de doute, j'étais désormais en prison.

Lorsque mes parents sortirent du bureau et vinrent me dire au revoir, j'avais le cœur à marée basse mais je réussis bravement à ne pas pleurer. Pour me réconforter, mon père m'incita sévèrement à me mettre enfin à travailler, précisant bien que sinon, ce serait la maison de correction, voire les enfants de troupe, perspective tout à fait propre à me remonter le moral. Ma mère, après m'avoir embrassé, m'assura que je serais très bien et que je me ferais très vite de nouveaux camarades.

En les regardant partir, je compris ce que pouvait ressentir un chien lorsqu'il voit s'éloigner les maîtres qui l'ont conduit à la fourrière.

Puis la promenade rentra et, instantanément, la cour fut pleine de tumulte. Un cercle se forma autour de moi, où cent paires d'yeux me scrutèrent comme une bête curieuse. Les questions fusèrent : « Qui t'es ? D'où es-tu ? Comment t'appelles-tu ? » J'y répondis de mon mieux mais j'eus la bêtise de dire que si j'étais là, c'est parce que mademoiselle Queffurus, l'intendante, était parente de ma grand-mère. Dès lors, la méfiance s'installa. Tante Mie était surnommée « la froum », fine allusion, paraît-il, à la piètre qualité des repas qui étaient, sous son égide, servis dans l'établissement. Il faut dire que les pâtées qu'on nous servait n'étaient guère appétissantes. La purée de pois cassés pompeusement baptisée « purée Saint-Germain » avait une consistance et un teint vert de gris peu ragoûtants. Le jour des frites était attendu avec impatience mais je fus terrorisé en voyant mes condisciples se jeter avec des hurlements sur le plat à peine posé sur la table pour prendre les frites à pleines mains. N'ayant pas été habitué à ces manières pour le moins rustiques, je n'en vis jamais la couleur. Ce qui faisait rigoler les petits rustres qui se moquaient : « Il a gratté ! » ce qui signifiait « il a gratté le fond du plat », c'est-à-dire « il n'a rien eu ». Cela les amusait prodigieusement. Alors, je grignotais mélancoliquement ma tartine de gros pain avec mon fond de beurre rance.

Les manières autoritaires et la voix rude de tante Mie, ajoutées à la mauvaise restauration, ne prédisposaient pas mes condisciples à apprécier « la froum ».

Il n'en fallut pas plus pour que je devienne la tête de turc de la cour de récréation. Tante Mie s'en aperçut, s'en offusqua et prit ma défense avec une véhémence qui alla illico à l'encontre de ce qu'elle souhaitait.

Autant dire que je subis mon lot de brimades pendant quelques semaines. Puis, tout finissant pas lasser, mes tortionnaires trouvèrent une autre victime et, pour ma plus grande satisfaction, m'oublièrent un peu.

Cette tête de Turc était mon voisin au dortoir, un garçon dont le sort était plus fâcheux encore que le mien. Il s'appelait Alain Saint-Luc et ses parents, administrateurs coloniaux, l'avaient posé dans ce collège comme on pose une valise. Saint-Luc n'allait jamais en sortie dans une maison amie. Aux vacances, il partait dans des camps ou des colonies, ses parents réglaient cela par courrier depuis leur lointaine Afrique. Saint-Luc était frêle et blond et, comble de malédiction, il était incontinent. On peut imaginer son calvaire dans un collège rural où le rapport de force faisait loi, où le grand écrasait le petit et où le fort broyait le faible sans que l'encadrement y trouve à redire.

Les élèves n'étaient pas les seules victimes de ces fâcheuses pratiques. Nous avions un jeune prof qui était traité de la même manière et qui, faute d'avoir les moyens tant physiques que moraux de répondre à ses persécuteurs, ne put jamais faire son cours. Comble de malheur, sa faiblesse fut blâmée par sa hiérarchie et il dut quitter l'Éducation nationale en raison de son « incompétence ».

J'appris plus tard avec beaucoup de chagrin que ce « petit chose », pour lequel j'éprouvais tant de sympathie, s'était suicidé en se jetant dans la rivière en crue.

Le collège Moderne et Technique de Quimperlé dispensait une formation secondaire qui menait aux Bacs – à l'époque il y en avait deux – et à une branche technique où l'on formait des menuisiers et des ajusteurs.

Le directeur avait eu l'étrange et excellente idée de faire participer tous les élèves aux travaux d'atelier. Ainsi, un après-midi par semaine, nous apprenions le maniement de la bâtarde et de la demi-douce, puis, en alternance, le secret du traçage de la pointe de diamant et la réalisation d'un tenon et de sa mortaise.

Mon père m'avait très tôt initié aux petits travaux du bois, si bien que j'avais sur mes petits camarades une avance dans le domaine de la menuiserie. Cependant, lors de ma première sortie, m'ayant demandé quelle option j'avais choisie à l'atelier, je lui répondis froidement : « l'ajustage ». Il ne dit rien, mais je vis que je l'avais touché à cœur. Compagnon menuisier, il vénérait son métier, et voir son fils le délaisser pour aller limer une matière aussi vulgaire que le fer lui avait porté un coup. Je le rassurai bientôt en exécutant devant lui, et avec une certaine dextérité, la fameuse pointe de diamant et un tenon qui s'emboîtait pile poil dans sa mortaise.

Pour autant, mes bulletins n'étaient guère plus brillants et la question se reposait, lancinante : « Mais qu'est-ce qu'on va faire de toi ? »

Trois mornes années passèrent ainsi, heureusement ponctuées par les grandes vacances et quelques grandes sorties à Quimper qui me laissaient un goût amer dans la gorge tant je souffrais de devoir prendre le chemin du retour.

La pension, faut-il le dire, n'eut aucun impact positif sur mes études. Les professeurs affichaient un je-m'en-foutisme à peu près égal au mien.

Il n'y en avait qu'un qui m'intéressait, monsieur Caudal, le professeur de français, qui citait toujours mes rédactions en exemple. Mais pour le reste…

Le prof d'anglais était sympathique, mais il ne pensait qu'à jouer au foot, le prof de physique-chimie avait toute l'apparence du savant fou, mais faisait des expériences qui nous captivaient. Il faillit même une fois faire sauter le local que nous occupions avec une expérience qui avait mal tourné.

Je ne vous parle pas du prof de maths qui avait renoncé, devant mon inertie et mon inappétence, à m'inculquer le moindre élément de sa science.

Décontenancée et faute d'espérer me voir aller plus loin dans les études, tante Mie proposa à mon père de me faire passer le Certificat d'études, examen que les élèves du collège qui se destinaient au Bac méprisaient avec ostentation.

Enfin, je connus mon premier et unique succès, j'obtins ce fameux Certificat !

*

Hôtel Beau-Rivage.

Il y avait pourtant de bien belles éclaircies. Le dimanche, tante Mie allait voir sa sœur, tante Yvonne, et sa nièce, Gabrielle, dite Gaby, à Concarneau.

Tante Yvonne tenait ce qu'on appellerait aujourd'hui un hôtel de charme, juste derrière la corniche qui longe la plage des Sables Blancs.

Dans mes souvenirs, c'était une adorable bâtisse toute en longueur couverte de vigne vierge, avec une cour sablée où les clients, anglais pour la plupart, garaient leurs Rolls (mais oui !) et leurs Jaguars décapotables. Il y avait aussi un court de tennis en terre battue où ces *gentlemen* et leurs *ladies* échangeaient des balles avec une courtoisie épatante. Quand une équipe gagnait un échange, le vainqueur s'excusait : « *sorry* ».

Bien entendu, je contemplais ce spectacle bouche bée et puis je m'essayais à l'exercice avec Gaby qui était mon aînée d'une dizaine d'années.

Gaby était était alors une jeune fille radieuse dont le sourire et l'éternelle belle humeur illuminaient toute la salle à manger de l'hôtel Beau-Rivage.

Sa mère, tante Yvonne, jeune sœur de tante Mie, avait été victime de la barbarie nazie et, prise à passer des messages pour la Résistance, elle était revenue plus morte que vive des camps d'extermination.

Malgré tout, cette petite femme souriait tout le temps, bien qu'elle souffrît en permanence des séquelles de sa captivité. Son corps était tordu et elle se déplaçait avec difficultés. Néanmoins, la tête fonctionnait bien car elle était dotée d'une intelligence aiguë et, aidée par sa fille, elle menait sa petite entreprise de main de maître.

Dans la grisaille des jours de pension, Gaby était mon soleil, celle qui m'initiait au tennis, qui m'emmenait promener sur le port ou sur la corniche.

Nous quittions en général Quimperlé le samedi après-midi par le train Quimperlé-Rosporden. Puis à Rosporden, on changeait de tortillard pour rejoindre Concarneau. Soit une bonne après-midi pour faire trente kilomètres. Et le dimanche, on faisait le chemin en sens inverse pour regagner le collège à la nuit tombée.

Mes condisciples, qui avaient fait la balade traditionnelle, me regardaient de travers et chuchotaient sur mon passage des paroles désobligeantes assorties de ricanements qui me laissaient désormais totalement indifférent. Entre des murs gris que je ne voyais plus, j'étais toujours sur mon nuage rose.

*

Quimperlé, suite et fin.

Saint-Luc, qui pissait toujours au lit, était devenu mon copain. J'étais à peu près le seul qui ne se moquait pas de lui, mais plus il avançait en âge, plus l'agressivité à son égard devenait insupportable. Il y avait en particulier une paire de petites brutes, les frères Jeanperrin, fils de meunier du Trévoux, qui étaient champions de lutte bretonne.

C'étaient, déjà à seize ans, des gaillards trapus entièrement nourris au lard et au pain blanc, indéracinables, et qui faisaient sentir aux petits le poids de leur force.

Évidemment, le frêle Saint-Luc était leur souffre-douleur favori. Un jour, je pris sa défense trop véhémentement peut-être, mais j'étais tellement indigné par leur férocité gratuite à laquelle personne n'osait s'opposer que je les traitai de tous les noms. Je reçus immédiatement le châtiment auquel je devais m'attendre. Pris entre ces deux sauvages – un seul aurait bien suffi à me pulvériser –, je fus jeté à terre et bourré de coups de poing et de coups de pied.

Aidé par le pauvre Saint-Luc, je me relevai meurtri, rageur, avec des lueurs de meurtre dans les yeux. Saint-Luc, effrayé, essaya en vain de me calmer.

Je laissai les deux meuniers s'installer, comme ils le faisaient à toutes les récréations, sous la galerie couverte qui longeait le bâtiment.

Il y a dans toutes les écoles des jeux qui ont la vogue un certain temps : tantôt les billes, tantôt la balle au camp, tantôt la partie de foot… La mode alors était aux jeux de cartes et en particulier à la belote. Des groupes de quatre se formaient donc pour taper le carton, assis en tailleur sur le ciment du passage. Mes tortionnaires jouaient contre deux gars de leur pays tout dévoués à leur cause. L'affaire s'annonçait rude, mais je ne voulais pas me dégonfler. D'ailleurs, souffrant encore des coups qu'ils m'avaient portés, je bouillonnais d'une sainte colère qui ne demandait qu'à exploser.

Je choisis le plus gros caillou que je pus trouver dans la cour, puis je m'approchai du groupe. L'aîné de la famille me tournait le dos, mais son frère se mit à ricaner en me voyant :

— Tiens, voilà le branleur, il en a pas eu assez !

Ils me toisaient, goguenards, sûrs de leur force.

Dans mon dos, je tenais la grosse pierre à deux mains. Pris par sa partie, celui qui m'avait le plus molesté restait assis. Il me jeta un regard méprisant et haussa les épaules :

— Fous le camp, petit con !

Puis il me tourna à nouveau le dos.

Alors le petit con leva la grosse pierre au-dessus de sa tête et l'abattit avec toute la force dont il était capable sur la tête de la brute qui s'écroula en avant, inondant les cartes de son sang. Ses partenaires me regardèrent, incrédules, paralysés par la stupeur. L'un d'eux s'écria :

— Mais tu es fou ? Tu l'as tué !

Je relevai ma pierre :

— Tu en veux toi aussi ?

Je devais vraiment avoir l'air féroce car il se recula prudemment. Un groupe s'était formé, le pion surgit :

— Qu'est-ce qui se passe ?

Les exclamations fusèrent :

— C'est Failler, m'sieur, il est devenu fou !

Le cercle s'élargissait autour de moi, pour la première fois, on semblait me redouter.

Le pion, embarrassé, se pencha sur ma victime qui reprenait péniblement conscience. À vrai dire, la pierre, qui n'était pas si grosse que ça, avait glissé sur le côté du crâne en lui entamant le cuir chevelu. On sait que les blessures à la tête sont spectaculaires car elles saignent beaucoup. Jeanperrin, en portant sa main sur la plaie, avait étalé du sang sur son visage, ce qui produisait un effet impressionnant. Le pion l'aida à se relever, examina vaguement la plaie et demanda à son frère de l'accompagner à l'infirmerie où il n'y avait d'autre infirmière que la concierge, une robuste paysanne qui portait fièrement la coiffe de Pont-Aven. On la surnommait la mère Cachet car, quel que fut le mal dont nous souffrions, elle nous délivrait invariablement un cachet d'aspirine. Mal à la tête ? Aspirine ! Mal au pied ? Aspirine aussi. Au ventre ? Aspirine toujours. Cette fois, les cachets ne suffirent pas. Elle lava la plaie en attendant le médecin qu'on avait appelé en urgence. La tentative de meurtre se conclut par la pose de quelques points de suture et la victime de cette lâche agression reparut le soir même, la tête ceinte d'un bandage laissant à croire qu'il venait d'être trépané.

Quant à moi, je fus traîné chez le directeur où tante Mie, aussitôt alertée du comportement insensé de son neveu, m'attendait de pied ferme.

Cette fois, bizarrement, alors que j'avais toujours redouté les confrontations avec l'autorité, je ne ressentis aucune appréhension. J'eus l'étrange sensation de marcher à côté de moi-même, comme si cette sale affaire ne m'avait pas concerné, comme si le fait de m'être fait justice m'avait libéré.

Arrivé dans le bureau du directeur où, en d'autres temps, mes jambes ne m'auraient plus porté, je considérai avec une indifférence totale le lit de justice qui devait statuer sur mon sort. Il y avait là tante Mie, bien sûr, effarée et consternée, roulant de gros yeux noirs, le proviseur, le surveillant général et le pion qui avait secouru le blessé.

Avec un calme qui m'étonna, et que le proviseur qualifia de cynisme, j'expliquai posément que j'en avais eu assez de voir les grands brutaliser les petits sans que personne n'y mette bon ordre. Le proviseur me fit sèchement remarquer que j'aurais pu tuer mon camarade. Je lui répondis les yeux dans les yeux que ce n'était pas mon camarade et que si je regrettais une chose, c'est bien qu'il ne fut pas mort. Et pour que nul n'en ignore, j'ajoutai rageusement que ce n'était que partie remise, que la prochaine fois je ne le louperais pas.

Ces paroles – on s'en doute – firent une grosse et détestable impression. On me fixa alors comme un futur gibier de potence. Tante Mie, atterrée, en avait, pour la première fois, perdu sa voix. Éperdue, les mains jointes sur sa forte poitrine, elle répétait comme une litanie : « Un si gentil petit gars… Un si gentil petit gars… » Le proviseur, que je regardais hardiment dans les yeux, m'intima d'une voix où vibrait autant de colère que de désarroi : « Veuillez baisser les yeux, mon garçon ! »

Le gentil petit gars ne cilla même pas, ce qui ne laissa pas d'inquiéter les autorités qui se consultaient du regard. Une nouvelle fois, la question cruciale se posait : Qu'allait-on faire de moi ? Car ce n'était plus à un doux rêveur paresseux qu'on avait à faire, mais à un criminel en puissance. Et les locaux du vieux collège ne se prêtaient pas à l'incarcération d'un être aussi dangereux. En attendant la fin du trimestre, on me mit à l'isolement : plus de récréations, plus de sorties. Verdict que j'appréciais très fort car j'avais en horreur ces mornes promenades en rang par trois, sous la responsabilité d'un pion qui s'emm… encore plus que nous.

De plus, dans la forêt de Toulfoën ou aux gorges de la Motte, les deux destinations de nos pérégrinations dominicales, je risquais de tomber sous la coupe des deux Jeanperrin et là, je n'aurais peut-être pas eu le loisir de trouver quelque pierre pour défendre ma peau.

Enfin, dans la salle d'étude où j'étais enfermé, j'avais découvert dans une armoire un tas de vieux bouquins en déshérence parmi lesquels quelques volumes de Victor Hugo, Alexandre Dumas et d'un nommé Fenimore Cooper dont je n'avais jamais entendu parler.

Je passai là le plus merveilleux mois de mai qui se puisse imaginer. J'avais déjà lu *Les Trois Mousquetaires*, *Le Vicomte de Bragelonne*, *Vingt ans après* et *La Dame de Montsoreau* dans ma petite bibliothèque Joie de Connaître. Alors je me jetai sur *Les Misérables* et sur *Notre-Dame-de-Paris* avec délectation. Je ne voyais plus le temps passer. Je ne voyais plus les vieux murs d'où le plâtre tombait en écailles grisâtres sur les planchers vermoulus ni les plafonds fissurés où de grosses araignées dont les toiles, misérables brocarts, pendaient pitoyablement sous le poids des poussières qui s'y étaient amassées. J'écartais les rats pour fuir avec Gavroche dans les égouts de Paris, le sinistre archiprêtre Frollo me faisait trembler autant que le vertige dans les tours de Notre-Dame. Un archiprêtre ! Qu'est-ce que ça pouvait donc être un archiprêtre ? Quelqu'un de bien redoutable, certainement. Déjà, dans notre paroisse de Saint Mathieu, on filait doux devant le chanoine Bathany. Heureusement, le bon Quasimodo était là pour protéger la belle Esmeralda ! Quelle aventure ! Quel périple ! Quelle plongée dans le temps ! Et quel bonheur, quelle récompense pour mon acte de rébellion. Voilà qui m'ouvrait des perspectives sur la véracité du dicton « Le crime ne paye pas » et m'incitait à des réflexions que je ne savais pas encore philosophiques : ne devrait-on pas casser la tête plus souvent à ceux qui vous cassent les pieds ?

De loin en loin, le pion préposé à la surveillance des punis jetait un œil sur moi – j'étais à l'isolement ! – et, me voyant lire paisiblement, s'en retournait rassuré fumer dans la salle voisine où d'autres punis, pour des motifs moins graves, faisaient leurs lignes. J'étais sensé, moi aussi, copier cinq cents fois « Je ne dois pas être violent avec mes camarades », mais comment m'y contraindre ? Sous quelle menace ? Il se contentait donc de jeter un œil discret pour s'assurer que je ne tentais pas de m'évader, de mettre le feu à l'établissement, voire de me pendre ou de me jeter par la fenêtre, car on l'avait prévenu que j'étais capable de tout. Il s'estimait donc heureux de voir que le redoutable bandit qu'on lui avait donné à garder s'était, par la grâce de ses lectures, transformé en mouton.

En ayant fini avec monsieur Hugo, *Les Misérables* et *Notre-Dame-de-Paris*, je changeai de continent. Dans un très grand format cartonné et bouffé aux mites, Fenimore Cooper m'emmena aux Amériques pour parcourir au dos d'un mustang et sur les pas de *Bas-de-Cuir* et du *Dernier des Mohicans* l'immense prairie peuplée d'innombrables hardes de bisons.

Une révélation !

Et puis le temps des grandes vacances arriva, interrompant mes escapades littéraires. Mon père, avisé de mon « exploit » par tante Mie et constatant que cette pension lui coûtait plus qu'elle ne rapporterait jamais, décida de mon retour à l'école Paul-Bert, au grand soulagement du proviseur qui, bien que l'envie ne lui fît point défaut, n'aurait jamais osé mettre le neveu de mademoiselle Queffurus à la porte de son établissement.

Dans la voiture qui me ramenait au logis familial, mon père voulut avoir ma version des faits. Je lui expliquai aussi calmement que je l'avais fait devant le conseil de discipline la genèse de l'affaire et son aboutissement, et j'osai lui déclarer que jamais plus je ne me laisserais faire par qui que ce soit, que je ne serais pas toujours petit, et qu'un jour, il en cuirait à ceux qui me tourmentaient.

J'ajoutai que je ne reculerais devant aucun moyen car tous seraient bons pour parvenir à mes fins.

Cette détermination parut le surprendre et il me regarda tout soudain différemment.

Sur ma lancée, j'annonçai encore qu'un jour, je serais aussi costaud que les grands d'aujourd'hui qui seraient devenus vieux et que je ne les oublierais pas. C'est alors qu'on réglerait nos comptes.

En m'entendant parler aussi calmement mais avec rancœur et rancune, il comprit que j'étais sérieux.

Alors son visage s'éclaira et il lâcha cette phrase sibylline : « Ah… Si tu as compris ça, je n'aurai pas perdu mon temps en te mettant en pension ».

Puis il continua de conduire, perdu dans ses pensées. Droit sur mon siège, je regardais la route devant moi, les lèvres serrées, en pensant à mon pauvre copain Saint-Luc désormais livré sans défense à la vindicte des deux futurs meuniers.

Mon père était, lui aussi, plongé dans des réflexions profondes. Je pense qu'il prit soudain conscience de n'avoir pas usé avec moi de la bonne méthode et que si enfant il avait pu me réduire par la force, ce temps était révolu. De ce jour, s'il ne renonça pas à me « recadrer » quand cela se révélait nécessaire – et ce le fut parfois – il ne leva plus jamais la main sur moi et, entre nous, le dialogue d'homme à homme prévalut. Dès lors, nos relations furent toujours excellentes.

*

Retour à mon école Paul-Bert.

Voilà, j'étais de retour dans mon école. Après avoir tâté de l'élite qui n'avait pas voulu de moi, j'étais passé par un collège où j'avais perdu trois années de ma belle jeunesse, tout ça pour en revenir à la case départ, la communale de la rue Bourg-les-Bourgs.

J'avais redoublé ma sixième, je redoublai ma cinquième, et si je ne fis pas deux quatrième, je le dus au piston éhonté d'un prof de maths (eh oui !) qui, par le mariage de son fils avec une de mes cousines, s'était approché de la famille. Mon père avait renoncé à faire de moi un intellectuel, déçu que j'aie trahi ses grandes espérances. J'avais appris à lire et à écrire si précocement et avec une telle facilité qu'il me voyait déjà dans la peau d'un savant.

Il avait d'ailleurs abandonné l'idéé d'élucider mon cas. J'étais brillant dans certaines disciplines, français, anglais, j'avais une mémoire d'éléphant pour l'histoire et pour les poésies que je récitais avec l'intonation et sans qu'il y manquât une virgule après les avoir lues deux fois, mais je faisais l'impasse sur tout ce qui était scientifique : mathématiques, physique, chimie me laissaient totalement indifférent. Enfin, je mens, j'aurais dû dire « m'ennuyaient profondément » – et je suis poli –, c'eût été plus proche de la vérité. Ce n'était pas ma faute : dès que le professeur traçait ses figures géométriques au tableau ou inscrivait ses équations avec des X, des Y, des abscisses et des ordonnées, un rideau de fer tombait derrière mes paupières. J'étais là, les yeux grands ouverts, mais je ne voyais plus rien et n'entendais plus rien.

Quelle était l'utilité de chercher midi à quatorze heures pour démontrer que tel angle était égal à tel autre puisqu'il y avait un outil épatant pour cela qui s'appelait un rapporteur ? Ayant confié cette réflexion, que je trouvais parfaitement logique, au prof, il m'infligea illico deux heures de retenue assorties d'une paire de baffes pour m'apprendre à « faire le malin ».

Évidemment, mes raisons n'étaient pas recevables. Il ne les entendait pas, il ne voulait pas les entendre. Comme ça, on était quittes : il n'entendait pas mes raisons, je n'entendais pas les siennes.

Négligeant abscisses et ordonnées, j'écrivais sur ce prof de maths abhorré des petits quatrains vengeurs ou des réflexions qui faisaient rigoler mes copains.

C'était un ricaneur qui cherchait constamment à m'humilier. Un jour, il dit à mon propos devant toute la classe : « On ne peut pas faire boire un âne qui n'a pas soif ! » J'écrivis illico : « *Pas plus qu'on ne peut empêcher un âne de braire, il ne sait faire que ça* ». Le poulet passa de mains en mains et, bien sûr, il finit dans celle du prof qui changea de couleur :

— C'est toi qui as écrit ça ?

Je n'avais pas besoin de répondre, mon attitude trahissait ma culpabilité.

— Et ça veut dire quoi ?

Je ne levai même pas le bras pour parer la baffe que je sentais venir. Du coup, son bras retomba. Cependant, il réitéra sa question en me prenant au col et en me secouant :

— Ça veut dire quoi ?

Je me dégageai calmement sans le quitter des yeux :

— Rien…

— Rien ? Tu écris pour ne rien dire ?

Il me secouait de plus belle et je n'avais pas envie d'être secoué. Je regimbai donc :

— Oh, ça va ! Ça ne veut rien dire d'autre que ce qui est écrit ! Je suppose que vous savez lire ?

Il gronda :

— Insolent !

Puis il s'indigna :

— Serait-ce moi l'âne qui n'arrête pas de braire ?

— Je n'ai nommé personne, monsieur. Maintenant, si vous vous êtes reconnu…

Cette fois, le pauvre homme écumait tandis que la classe ricanait. Il ordonna :

— Baisse les yeux, insolent !

Il leva un bras menaçant mais comme je continuai à le défier du regard, il suspendit une nouvelle fois son geste et, désemparé, transporta sa colère sur mes condisciples :

— Ah, ça vous fait rire, bande de crétins, prenez une copie, interrogation écrite !

Comme je restais figé dans un garde à vous impeccable, il ordonna :

— Toi aussi !

Je rompis en soupirant et pris une feuille vierge. Le prof retourna au tableau et commença à dicter :

— Soit un triangle A, inscrit dans…

J'écrivis machinalement et quand il eut fini de dicter, retournai la copie et entrepris de rédiger le devoir que notre professeur de français nous avait donné à l'heure précédente : « *Que pouvez-vous dire de Victor Hugo ?* » Je savais que la plupart de mes camarades qui auraient vingt pour leur exercice de géométrie ne pourraient pas sortir cinq lignes sur le grand poète. Sans connaître le mot, j'étais déjà un Hugolâtre et, ayant approfondi mes connaissances dans le petit Larousse familial, j'y allai de bon cœur, depuis son père, le général, sa naissance à Besançon, jusqu'à sa mort et son triomphal enterrement porté dans le corbillard des pauvres devant un peuple éploré. Le tout assorti de considérations sur *Notre-Dame de-Paris*, *Les Travailleurs de la Mer*, *Les Misérables*, agrémentées de quelques citations bienvenues, larges extraits de poèmes que dans mon enthousiasme, j'avais retenus sans peine.

Depuis sa chaire, le prof me regardait avec rancune et perplexité : qu'est-ce que je pouvais bien écrire avec tant d'attention ? La sonnerie marqua la fin de l'exercice. C'était l'heure de la récréation. Le prof ramassa les copies et s'attarda sur la mienne. Alors que la classe sortait dans un brouhaha pour aller se défouler dans la cour, le prof braqua sur moi un index vengeur :

— Failler, tu restes là !

La classe se vida, mes camarades sortirent en me jetant des regards d'inquiétude et de sympathie. Qu'est-ce que j'allais prendre !

Mais non. La colère du prof était tombée. Il poussa la copie devant moi :

— Qu'est-ce que ça veut dire ?

J'étais toujours sous le coup de la rogne qui m'avait pris lorsqu'il m'avait saisi au col pour me secouer :

— Ça veut dire que je n'ai aucune idée de ce qu'il peut advenir au triangle A inscrit dans le cercle B et que je m'en fous complètement !

J'eus envie d'ajouter qu'ils allaient peut-être faire des petits rectangles, mais il ne fallait peut-être pas trop le provoquer tant le sens de l'humour est en général atrophié chez les profs de maths.

Le souffle coupé par ma véhémence, il me contemplait, perplexe. Alors, j'ajoutai :

— Plutôt que de ne rien faire, j'ai préféré travailler mon devoir de français.

Le prof resta silencieux puis il soupira :

— Dommage que tu ne sois pas aussi brillant en maths…

Je risquai :

— Ça ne se peut pas, m'sieur…

— Comment, ça ne se peut pas ?

— Tous mes camarades qui ont réussi leur devoir de maths…

— Eh bien ?

— Eh bien, ce soir, ils vont me demander de faire leur devoir de français… Je ne sais même pas s'il y en a la moitié qui sait qui est Victor Hugo.

Il eut un sourire jaune :

— Tu en sais des choses sur Victor Hugo… Tu connais même sa date de naissance ! Pour quelqu'un qui n'aime pas les chiffres…

— Je n'ai aucun mérite, Monsieur, nous sommes nés le même jour…

Il me regarda, éberlué :

— Quoi ? Tu serais né le même jour que Victor Hugo ?

— Oui, m'sieur. Le 26 février, mais pas la même année.

Il eut un nouveau geste menaçant :

— C'est ça… Continue à faire le malin !

Puis il ricana :

— Et moi, je suis né le même jour que Napoléon !

Droit dans les yeux, je lui décochai :

— C'est pas vrai !

Il s'indigna :

— Comment ! Tu me traites de menteur ?

Je sentis qu'il était temps de donner du mou à une ligne dangereusement tendue :

— Oh non, Monsieur, mais vous vous trompez.

Et j'ajoutai, pour atténuer l'effet fâcheux de ma réponse :

— Tout le monde peut se tromper.

Cette fois il était intrigué :

— Ah oui ? Et qu'est-ce qui te permet de dire ça ?

— Vous avez fêté votre anniversaire la semaine dernière au café Gentric.

C'était un des bistrots de la place Saint-Mathieu qui disposait d'une salle de billard et où nos maîtres se retrouvaient souvent après les cours pour prendre un verre.

Il me regarda, soupçonneux :

— Qui t'a dit ça ?

— Ça a fait un peu de bruit place Saint-Mathieu.

Le café Gentric était à deux maisons du commerce de mon père et il était vrai que ce jour-là, il y avait eu un drôle de chambard chez le père Gentric.

Il me défia :

— Et alors ?

— Eh bien, nous sommes en novembre…

Il redit :

— Et alors ?

Je balançai mon argument avec aplomb :

— Napoléon est né un 15 août…

Il en resta sans voix. J'ajoutai, pour achever sa défaite :

— Il est né à Ajaccio le 15 août 1769…

— Qui t'a dit ça ?

— Je l'ai lu dans mon livre d'histoire, Monsieur.

Il constata à regret :

— Visiblement, tu retiens mieux l'histoire que les théorèmes.

Je ne pus qu'acquiescer, ce qui lui permit de se dégager :

— Tu sais aussi que Victor Hugo était bon en tout : en littérature, certes, mais aussi en mathématiques ; il dessinait même fort bien.

Je faillis lui dire : « Peut-être qu'il avait eu de bons profs », mais je me retins. Même une douzaine de prix Nobel ne m'auraient pas fait aimer ces exercices abstraits et fastidieux. Je me contentai de murmurer :

— Je ne suis pas Victor Hugo !

Il me regarda, l'œil sombre, semblant chercher des arguments. Il finit par soupirer :

— Je ne comprends pas, Failler, tu n'es pas inintelligent… Tout ce que tu viens d'écrire le prouve…

— Si, Monsieur, en maths je le suis certainement.

— Mais sans maths, tu ne pourras jamais rien faire dans la vie ! soupira-t-il.

Je baissai la tête. Peut-être avait-il raison ? Il poursuivit :

— Tu ne pourras jamais passer le concours des PTT, de l'EDF et encore moins de l'École Normale !

Pour ce pauvre homme, réussir dans la vie, c'était devenir facteur, électricien gazier ou instituteur. Je priai Dieu de me garder d'une telle réussite. Et Dieu, grâce lui en soit rendue, m'exauça.

Mais, en même temps, je me rendais compte qu'on lui avait confié des petits prolétaires dont les parents, pour la plupart, savaient à peine lire, écrivaient avec peine et faisaient, pour des salaires de misère, des métiers épuisants. Alors, pour ceux-là, avoir un emploi « sous l'état » sans craindre le chômage ni les jours sans paye et avec une retraite – si modeste fut-elle – au bout, oui, même dans le plus subalterne des postes de la fonction publique, était une sacrée promotion.

— Qu'est-ce que tu veux faire plus tard ?

— J'sais pas, m'sieur.

— Et moi, qu'est-ce que je vais faire de toi ?

L'éternelle question ! Je baissai la tête :

— J'sais pas, m'sieur.

— Mais tu ne chercheras pas à comprendre, n'est-ce pas ?

— Ce n'est pas une question de vouloir, Monsieur, je ne peux pas. Comme vous l'avez dit, on ne peut pas faire boire un âne qui n'a pas soif, et moi je n'ai pas soif de mathématiques.

Il soupira une nouvelle fois, désarmé, et me passa la main dans les cheveux dans un geste presque affectueux.

— Allez, oublie ça, me dit-il tout soudain. Je n'aurais pas dû te le dire devant les autres, je regrette.

Puisqu'il faisait la paix, je décidai d'être aimable :

— Et moi, Monsieur, je regrette d'avoir été insolent.

Il s'approcha et me lança une bourrade complice :

— Sacré petit couillon, allez, fiche-moi le camp !

Je ne me le fis pas dire deux fois. Arrivé dans le couloir je soufflai, pas encore revenu de m'en être tiré à si bon compte, et rejoignis mes copains pour une partie de foot échevelée tandis que les maîtres, sur une seule file, faisaient des allers-retours dans la cour : trois avançaient et trois reculaient. Ainsi, il y avait toujours six paires d'yeux pour nous surveiller. Ce faisant, ils échangeaient des considérations, le plus souvent sur la politique. Mais ce jour-là, j'étais l'objet de leur conversation et, alors que je passais près d'eux, j'entendis cette réflexion : « Bah, il pourra toujours aller vendre du poisson avec son père ! »

Quelle bonne idée, pensai-je, quelle bonne idée ! Le soir même, je m'en ouvris à mon père qui, lui, ne trouva pas que ce fut une bonne idée. Je serais nettement plus heureux en devenant instituteur ! Et il me faisait miroiter les avantages : la paye qui tombait régulièrement à chaque fin de mois, les vacances à Pâques, à la Toussaint, à la Noël… Deux mois en été… En plus, on en avait plusieurs exemples sous les yeux, les instituteurs épousaient le plus souvent des institutrices. Deux payes qui tombaient tous les mois, et les vacances ensemble. Ça valait bien un petit effort, non ?

Mon Dieu, comme l'herbe est verte dans le pré du voisin ! Ils oubliaient que, comme un maton passe le plus gros de son temps en prison, l'enseignant, lui, est à l'école pour la vie. J'en frémissais, comme si on m'avait condamné aux travaux forcés à perpétuité.

L'ami de la famille tenta malgré tout de forcer le destin en me présentant au concours de l'École normale – alors que je redoublais également ma troisième –, dans le but de me faire accéder au Pinacle.

Bien évidemment, j'échouai lamentablement, ce qui me combla secrètement d'aise. Passer sa vie dans une école, mais ils pensaient à quoi, les parents ? J'en avais soupé de l'école ! Résigné, mon père me prit alors dans son commerce et je commençai à respirer. Seulement, une dernière condition m'était imposée : faire une année de comptabilité pour, plus tard, savoir gérer mon affaire. Il m'inscrivit dans un cours privé qui formait aux métiers de secrétaire pour les filles, et de comptable pour les garçons. Las ! Il fallait encore compter, se taper des additions de cinquante chiffres en quatre colonnes, apprendre le calcul des intérêts par la méthode du crédit hambourgeois ou quelque chose comme ça. Finalement, je préférai encore faire de la dactylographie avec les filles, si bien que le jour de l'examen qui devait nous délivrer le diplôme d'aide-comptable, la directrice du cours, me voyant courir à un cuisant échec qui aurait terni la réputation de son établissement, refusa de m'inscrire. Je dus donc concourir en candidat libre et, pour sa plus grande confusion, je décrochai la timbale après avoir, je le confesse il y a prescription, honteusement triché sur mon voisin.

Muni du prestigieux diplôme d'aide-comptable, je pouvais donc entrer dans la vie la tête haute. J'avoue que je n'ai jamais, au grand jamais, pratiqué cette rebutante discipline, si bien que cette peau d'âne frauduleusement arrachée ne m'a servi à rien.

En revanche, je devais, bien plus tard, toucher les dividendes de mes cours de dactylographie lorsque je pus me consacrer à ma passion secrète, écrire et raconter des histoires.

*

Monsieur Legrand, à Paul-Bert.

Nous avions, à la communale, un maître qui tranchait sur tous ses collègues. Monsieur Legrand, comme son nom ne l'indiquait pas, était petit et gros. Au demeurant c'était un brave homme qui semblait perdu au milieu de tous ses collègues marxisés jusqu'au trognon et zélateurs véhéments du paradis socialiste.

Lors des récréations, il n'arpentait pas la cour de long en large comme les autres maîtres, mais il marchait solitaire, le plus souvent le nez dans un bouquin.

Monsieur Legrand nous enseignait le français, le dessin et la musique. Il essaya bien de monter une chorale en nous faisant chanter des textes pour le moins abscons, voire truffés de truismes dont il était l'auteur. Il se piquait de poétiser, comme il se piquait aussi de tâter du pinceau. Il m'avait à la bonne car les matières qu'il enseignait étaient de celles que je préférais et m'avait montré, presque en confidence, des aquarelles de bouquets assez joliment réussies.

Il avait parfois des réflexions bizarres telles que « L'Algérie est un beau pays, il ne faut pas qu'elle se détache de la France. » Évidemment, ce n'était pas l'avis des autres maîtres, ce qui expliquait sa mise à l'écart.

Il faisait parfois des traits d'humour surprenants tels qu'« Il ne faut pas confondre les Autrichiens et les autres chiens » et il en avait une bonne réserve du même tonneau que, par charité, je vous épargne.

Comme j'étais un peu turbulent, il me reprenait souvent d'une tape amicale sur le crâne, là où d'autres instits, que je ne nommerai pas pour ne pas faire de peine à leur descendance, m'auraient soulevé par les oreilles et jeté à la porte avec un coup de pied au cul.

Un jour, me voyant sans doute prêt à faire une bêtise, je sentis son regard sur moi et je ramassai prudemment la boulette que je m'apprêtais à jeter sur un voisin. Il s'écria : « Failler, tu as failli faillir ! », invective à laquelle je répondis illico : « Legrand, tu as failli grandir ! ».

Le pauvre homme devint tout rouge et, comme la classe rigolait et entamait un chahut, il s'écria : « Silence ! »

C'était d'une insolence rare. À l'époque, on ne tutoyait pas les maîtres et, surtout, on ne leur répondait pas. Menaçant, il arpenta les rangées entre les pupitres, la règle à la main. Mais nous savions bien que ce n'était qu'une vaine menace et qu'il ne s'en servirait jamais pour nous frapper.

Il posa sur moi un regard dans lequel je lus plus de chagrin que de colère.

Quand j'y pense, je revois encore ce regard malheureux et je regrette encore d'avoir outragé ce brave homme.

*

Les fêtes de la jeunesse.

La paroisse Saint-Mathieu, dont nous dépendions géographiquement, était, à la fin de la guerre, d'une importance considérable. Le vaisseau amiral de la religion tenait ses assises à la cathédrale Saint-Corentin mais la paroisse Saint-Mathieu était la seconde en importance avec ses quatre vicaires, sa demi-douzaine de séminaristes sous le commandement sourcilleux du chanoine Bathany, un intégriste à peine sorti de l'inquisition auprès duquel monseigneur Lefèvre eut fait figure de grand libéral. Les séminaristes faisaient leurs classes en encadrant les jeunes de la chorale, en dispensant les leçons de catéchisme ou encore en aidant le père Nerrant pour ce qui concernait les activités sportives. Car le vicaire le plus populaire était incontestablement l'abbé Nerrant, un baroudeur qui avait la charge du « patro[24] » Jeanne d'Arc. Le Père Nerrant – ainsi l'appelions-nous – n'était guère en odeur de sainteté auprès de son supérieur hiérarchique, le chanoine Bathany.

Emmanuel Nerrant, que les membres du comité diocésain – en général des petits commerçants et des artisans du quartier – s'autorisaient à appeler Manu, était aussi grand, athlétique et décoincé que le chanoine Bathany était courtaud, obèse et suffisant. Le Père Nerrant était champion de tir et s'exerçait à cet art martial dans le jardin du presbytère avec sa carabine à vraies balles de 6 mm. Enfin, il avait son franc-parler et il n'était pas rare qu'un « gros mot » lui échappât, pour le plus grand plaisir des galopins que nous étions.

Le chanoine, qui m'a toujours fait penser à un pigeon paon, court sur pattes, riche en panse et en trogne, était pompeux, verbeux et imbu de son titre autant que de sa connaissance du latin.

Il ne commençait jamais le prône du dimanche autrement que par une citation latine clamée avec emphase du haut de sa chaire, et il ne pouvait s'empêcher, lorsqu'il accordait à un paroissien d'importance l'honneur de sa conversation, de

---

24. Abréviation pour le patronage.

l'agrémenter de mots en « us » ou en « um » qui, pensait-il, donnaient poids et solennité à son propos.

Le bonhomme qui, en dépit de son petit mètre cinquante, arrivait à toiser ses interlocuteurs, manifestait envers ses paroissiens et paroissiennes ordinaires un mépris qu'il ne prenait pas la peine de dissimuler. Curieusement, il s'entretenait pourtant aimablement avec mon père qui, lui, ne mettait jamais un pied à l'église. Comptait-il ainsi ramener une âme égarée dans le giron de la grande famille des fidèles de la paroisse ? Qui sait ! Enfin, dans le cas de mon père, c'était peine perdue.

Le patro avait son siège rue Jules Noël, à toucher le cimetière Saint-Marc. Il y avait une salle de cinéma dans laquelle nous subissions avec patience des films édifiants sur la vie de Jésus car ils étaient suivis d'un Charlot[25] ou d'un Laurel et Hardy qui nous faisait hurler de rire. Il y avait également une salle de gym avec des agrès d'un autre âge, et un bac à sciure moisie pour parer les chutes. Enfin, un terrain de basket en plein air sur un sol de mâchefer qui se transformait en boue noire et gluante à la moindre pluie.

Le terrain de foot de La Jeanne d'Arc se situait à Kermabeuzen, dans une prairie bordée d'un charmant ruisseau qui, l'hiver, débordait sur le terrain. Quand nous sortions de nos parties de foot maculés de boue de la tête aux pieds, nous n'avions d'autre ressource que d'aller nous rincer dans l'eau tourbeuse et glacée du ruisseau.

Il y avait, pour la paroisse Saint-Corentin, un autre patronage, La Phalange d'Arvor, qui avait ses locaux de l'autre côté de l'Odet, là où se trouvait le cinéma Le Bretagne.

---

25. Charlie Chaplin.

Comme La Jeanne d'Arc, La Phalange d'Arvor avait sa salle de ciné et son terrain de basket. Le boulevard Dupleix n'existait pas encore et on gagnait le ciné de La Phalange par l'une de ces passerelles métalliques chantées par Max Jacob, et son stade de foot était situé à Saint-Denis, « à dache » comme on disait alors, derrière l'hippodrome de Kerhuel.

Évidemment, il y avait une rivalité endémique entre ces deux patros dont les équipes premières évoluaient dans les divisions inférieures du championnat. Le club phare, tant en basket qu'en foot, était un club laïc, le Stade Quimpérois.

Les basketteurs s'entraînaient aux nouvelles halles, après que le « petit génie » eut débarrassé le pavement de ciment des queues de poireaux et feuilles de chou laissées par le marché aux légumes qui se tenait là le samedi.

La section foot jouait à Kerhuel en CFA[26]. Ce club étant laïc, mon père m'y fit signer ma première licence « benjamin » en 1949.

Pour tout dire, s'il n'y avait pas eu l'abbé Nerrant, je ne serais jamais allé au patro de La Jeanne d'Arc. Mais son prestige était tel que c'était bien tentant tout de même. Cependant, je ne m'y suis jamais trouvé très à l'aise.

Au patro, j'étais un des rares, avec mon frère, à fréquenter l'école du diable, Paul-Bert, bastion d'instituteurs communistes, dont certains étaient plus acharnés à nous enfoncer la doctrine de Marx dans la tête que l'Histoire de France, cette chose répugnante pleine de rois, de reines et de grands seigneurs que nos révolutionnaires, ces héros, avaient bien fait de décapiter à la chaîne en 1789.

---

26. Championnat de France Amateurs.

Et s'ils n'avaient pas fait ça, on aurait été bien en peine de supprimer la peine de mort quelque deux siècles plus tard.

Heureusement que j'avais des copains, pour la plupart des Bigoudens du quartier de Penhars, car, pour mes nouveaux maîtres, j'étais marqué d'une tare indélébile, un vice rédhibitoire comme qui dirait, celui d'être le fils d'un commerçant, race honnie aux yeux de ces marxistes purs et durs, un de ces profiteurs qui « buvait la sueur des travailleurs » selon une formule fort utilisée par nos chers maîtres.

Un autre de mes copains, dont le père était médecin, subissait les mêmes avanies. « Mort aux riches ! » était déjà le credo des endoctrinés de ce séminaire laïc qu'était l'École Normale d'instituteurs. Pourtant, Dieu sait que riches, nous ne l'étions pas ! Cependant, le soupçon planait sur nos fronts innocents. Rétrospectivement, j'en suis arrivé à penser que nous étions des sortes de métis sociaux, méprisés par les « notables » bien pourvus et bien pensants, rejetés par une classe prolétarienne dont nos parents avaient cherché à sortir. Le cul entre deux chaises quelque part, et chacun sait que ça n'a jamais été une position confortable.

Pour contrer l'influence néfaste de la « curaille », nos maîtres libres penseurs – bien courts en imagination – n'avaient rien trouvé de mieux que de suivre les voies de l'obscurantisme, créant un patronage laïc (*sic*) et surtout une gigantesque procession – qu'ils appelaient défilé – qui avait lieu chaque année en juin, les Fêtes de la Jeunesse, que, toute honte bue et pour que nul n'en ignore, ils désignaient sous le nom de « kermesse laïque ». Pour la circonstance, tous les élèves des établissements communaux du canton, Kerfeunteun, Ergué-Armel et Penhars, étaient requis pour se retrouver un dimanche, aux premiers jours du printemps, place de la Résistance, en tenue imposée : short bleu marine, chemisette blanche, chaussures de tennis dûment passées au blanc d'Espagne à l'aide d'une brosse à dents réformée, pour défiler jusqu'au stade Kerhuel où auraient lieu différents spectacles proposés par les écoles. Et gare à celui ou à celle qui aurait déserté ce jour-là ! Être présent était un devoir sacré auquel aucun enfant ne devait se soustraire sans mettre la République en danger. Monsieur L…, notre instituteur, nous avait même laissés entendre, en roulant des yeux terribles, que toute défection serait assimilée à une désertion en temps de guerre. Propos qui, rapportés à mon père, l'avaient fait doucement rigoler. « Ils ne vont tout de même pas vous fusiller ! », avait-il commenté.

Cependant, comme il était pour la discipline républicaine, même quand elle s'exprimait dans des cérémonies aussi ridicules que ces processions laïques, mon frère et moi fûmes sommés d'y aller. Cette aversion s'était manifestée très tôt, lorsque ma mère, qui avait été élevée chez les bonnes Sœurs, m'avait déguisé en petit page pour une procession du catéchisme. Dire que j'avais fait la gueule serait un euphémisme. On m'avait affublé d'une cape de satin bleu et coiffé d'un ridicule caloquet à quatre cornes et pompon dont les plumes pendaient lamentablement sur mon front.

En me voyant ainsi, mon oncle Jean s'était exclamé, faussement admiratif :

— *Gast*, comme tu es beau, Ti Jean, tu vas digoter[27] Triboulet !

---

27. En douarneniste, prendre la place de Triboulet, bouffon de légende de François Ier.

Je ne savais pas encore qui était ce Triboulet, et de prendre sa place, je n'avais aucune envie; cependant, j'étais resté sceptique car j'avais tout de même perçu l'ironie sous-jacente du propos, ce qui n'avait pas contribué à apaiser mon humeur.

Pendant la procession, j'avais fait tomber les coulures de cire brûlante sur le dos de mon voisin qui s'était mis à glapir, puis j'avais cassé mon cierge sur la tête de celui qui me précédait. Enfin, dans la mêlée qui suivit, j'avais mordu férocement ce qui me tombait sous la dent, manque de chance, c'était le nez d'une élève de la grande classe qui n'était autre que la fille du contrôleur des impôts. Ma mère, furieuse, m'avait ramené à la maison – je n'en demandais pas plus – mortifiée par le comportement indigne de son fils et navrée pour la belle cape de satin qui, dans l'affaire, avait subi d'irréparables outrages.

Mon père, mi-sévère mi-goguenard, ne se mêla pas de l'affaire, mais plus tard, j'acquis la conviction que, n'eut été le dol de la fille du contrôleur des impôts, l'algarade l'avait plus réjoui que désolé. Le contrôleur des impôts ne lui en avait pas tenu grief, ils avaient même sympathisé. Quelque temps plus tard, ce monsieur avait quitté les rangs de son administration et s'était mis à son compte en tant que conseiller fiscal. Mon père fut l'un de ses premiers clients et resta fidèle à son cabinet jusqu'à sa retraite.

Ma mère, ne se sentant pas soutenue, prononça l'implacable sentence: « tu n'es pas sortable ».

Cependant, si mon père se moquait bien de toutes ces « bondieuseries », la discipline laïque et républicaine lui tenait à cœur. Donc, pour les fêtes de la jeunesse, pas question de se soustraire aux décisions du *pater familias*.

Avec le défilé, le clou de la journée était le fameux « mouvement du Lendit », chorégraphie d'inspiration stalinienne qui regroupait sur le terrain de foot de Kerhuel toutes les écoles, filles et garçons confondus (pour une fois !), dans ces mouvements d'ensemble qui étaient notre cauchemar. En effet, René Stervinou, le « gymmier » qui veillait à la bonne tenue de ces manœuvres collectives, s'échinait à nous les faire répéter pendant les heures vouées à la gymnastique, au détriment des sports de ballon que nous affectionnions tant. Et il s'y prenait un trimestre à l'avance, le bougre, tant il savait que la réussite du plat de résistance de la fête des écoles laïque mettrait ses qualités professionnelles en valeur. Qui plus est, tant était tiède notre enthousiasme, il nous mobilisait pendant les récréations pour perfectionner encore le mouvement tandis que mademoiselle Allanick, professeur de musique et de solfège, nous faisait répéter le chant que nous entonnerions au long du défilé.

Quelle purge !

Debout près de nos tables – on ne chante pas bien assis –, nous ânonnions rageusement :

« Ô petites campanules
qui tirez aux cous des mules
partout vous portez
la joie et la gaieté ! »

Le fait de chanter nous paraissait alors comme un déclassement de notre qualité de mâle, ce gracieux divertissement, d'évidence, étant l'apanage de la gent féminine.

Après s'être regroupé par écoles, puis par classes, sur la place de la Résistance, le cortège remontait au long de l'Odet, applaudi par un grand concours de parents d'élèves qui, ensuite, suivraient le défilé jusqu'au stade Kerhuel où avaient lieu les festivités.

Chaque école avait sa chanson.

Évidemment, j'avais trouvé une rime riche pour agrémenter les paroles que mademoiselle Allanick s'évertuait à nous faire apprendre. Ainsi modifiée, elle retrouvait tous son intérêt auprès des affreux galopins que nous étions. Et nous entonnions à tue-tête :

« Ô petites campanules
qui tintez aux couilles des mules… »

Monsieur L…, notre instituteur, vêtu de son beau costume marron strié de fines rayures blanches, encadrait notre classe et manqua d'en avaler son mégot de Boyard maïs.

« Rossards ! gronda-t-il. Vous me le paierez ! Vous me le paierez ! »

Rouge de honte, il courait d'un bout à l'autre du cortège, suant, soufflant, sous le regard goguenard des spectateurs qui se marraient franchement en l'encourageant : « Vas-y, Laouïk[28]. » Et Laouïk promettait : « Le premier qui dit… », mais s'apercevant soudain qu'il allait prononcer le mot fatal, se reprenait en articulant pour être bien compris : « Le premier qui ne dit pas « aux cous des mules… » aura affaire à moi ! »

Vaines paroles ! Quand il apparaissait en tête du cortège, l'arrière-garde s'égosillait de plus belle. Attendait-il les derniers rangs pour menacer que ça glapissait de plus belle en tête. Quelle

28. Laouïk étant la traduction bretonne de Guillaume, prénom de notre enseignant.

mortification pour lui, quelle jubilation pour nous, quelle rigolade pour le populo !

Quant à lui devoir quelque chose, nous estimions avoir payé d'avance.

Les démonstrations sportives avaient lieu devant la tribune, sur le terrain de foot, et au cheval d'arçons comme aux barres parallèles, les gymnastes de la « Quimpé » se taillaient un joli succès.

Mais le clou de la fête restait ce fameux mouvement du Lendit auxquels toutes les écoles se devaient de participer.

Je crois qu'avec les maniements d'armes pendant les classes à la caserne, je n'ai jamais participé à une activité aussi chiante.

*

Trezmalaouen.

Tout laïc qu'il fut, mon père ne tarda pas à se lasser de cette grand-messe qui ne voulait pas dire son nom et à ce défilé qui préludait, pensait-il, à d'autres parades, militaires celles-là.

En bon compagnon du front populaire, il vouait aux gémonies le sabre autant que le goupillon, pour reprendre le vocable du temps. Partisan de la liberté de chacun, il n'avait pas de paroles agressives à l'encontre de ceux qui vénéraient les culottes de peau ou les soutanes. Du moment qu'on ne le contraignait pas à s'enrôler dans les rangs des uns ou des autres et qu'on lui achetait des huîtres de temps en temps, il s'en fichait bien.

Et il s'en fichait d'autant plus qu'en juin, il y avait des grandes marées et qu'une de ses passions était la pêche à la crevette.

Cette activité commence à se pratiquer – pour ce qui concerne la pêche à pied – dès le mois de juin qui est, comme on le sait, le plus joli mois de l'année en Bretagne.

Il se trouve qu'autour de la mi-juin, une assez belle marée, avec un coefficient de 100 déchale les trous à crevette. Pour ceux qui ne sont pas au fait de ces choses, je précise qu'en ces marées de vive-eau, l'étale de marée basse se situe autour de midi et que, par voie de conséquence, la marée est haute six heures plus tard, soit vers dix-huit heures.

J'ajoute qu'un bassier[29] qui se respecte se doit d'être à pied d'œuvre une heure trente ou deux heures avant l'étale de jusant et qu'il pêche encore pendant le même laps de temps lorsque la mer remonte.

Or, ce dimanche de la mi-juin était fertile en événements : nous avions été sommés par nos maîtres de nous trouver dès treize heures en tenue réglementaire sur la place de la Résistance pour le départ du défilé.

Cette date n'avait probablement pas été choisie sans malice par les « laïcards » car elle correspondait au temps de la Fête-Dieu des « calotins », importante manifestation liturgique au cours de laquelle le clergé en grand arroi processionnait dans les rues de la ville, suivi d'une foule dévotieuse et recueillie.

À la maison, il y avait conflit : mon père avait jusque-là exigé que mon frère et moi – ma petite sœur était encore trop jeune pour participer aux festivités – nous pliions à la discipline laïque du défilé de notre école.

Ma mère eut préféré nous voir participer avec les enfants du catéchisme à la procession de la Fête-Dieu. D'ailleurs, elle

29. *Pêcheur de coquillages et de crustacés qui les recherche à pied à marée basse.*

croyait avoir trouvé un compromis acceptable : puisque la procession religieuse avait lieu le matin et la fête laïque l'après-midi, nous aurions juste le temps de participer aux deux, perspective qui, faut-il le dire, ne nous enthousiasmait pas le moins du monde. C'était connaître la double peine un demi-siècle avant que ce concept fût dans l'air du temps.

Finalement, mon père trancha : la technique du « ni ni » (qui connaît toujours un certain succès) l'emporta. Ce dimanche-là, nous ne participerions NI à la procession NI au défilé car il avait décidé qu'il était infiniment plus important d'aller faire la grande marée, décision qui nous fit bondir d'allégresse et contraria fort ma mère. Mais on l'a vu plus haut, quand le chef de famille avait décidé, il n'y avait pas à discuter.

De plus, pour être sûr d'être à l'heure, il avait fixé le départ à neuf heures, dernier carat.

Nous habitions alors place Saint-Mathieu, face à l'église, sur le parcours de la procession.

Il faut savoir qu'à cette époque, on ne se contentait pas de battre le pavé nu. On y mettait les formes. Pour la Fête-Dieu, les rues étaient décorées, la chaussée entièrement recouverte d'une sciure colorée disposée par les dames d'œuvre en tableaux géométriques du plus bel effet.

Pour obtenir cette sciure de couleur, les enfants étaient chargés de la recueillir dans les ateliers de menuiserie, dans les scieries avoisinantes.

Puis les mères trempaient la récolte dans leurs lessiveuses pleines de teintures de couleurs diverses.

Ensuite, il fallait la faire sécher et la garder soigneusement pour le grand jour.

C'était, on peut le dire, un travail de longue haleine qui occupait ces saintes femmes pendant les mois d'hiver.

Chaque commerçant était tenu de masquer sa vitrine par des draps piquetés de fleurs de camélias.

Ces dispositions étant fort ouvrageuses, les paroissiens s'y étaient attelés dès l'aube.

Bien entendu, mon père, qui ne se sentait pas le moins du monde concerné par ces ornementations de voirie, si artistiques fussent-elles, s'activait à charger la voiture des mille accessoires nécessaires à l'expédition.

Le Spider NN Renault, décidément peu pratique et définitivement à bout de souffle, avait été remplacé par une C4 Citroën à silhouette de taxi londonien, beaucoup plus spacieuse.

Mon père, déjà en short, s'employait allègrement à préparer la voiture en sifflotant comme un homme heureux de son sort : les haveneaux sur le toit, avec la grosse chambre à air de camion, le panier de pique-nique dans le coffre… Allons, tout était en ordre.

À huit heures et demie, il sonna le branle-bas. Il avait prévenu : tous ceux qui ne seraient pas dans la voiture à neuf heures resteraient sur le carreau. Ma mère maugréait, fâchée d'être bousculée mais malgré tout ravie d'aller à la plage, d'autant que sa sœur Marie-Jo et les cousines seraient elles aussi de la fête. Grand-père et grand-mère n'étaient pas oubliés, bien sûr, si bien qu'à l'heure fatidique, nous étions une bonne quinzaine dans la C4 qui était prévue pour transporter neuf passagers. Bon, il y avait les enfants, bien sûr, mais c'était tout de même serré. Pour avoir de l'air et se donner de l'aisance, toutes les vitres étaient baissées et on avait les coudes aux portières.

Les laborieux décorateurs du pavé considéraient notre allégresse d'un air trouble et réprobateur – envieux pour certains.

Quant aux dames patronnesses qui avaient tendu sur notre vitrine le drap que mon mécréant de père s'était bien gardé d'installer, elles se demandaient si cet iconoclaste oserait fouler le chemin de sciure avant que monseigneur l'évêque, suivi de ses chanoines, ne l'inaugure.

Elles ne se le demandèrent pas longtemps. La C4 s'ébranla dans un formidable nuage de fumée noire, écartant de son klaxon les pauvres dévotes qui avaient tenté de faire rempart de leurs corps, au grand dam de ma mère offusquée :

— Jean, tu roules sur la sciure !

Et mon père de répondre, goguenard :

— C'est quand même pas de la sciure qui fera reculer un menuisier !

En passant devant les reposoirs qui accueilleraient plus tard les vénérables postérieurs des chanoines, il chantait d'une voix aussi tonitruante que fausse la rengaine qui faisait sa gloire lors des fêtes de famille :

Ramona, j'ai fait un rêve merveilleux,
Ramona, nous nous trempions les pieds tous deux,
Dans une bassine, bien gentiment nous nous trempions,
Et ton œil-de-perdrix,
Pleurait en regardant mes oignons...

On était loin des chants sacrés que répétaient les enfants de Marie pour cette journée solennelle, mais que voulez-vous, quand il allait à la crevette, papa était d'humeur allègre.

Aux regards noirs que lui lancèrent les bons paroissiens damnés de la décoration pavetière lors du passage de la voiture

– il pouvait être assuré qu'ils le vouaient à la géhenne éternelle, ce qui ne semblait pas l'affecter le moins du monde – il répondit par un large sourire d'homme heureux. Si ça n'était pas de la provocation…

Pour contrebalancer, ma mère entonna les cantiques appris lorsqu'elle était en pension chez les bonnes Sœurs, nous engageant, en battant la mesure, à chanter avec elle :

Étendard, de la délivrance
À la victoire il mena nos aïeux,
À nos enfants il prêche l'espérance,
Fils de ces preux, chantons comme eux (bis)
Vive Jeanne, vive la France…

Elle en avait quelques douzaines de ce tonneau, que mon père entendit, moqueur. Et il répliqua par l'hymne du Front Populaire :

Debout amis, chantons au vent,
Debout amis,
Il va, vers le soleil levant
Notre pays…

Ma mère se signa discrètement et risqua :

— Tout de même, Jean…

Que de réprobation dans sa voix !

Mon père, le coude à la portière, hilare et parfaitement heureux, se fichait bien des récriminations de ma mère, il allait à la crevette ! Le reste…

La C4 surchargée ahanait dans l'interminable côte qui menait à Locronan. On laissa la vieille cité des tisserands de côté car tout soudain, on aperçut la baie qui scintillait sous le soleil, avec, au fond à gauche, le port de Douarnenez, et surtout l'immense étendue de sable d'or, notre terre promise que la basse mer avait découverte.

Mon père engagea sans la moindre crainte la voiture sur un sol dur comme du ciment pour rouler vers la pointe de Tréfeuntec qui sépare Trezmalaouen de la célèbre plage de Sainte-Anne-la-Palud. C'est dans ces enrochements quasi inaccessibles qu'il avait ses trous secrets, là où se cachent les grosses crevettes brunes, dans des failles profondes creusées par la mer dans la falaise.

Pour y accéder, il fallait escalader la colline par un sentier de chèvres qui serpentait entre landes et bruyères, puis redescendre de l'autre côté, ce qui était encore plus risqué que la montée. Autant dire que les enfants n'étaient pas conviés à cette expédition. Respectueuse des principes du Code civil qui prescrivait que la femme doit suivre son mari en toutes circonstances, ma mère avait bien tenté d'accompagner mon père sur ces sentiers hasardeux, mais prise de vertige après quelques mètres, elle était redescendue sur les fesses en se cramponnant des deux mains aux touffes d'ajonc et en jurant bien que, Code civil ou pas, on ne l'y reprendrait plus.

Mon père avait hypocritement souscrit à cette décision.

La pêche à la crevette est un plaisir solitaire qui ne s'accommode pas d'une compagnie pouvant se révéler encombrante, comme les femmes et les enfants.

Plus tard, lorsque nous fûmes de taille à nous débrouiller seuls dans les sentiers de chèvres et les rochers escarpés, il nous invita bien volontiers à partager son plaisir. Mais en attendant, nous avions nos habitudes près des grottes, là où une source coulait dans une sorte de vasque taillée dans le roc. Bien entendu, nous prenions joyeusement possession de la plage pendant que grand-mère abritait les paniers du pique-nique à l'ombre d'un rocher, en confiant la garde des vivres à grand-père.

Mais, avant de nous laisser nous égailler, nos mères prenaient le soin de nous enduire d'huile solaire car le soleil ardait. Bien lubrifiés, luisants comme des porcelets parés pour la broche, nous nous élancions alors en poussant des cris d'allégresse vers la mer qui s'était retirée bien loin.

Grand-mère nous accompagnait à la lisière de l'eau qui se retirait encore et encore, et relevait ses jupes pour pêcher ces petits coquillages aux coques délicieusement nacrées que l'on recherche aujourd'hui sous le nom de « tellines » mais que grand-mère appelait des « *bihon bannoù* »[30]. La pêche en était simple : il suffisait de gratter le sable là où la vague venait mourir pour les sentir sous les doigts. Il y en avait autant qu'on en voulait prendre. Grand-mère, qui ne se baignait pas, remontait vers notre base avec ses deux seaux pleins tandis qu'avec ma mère, mon frère et mes cousines, on se jetait avec des cris de joie dans les flots débonnaires qui finissaient leur course en s'écrasant sur le sable chaud.

Monsieur Belléguic, le mécanicien installé derrière chez grand-mère, rue de la Providence, nous avait donné une grosse chambre à air de camion rapetassée de mille rustines. On la prenait allègrement à l'abordage quand l'un d'entre nous avait réussi à s'y installer, non sans laisser quelques lambeaux de peau sur la valve. Quand on s'était assez baignés, on remontait en courant.

---

30. Orthographe non garantie, appellation locale très probablement issue du breton.

Il y avait loin pour regagner la voiture car la mer était descendue très bas.

Puis, en attendant le retour du pêcheur, on partait explorer les grottes, mystérieuses excavations qui s'enfonçaient dans les entrailles de la falaise. Il y faisait frais, presque froid. Nous frissonnions, le mystère nous entourait. Y avait-il des fantômes ? Ces chuintements qu'on entendait n'étaient-ils pas le geignement des âmes de naufragés pleurant leur peine ?

On ramassait vivement des brassées de bois flotté porté là par les tempêtes d'hiver, érodés par le sable et blanchis par le sel, puis on retrouvait le ciel bleu et le soleil avec le gros soupir d'aise de ceux qui ont audacieusement affronté des dangers inconnus et qui s'en sont sortis miraculeusement indemnes.

Alors, avec l'aide de grand-père, on allumait un grand feu entre deux roches et on faisait cuire le fruit de notre pêche, les fameux *bihon bannoù*, dans des boîtes de conserve rouillées récupérées sur la laisse de mer. Puis on dégustait. Le sable crissait sous les dents car nous n'avions évidemment pas pris le temps de les faire dégorger mais, franchement, avait-on jamais mangé quelque chose d'aussi bon ?

Enfin, on guettait la silhouette de mon père qui, tout soudain se découpait sur la crête de la falaise. Il descendait, fier comme Artaban, son panier de pêche en osier plein à ras bord de grosses crevettes frétillantes. Il riait à belles dents, faisait l'ogre et grondait : « J'ai faim ! » Sa canine en or luisait au soleil, signe d'une inaltérable bonne humeur.

Au menu, il y avait du melon avec du pain beurré, une *tronsse de fourmaj rouz*[31] et même des boîtes du fameux pâté Hénaff de

---

31. Une grosse tranche de pâté.

Pouldreuzic, des tomates que l'on mangeait comme des pommes et, tout dégoulinants de jus jaune et rouge, on courait se rincer à la fontaine. Le poulet froid suivait, toujours avec du pain beurré et, au dessert, grand-mère sortait de son panier d'osier, où il reposait sous un linge protecteur, son fameux far aux pruneaux. Pour les grands, il y avait aussi un thermos de café.

Repus et béats, on attendait l'heure d'aller se baigner. En ce temps-là, on ne parlait pas du principe de précaution, mais un interdit qui avait force de loi prévalait : sous peine de congestion subite et mortelle, on attendait deux heures après avoir mangé avant d'aller se baigner ! On n'aurait jamais songé à y déroger, mais que ces heures étaient longues !

On allait tout de même cracher dans l'eau pour voir si la digestion était faite et si on ne risquait pas la congestion fatale en allant trop tôt à « la baigne[32] ».

Jean Jean, un grand de la place du Sémaphore à Douarnenez, où grand-mère avait sa maison, prétendait connaître un test infaillible : quand on crachait dans l'eau, si la salive s'éparpillait, c'est que la digestion était faite et qu'on pouvait donc plonger sans la moindre crainte. Mais grand-mère tenait le dit Jean Jean, qui était de quatre ou cinq ans plus âgé que nous, et dont le père était un *faltra*[33] et la mère une *loudouren*[34], en haute suspicion. Avec une telle hérédité, le malheureux Jean Jean ne pouvait être qu'un « mauvais sujet ». Aussi rejetait-elle péremptoirement cet argument et s'en tenait-elle au dogme : deux heures ! Et pas question de transiger !

---

32. Abréviation de baignade.

33. Un bon à rien.

34. Une femme négligée, malpropre.

En attendant, mon père se transformait en moniteur d'auto-école. Pour notre plus grande joie, les plus grands, mes cousines et moi, avions le droit de conduire la voiture sur la plage. Comme l'immense grève était pratiquement vide, il n'y avait pas grand danger, et pourtant…

Pourtant, il arriva qu'une de mes cousines confondît le frein et l'accélérateur et la voiture cala… Rien de grave, pensait-on, un coup de manivelle et ça repart. Tiens, il en fallut plus d'un ! Et la lourde voiture commença à s'enliser dans le sable. Lorsqu'elle se décida enfin à démarrer, le sable venait à mi-roues et quand mon père embraya, les roues patinèrent et s'enfoncèrent de plus belle. Du coup, il en eut des sueurs froides. Sa précieuse bagnole allait être submergée par la marée qui, inexorablement, avait commencé à monter. Soudain pris d'un *penntize*[35], il partit en courant, nous jetant au passage : « Attendez-moi, je reviens ! » Loin sur la dune, il avait aperçu un paysan qui passait avec sa charrette attelée à un robuste postier breton. Le temps de les rejoindre – mon père était un fameux coureur à pied –, de s'expliquer tout en reprenant son souffle, et de faire miroiter un bon pourboire, le garçon de ferme consentit à dételer et à descendre sur la grève avec son animal. On avait amarré des cordes aux pare-chocs et mon père faisait ronfler le moteur. Fouetté par le paysan, le *marc'h labour* finit par arracher la lourde voiture à sa gangue de sable. Il était temps, la mer, remontant à toute allure, touchait déjà les roues arrière du véhicule.

Soulagé, mon père la fit rouler jusqu'au chemin et tendit quelques billets à son sauveur qui n'en revenait pas de l'aubaine. Refroidi, il refusa tout net de retourner sur la grève que le flux

35. Décision brusque, traduction douarneniste de « piquer un sprint ».

gagnait à une vitesse impressionnante. Nous dûmes donc regagner notre campement à pied et, le soir venu, trimballer tout notre matériel jusqu'à la voiture, ce qui faisait tout de même une belle trotte.

Brûlés de coups de soleil en dépit des applications d'ambre solaire, épuisés par cette si belle journée, nous n'avions même plus la force de chanter et nous somnolions dans la C4 qui remontait péniblement le chemin escarpé qui nous ferait rattraper la route de Locronan, puis celle de Quimper.

Après une nuit fiévreuse – chaque frottement du drap sur nos épidermes écarlates occasionnait des douleurs cuisantes –, je retrouvai mes camarades à l'école avec le sentiment de supériorité de ceux qui ont su échapper à une rude corvée.

Si monsieur L… me considéra sans aménité en marmonnant quelques phrases désobligeantes, je n'en fus pas fusillé pour autant. Les jours suivants, les douleurs s'estompèrent et bientôt, ma peau s'en fut en lambeaux : nous pelions comme des pommes de terre neuves, disait mon grand-père François pour parler des primeurs.

*

La place du Sémaphore.

À Douarnenez, la maison de mes grands-parents est assurément la plus ancienne bâtisse de la place du Sémaphore et probablement l'une des plus anciennes de la ville. Aux dires de monsieur Chemin, l'usinier qui la vendit à grand-mère, elle fut autrefois construite au bord de la falaise qui dominait le vieux port.

Enfant, je me plaisais à l'imaginer, seul refuge au bord du gouffre, sentinelle héroïque perdue sur la lande, guettant le débarquement du redoutable « *bandit cam* » qui, à cette époque, ravageait la province. Suite à une chute – un plancher s'était effondré dans la salle de bal du manoir de Kréménec – Guy Eder de la Fontenelle s'était fracturé la jambe et en était resté boiteux, d'où son surnom de *bandit cam*, le bandit boiteux.

Au fil des ans, le développement de l'activité économique avait mis entre la mer et la petite maison des constructions de trois étages qui la cernaient de tous côtés. Alors elle était passée du rang de sentinelle à celui de témoin. Témoin d'un temps irrémédiablement révolu ; mais quand j'y vais un demi-siècle plus tard, j'y respire encore un parfum d'aventure, de coups de filet miraculeux, d'épopées maritimes qui, avec l'odeur du troène en fleur, sont mes madeleines à moi.

Quand la famille Marot dut, la mort dans l'âme, prendre le chemin de l'exil qui menait à Quimper, grand-mère loua à un couple de vieilles personnes – l'homme était un ancien marin pêcheur – deux pièces du rez-de-chaussée à titre provisoire, pour donner à cette famille expulsée de son logis le temps de se retourner.

Vingt ans plus tard, les deux vieillards survivants y étaient encore, inexpugnables, cramponnés à leurs deux pièces comme des bernicles à leur rocher.

Entre-temps, notre famille s'était enrichie d'une demi-douzaine de rejetons et grand-mère enrageait de ne pouvoir récupérer son bien pour y loger ses petits-enfants le temps des vacances, cette turbulente progéniture. Nous devions donc nous contenter du grenier que mon père avait réaménagé en 1936 lors de ses premiers congés payés, mais c'était bien étroit pour loger une dizaine de personnes dont cinq ou six gosses turbulents.

Il m'arrive de repenser à ce que les deux pauvres vieux devaient supporter avec une demi-douzaine de petits démons au-dessus de leur tête. La jeune sœur de maman, tante Hélène, qui aurait bien voulu que les deux pièces fussent libérées, ne faisait rien pour calmer nos ardeurs, espérant que, lassés du vacarme, les locataires finiraient par lever le camp. Mais ils faisaient vaillamment le gros dos. Après tout, ce désagrément n'était que passager, deux mois… Et encore! Ensuite, ils étaient au calme.

Grand-mère, qui avait pourtant eu des mots avec ces récalcitrants, n'aurait voulu, pour rien au monde, que nous fussions impolis avec eux. Leurs cheveux blancs les protégeaient et quand nous les croisions, nous les saluions avec une déférence un peu hypocrite: « Bonjour, tonton Jean… Bonsoir, tante Marie… » car, à Douarnenez, un homme ou une femme d'âge était toujours tonton ou tante de quelqu'un, sans qu'il soit nécessaire pour mériter ce titre d'avoir un lien de parenté.

Tonton Jean était un ours; il en avait la démarche. Éternellement mal embouché, il ne communiquait que par des grognements, et tante Marie, sa maigre bonne femme, avait la bouche pincée qui distillait des compliments au fiel qui ne trompaient personne. Grand-père, qui ne l'aimait pas, l'appelait « *Marie beg à dreuz*[36] ».

Notre politesse outrée, plus outrageante à mon sens qu'une bordée d'injures bien senties, sauvait les apparences.

En juillet et en août, les enfants vivaient dehors. La bruine ne nous affectait pas et il fallait vraiment qu'il tombât des cordes

---

36. Bouche de travers.

pour nous confiner dans le grenier. Comme j'étais l'aîné des garçons, j'avais été promu au rang de mousse sur le canot de grand-père, et nous partions tous deux dès l'aube pêcher du maquereau dans la baie. Mes cousines aidaient la tante Hélène, la plus jeune fille de la famille, à s'occuper de l'intendance. Il fallait en effet aller au marché, chercher de l'eau à la fontaine – il n'y avait pas d'eau courante – et, le soir, vider les seaux à la grève. Il n'y avait pas non plus de W.-C. et tous les habitants du quartier étaient logés à la même enseigne.

Dans chaque maison, il était aménagé entre l'armoire et le mur un espace clos par un rideau coulissant sur une tringle où trônait la « zaille[37] ». Ce qui faisait qu'au soleil couchant, on assistait à un ballet de femmes descendant d'un air dégagé, la zaille à la main, par les venelles étroites qui menaient au port. En se croisant, ces dames échangeaient avec aménité quelques mots. « Vous allez, merch' ? Voui, je vais. Et vous tante Marie, vous avez été ? Oui ma fille, j'ai été ». Point n'était besoin de préciser où on allait et où on avait été. Les *floc* de délestages résonnaient au long du quai et leur odeur pestilentielle parvenait à supplanter la senteur forte de sardines grillées qui planait sur la basse ville.

Le plus souvent, les hommes allaient « faire un *dilass* », c'est-à-dire délacer un pantalon[38] au Toul Tan, un creux dans la falaise des Plomarc'h où, entre autres choses, on brûlait les épaves de la grève. Une poignée de goémons servait de papier toilette.

En dépit de son jeune âge, elle avait dix-huit ans, tante Hélène se révélait une meneuse, un vrai petit chef qui distribuait

37. Nom local du seau de métal émaillé qui recueillait les besoins pressants.

38. Rituellement tenu par un bout de corde en guise de ceinture.

les rôles. J'étais chargé d'aller chercher de l'eau à la fontaine du coin de la place : cent mètres pour aller, cent mètres pour revenir. J'utilisais un petit broc émaillé qui devait contenir cinq litres d'eau que tante Hélène versait dans sa réserve, une lessiveuse galvanisée qui tenait ses trente litres. Il me fallait donc six allers-retours pour reconstituer la réserve, et parfois sept, dans la mesure où j'en renversais toujours un peu avant d'arriver au haut de l'escalier. Les deux aînées de mes cousines faisaient la vaisselle, l'une lavant, l'autre essuyant, les plus jeunes balayaient et mettaient le couvert. Tante Hélène se chargeait des repas : le matin, le pain rassis de la veille coupé en fines lamelles et garni de quelques pierres de sucre était arrosé d'un liquide noirâtre dans la composition duquel il entrait plus de chicorée que de café, le tout recouvert de lait. Il fallait partager la croûte du lait équitablement car c'était là une friandise très recherchée, sous peine de voir s'installer la zizanie. On appelait ça « le café trempé ».

À midi, maquereau pêché du matin frit à la poêle, pommes de terre à l'eau. Dessert, une pomme. Le soir, soupe de poisson, toujours trempée avec du pain, dessert, une pomme. Et le lendemain, on recommençait.

Le samedi, après sa semaine de travail derrière sa table à repasser rue de la Providence, grand-mère prenait le car de Douarnenez, place de Locronan, pour venir passer le dimanche avec nous. Elle arrivait chargée de deux grands paniers de légumes, de fruits et de quoi faire un pot-au-feu, le repas de gala !

Après le repas de midi, grand-père allait faire sa sieste et on était priés de ne point faire de bruit. Alors, j'allais jouer avec mon copain Robert Coffec, qui habitait une maison voisine, dans le dépôt de caisses de monsieur Gourlaouen qui avait une petite usine de conserves dans un entrepôt donnant sur la place du Sémaphore. On construisait là des merveilleuses cabanes d'où l'on sortait pleins de résine et de sciure.

Qu'à cela ne tienne, les filles ayant fini leur vaisselle, on filait à la grève Pors-Laouen, une charmante petite plage de sable roux qui a hélas disparu sous les énormes réservoirs d'un dépôt de carburants.

Les eaux du lavoir, lui aussi disparu sous des immeubles, s'écoulaient dans la grève, comme les rejets de l'usine Chancerelle qui la surplombait. Têtes et boyaux de poissons, cendres des chaudières, boîtes de conserve mal venues, vieilles caisses... Mais comme disait philosophiquement le contremaître de l'usine, le capitaine du port nettoyait ça deux fois par jour. Le capitaine du port, c'était la marée.

Aux flancs de la falaise prospérait une colonie de rats gras comme des chanoines. Une de nos distractions, entre deux bains, était de leur jeter des pierres, ce qui ne les inquiétait pas outre mesure.

Bien entendu, de nos jours, un tel endroit affolerait les hygiénistes qui l'auraient immédiatement fait entourer d'un triple réseau de barbelés surmontés de pancartes à têtes de mort. Mais le fameux « principe de précaution », que j'ai déjà évoqué, ne viendrait qu'un demi-siècle plus tard. Parfois, des touristes s'inquiétaient de nous voir nous ébattre dans cette pollution – un mot qui n'avait pas encore cours – et s'attiraient illico une repartie cinglante de la meneuse de notre bande, Marguerite Féchant, qui, en bonne Douarneniste, n'avait pas sa langue dans sa poche :

« C'est dans la crasse que la beauté se ramasse[39] ». Fermez le ban ! Ne cherchons pas ailleurs l'origine de cette immunité naturelle, marque de la famille.

Quand la venue de grand-mère coïncidait avec une grande marée, on allait jusqu'au Port Rhu pêcher coques, palourdes et bigorneaux. Tonton Pierre et tonton Jules, deux frères de mon grand-père, y habitaient, dans une maison au bord de l'eau. À cinq heures, grand-mère nous octroyait un quignon de pain sec avec une barre de chocolat. Quel délice !

C'est là, et avec elle, j'appris à distinguer les discrets orifices de la palourde entre ces milliards de trous qui criblent la grève, de ceux de la coque, plus faciles à repérer. Les petites cousines, qui n'étaient pas encore au fait de ces subtilités, traquaient le bigorneau très consciencieusement.

Le Port Rhu était alors une merveilleuse ria où, aux grandes marées, une eau verte remontait irrésistiblement jusqu'à Pouldavid. C'était aussi l'endroit où étaient installés les chantiers de construction de bateaux. Nous étions fascinés par l'activité des charpentiers de marine qui, à partir de madriers entreposés sur le quai, fabriquaient les merveilleuses carènes de ces grands voiliers qui iraient pêcher la langouste verte ou rose en Mauritanie.

Odeur merveilleuse encore que celle de la « bran de scie » de chêne ou de sapin fraîchement coupés et du coaltar qui s'amollissait dans des *pot houarn* posées sur de petits feux de copeaux. Le temps était rythmé par le claquement sur les coques sonores des lourds marteaux enfonçant des carvelles, ces longs clous carrés qui fixaient les bordés aux membrures.

---

39. Dicton douarneniste créé pour la circonstance.

Après le dîner du soir, vaisselle faite et bien rangée, on avait le droit d'aller jusqu'au bout de la digue donner un coup de pied au treizième barreau de la grille qui protégeait le feu d'entrée au port. Il se disait alors que ça portait bonheur et, surtout, que ça portait malheur à qui négligeait ce salut au malheureux barreau, si facile à repérer, car les multiples coups de sabots qu'il recevait chaque soir l'avaient tordu et dépouillé de sa peinture.

Pour rien au monde, nous n'aurions manqué la cérémonie.

Tante Hélène adorait chanter et savait nous faire chanter. Elle nous apprenait des rengaines à deux voix et notre chorale improvisée se produisait sur le bout de la digue pour le plus grand amusement des promeneurs. Nous n'étions pas les seuls, d'ailleurs, car à cette époque, tout le monde chantait. Les filles d'usine, bras dessus bras dessous, prenaient toute la rue au grand dam des automobilistes, faisant résonner les murs des scies en vogue : *Sur les bords de la Riviera* ou *Riquita jolie fleur de java*.

Quand l'un d'entre eux s'impatientait et klaxonnait avec trop d'insistance, elles entouraient la voiture en s'indignant : « Avec çui-là bientôt on sera obligées d'aller chanter sur les trottoirs ! »

La rue était pleine de jeunes marins prêts à voler au secours de ces jolies filles ; ils secouaient vigoureusement la bagnole du fâcheux qui faisait immédiatement profil bas en attendant que l'ire prolétarienne s'apaise, quitte à vociférer quand il avait passé le barrage.

Las, il fallait rentrer avant minuit, dernière heure ! Alors, avec regret, nous remontions chez grand-mère par les raides escaliers de la rampe du Rosmeur et nous nous endormions sur ces vieux filets qui nous servaient de lit, bercés par le chant des sardinières, qui, à l'usine toute proche, allaient travailler jusqu'à l'aube.

La nuit était longue, mais leur répertoire était large et leurs poumons inépuisables.

J'entends encore cette rumeur comme j'entends les sabotées des femmes libérées sur le granit des escaliers. Puis il y avait le son plus sourd des *boutou kinou*, ces sabots bottes confectionnés avec de veilles chambres à air directement cloutées sur le bois du sabot. Ces appareils rendaient plus lent et plus lourd le pas des hommes descendant s'embarquer pour une nouvelle journée de pêche.

Alors, grand-père se levait silencieusement. Mais, si précautionneux qu'il fût, je me jetais hors de ma couche.

Il n'était pas question que je rate l'embarquement !

*

Une matinée de pêche.

J'ai sept ans, une culotte courte, des sandalettes, une chemisette de coton bleu et une vareuse confectionnée par grand-mère dans le tissu de pantalons de réforme.

Elle est bleue aussi cette vareuse, mais de plusieurs bleus différents car chez Mélanie, rien ne se jette ; le moindre carré de tissu encore utilisable trouve sa place entre les doigts habiles de grand-mère.

Dans ma vareuse, des pièces de coton presque neuves, coupons âprement négociés au marché du lundi, en côtoient d'autres qui, pour avoir longtemps servi, sont complètement délavées. L'assemblage a été découpé par grand-mère sur la table de la cuisine et soigneusement assemblé sur sa Singer à pédale.

Comme dit grand-père, « ça, c'est pas une vareuse de touriste ! »[40]

Je descends allègrement les marches usées des escaliers de granit du Rosmeur, creusées en leur milieu par les *boutoù coat*[41] des ouvrières de l'usine Capitaine Cook.

Comme toujours en cette saison, elles ont travaillé jusqu'à une heure avancée de la nuit car, dixit le patron de l'usine, « le poisson commande ». En cette fin d'été, la sardine et le maquereau se pressent en rangs serrés dans la baie. Par la fenêtre ouverte sur la touffeur de la nuit, le Rosmeur s'est endormi dans le grondement sourd des machines, les sifflements de la vapeur s'échappant des étuves et surtout dans les chants montant des ateliers.

« Saluez, riches heureux,
Ces pauvres en haillons,
Saluez ce sont eux,
Qui gagnent vos millions. »

On a aussi chanté *La Jeune Garde*, *L'Internationale* et d'autres chansons révolutionnaires apprises en promenade scolaire lorsque Flanchec[42] était maire. Tout ceci bien sûr entremêlé de cantiques en breton, réminiscences du catéchisme et des chansons moralisatrices de la JOC.[43]

---

40. Touriste : à l'époque, se faire traiter de « touriste » était infamant. Le touriste était l'envahisseur venu d'ailleurs. Entendu sur le port : « On n'a pas eu assez avec les Boches, voilà les touristes main'ant ! »

41. Sabots de bois.

42. Premier maire communiste de France et… de Douarnenez !

43. Jeunesse ouvrière chrétienne.

La guerre a passé et Flanchec, homme généreux et truculent, n'est jamais revenu du camp de concentration où une méchante dénonciation l'avait expédié. Il a disparu dans la tourmente, mais les chansons ne se laissent pas tuer comme les hommes. Elles volent, insaisissables, de bouche-à-oreille, donnent du cœur à l'ouvrage quand la nuit se fait longue, quand les jambes se font lourdes, les épaules raides, les doigts gourds.

Les conserveries de sardines étaient alors la principale industrie de Douarnenez. Du Port Rhu[44] au Rosmeur, des dizaines de conserveries de poissons faisaient fumer leurs hautes cheminées de brique rouge et toute la ville sentait l'huile chaude des « fritures ».[45]

Il fait encore nuit. Le soleil se lèvera dans une heure et à ce moment, il faudra être au milieu de la baie, quand le maquereau sera fou à sauter sur toutes les boëttes[46] qu'on lui présentera.

On est un peu en retard, tous les canots sont déjà à poste sur les lieux de pêche. Grand-père porte l'aviron sur l'épaule et le panier *manestrand*[47] dans lequel, tout à l'heure, on mettra le poisson pêché.

Moi, je suis chargé du seau de métal jauni qui contient le *stronk poaze*[48] et du petit panier casse-croûte : un demi-pain,

---

44. Port de commerce de Douarnenez sur la ria séparant Tréboul de Douarnenez. On y trouvait également les chantiers de construction de bateaux.

45. Ancienne dénomination des usines de conserve.

46. Appât que l'on accroche sur l'hameçon ou que l'on place dans un casier pour capturer un poisson, un crabe.

47. Panier en osier à quatre poignées fabriqué initialement à Malestroit.

48. Restes de poisson cuit servant à appâter. Souvent les restes de la soupe de la veille ; on allait aussi en chercher à l'usine.

une pomme passépom[49] et une barre de chocolat pour moi, un morceau de *froumaj rouz*[50] et un quart de vin pour grand-père. L'eau est dans une gourde en aluminium toute cabossée. Dans ce panier, tout à l'heure, on rapportera la godaille[51] à grand-mère.

Grand-mère a intrigué pour que Marianne, l'épicière qui vend de la confiture au détail, lui garde le seau jaune lorsqu'il serait vide. Grand-père y a percé deux trous avec une pointe et l'a pourvu d'une poignée en fil de fer.

Le *stronk poaze* est le reste de la soupe de la veille. L'usine n'achète que les maquereaux. Les autres poissons, chinchards, pironneaux, orphies sont notre lot. Grand-mère en fait une soupe délectable et les restes, broyés au moulin avec de la farine d'arachide récupérée au Port Rhu lors du déchargement des caboteurs sur le quai, servent à faire « lever » le poisson. Quand on peut aussi récupérer un peu de rogue[52], c'est parfait.

Grand-père a été gravement malade et sa maladie a mis un terme à sa carrière de patron pêcheur. La chaloupe sardinière est allée dormir de son dernier sommeil sur la vase à Pouldavid[53] et il n'a conservé que son annexe, le petit canot – ici on dit « *piti canott* » –, pour se livrer, comme les autres retraités, à la « petite pêche ».

---

49. Ainsi ma grand-mère appelait-elle les grosses pommes rouge et or, en forme de coing, que l'on trouvait sur le marché de Douarnenez à la fin du mois d'août. Elle les appelait aussi pommes pass'aoustig.

50. Pâté de porc. Le « froumage lez », c'est le fromage que vend votre crémière, et le fin du fin, c'est le froumage œil, le pâté de foie.

51. Part de pêche ramenée par le marin à la maison. Pour nous, tous les poissons qu'on ne pouvait pas vendre.

52. Œufs de morue salés importés de Norvège et servant à appâter la sardine.

53. Village au fond de la ria du Port Rhu où, autrefois, la vasière (maintenant recouverte par un parking) servait de cimetière de bateaux.

Le piti canott est amarré au long de la grande digue parmi des dizaines d'autres.

Grand-père n'est pas très grand, sa maladie l'a amaigri, il n'est pas très fort. Mais il est embarqué depuis ses huit ans et il connaît la mer, et surtout « sa » baie, comme un jardinier connaît son jardin. Moi, je suis costaud pour mon âge, je suis donc son bras pour les travaux de force.

On rejoint l'embarcation en descendant le long d'une échelle de fer scellée dans la pierre de la digue. Ce profond puits noir au pied duquel clapote la mer m'impressionne toujours un peu et je serre dans mes petites mains les gros barreaux de fer boursouflés de rouille. Au commandement, je largue l'amarre et grand-père déborde une bouée, chasse un orin[54] et met l'étrave du canot vers la mer libre. J'ai pris le lourd aviron et je godille. Nous doublons le bout de la digue signalé par un petit phare qui nous éclabousse quatre fois par minute de sa lumière verte.

Doublée la digue, les eaux calmes du port seront oubliées et le clapot se fera sentir.

Le *piti canott* n'est pas si petit que ça. Il mesure bien cinq ou six mètres et il pèse terriblement lourd. Il n'est plus de première jeunesse et l'eau s'accumule vite dans les fonds. Il serait temps de l'amener au Port Rhu pour calfater les bordés et faire l'induit[55]. Mais c'est une longue expédition que d'aller à la godille du Rosmeur au Port Rhu. Surtout quand c'est un gamin de sept ans qui est à la manœuvre. Un de ces jours, une pinasse amie nous passera la remorque et il n'y aura qu'à se laisser traîner. Pour le

54. Filin frappé sur un objet immergé (ancre, grappin, casier) et tenu à la surface par une bouée (terme de marine).

55. Passer sa coque au coaltar (selon mon grand-père).

moment, les pinasses sont au milieu de la baie à *débesquer*[56] la sardine des filets droits. Heureusement, il y a la pompe, taillée dans un tronc de bois massif, que grand-père actionne de haut en bas. Un jet jaunâtre et malodorant gicle dans la mer à chaque pulsion : les eaux de la sentine…[57] Comme nous allons déborder la digue, une silhouette nous hèle du haut du môle.

— François… Oh, François !

— *Malevurusse !*[58] gronde grand-père.

— C'est tonton Pierre, dis-je.

— *Malloz Doue* ! J'ai bien vu !

Grand-père n'est pas content.

— Qu'est-ce qu'on fait, pépé ?

— On va le chercher, *parement*[59], on peut pas le laisser…

Tonton Pierre est le frère cadet de mon grand-père. Un poète, un chansonnier, un hurluberlu qui, après avoir traversé une période de profond mysticisme, affiche avec la même certitude des théories révolutionnaires à faire frémir un Robespierre, un « *communard breign* », disent les « *flairius* »[60], qui a été conseiller municipal avec Flanchec.

---

56. Sortir le poisson (ici la sardine) du filet où il s'est pris par les ouïes. Tâche délicate, il ne faut pas abîmer le poisson sous peine de le voir déprécié ou même refusé par la commise (la contremaîtresse), à l'usine.

57. Partie basse de la cale d'un navire où s'amassent les eaux (terme de marine).

58. De « maleürus », malheureux. Signifie ici malheur.

59. Ici dans le sens de « bien sûr ».

60. Littéralement « communiste pourri » pour l'un et « puant » pour l'autre. Version douarneniste du clivage politique « gauche/droite ». Aux yeux du « flairiuss », un homme de gauche ne pouvait être que pourri, et, dans le clan d'en face, un homme de droite ne pouvait qu'être infect, puant (ceci à une époque où l'on n'avait pas peur des mots et où le « politiquement correct » n'avait pas encore cours).

J'accoste l'escalier au pied du petit phare, et tonton Pierre monte à bord. Il ne dit pas bonjour, il ne dit pas merci ; selon son habitude, il râle :

— Et vous êtes restés *lugués*[61] dedans vot' lit ?

Grand-père secoue la tête furieusement, d'un air de ne pas croire ce qu'il entend :

— *Chessuss ! Chessuss !*[62] *Ma gue permetted !*[63] *Pao kol spontus !*[64]

Tonton Pierre feint de ne pas entendre son aîné. Il pose son panier, me caresse la tête :

— Ça va bien avec toi, mignon ?

Il fait l'aimable, mais pour autant il ne propose pas de prendre la godille. Ni d'actionner la pompe sur laquelle grand-père évacue sa « *malis ru* »[65]. Tonton Pierre s'assoit, prend une pose un peu affectée et se roule une cigarette. Moi, je vais doucement mais sûrement. J'ai bien la cadence ; lorsque le canot a pris son erre, il suffit d'entretenir l'élan par des coups d'aviron bien rythmés et de garder le cap.

Sorti de l'abri de la digue, un petit vent de Nordet venu tout droit de Morgat, gage de beau temps, pousse devant lui de courtes lames qui soulèvent l'étrave du bateau.

Il y a bien une demi-heure que je godille. Les paumes commencent à cuire. Comme les grands, de temps en temps, je crache dans mes mains pour assurer la prise.

---

61. Collés.

62. Déformation de Jésus. Exclamation courante.

63. Ça n'est pas permis !

64. De « pao » (patte) et « kol » (chou). Spontus, épouvantable. Ici quelqu'un qui radote de façon épouvantable.

65. Malice rouge, équivalent du français « colère noire ».

— Tu n'es pas trop fatigué ?

— Ça va, pépé, dis-je bravement.

Mais j'ai hâte qu'on arrive. On devine la flottille de canots mouillés bout au vent au large de la digue, points noirs sur la mer sombre. Malgré l'obscurité de la nuit finissante, on aperçoit des éclairs blancs, les ventres des maquereaux tirés à bord.

— Tiens, dit tonton Pierre d'un air détaché, ils ont « levé » le poisson.

C'est un reproche, à propos de notre retard, auquel grand-père répond par un silence méprisant. D'un geste, il me guide vers un des canots :

— C'est toi, *Mechan bihan*[66] ? demande-t-il.

Une voix de rogomme lui répond, une voix de sentinelle en guerre faisant les sommations réglementaires :

— Qui va là ?

Et, reconnaissant soudain le canot, la voix se radoucit :

— Oh, c'est toi, tonton François ? Et c'est à cette heure-ci que tu es à venir ?

— *Ma mabig*[67] est avec moi, dit grand-père en me montrant.

C'est l'excuse.

— J'ai même pas eu le temps d'aller chercher du *stronk*[68] à l'usine !

Grand-père est très populaire sur le port. *Mechan bihan* propose aussitôt :

---

66. *Les marins avaient tous des surnoms qui passaient de génération en génération. Mechan bihan, petit méchant, était le fils de Mechan coz, vieux méchant, le meilleur homme de la terre.*

67. *Mon petit garçon.*

68. *Poisson broyé cru dans le moulin à stronk et qui sert à appâter.*

— *D'euz t'en*[69], je vais te donner!

Grand-père tend le seau et le marin y déverse quatre bonnes louchées de stronk assorties d'un commentaire approprié:

— Là, bien pesé!

— *Ya apparence?*[70] demande grand-père.

— *Oui vat*, y a qu'à tirer dedans!

— Merci, *mab*.

On s'éloigne vers un autre canot que grand-père m'a désigné:

— Tu es là, Choten?

C'est le surnom du matelot: *Chotennoù plomb*[71]. Depuis le temps, on a oublié son nom de famille. Il est vrai qu'il a les masséters particulièrement développés.

— Oh, tonton François!

Encore un copain, encore quatre louchées de stronk. Grand-père, nonchalamment assis près de la baille à *stronk*, file discrètement l'odoriférant appât à la mer tandis que le bateau avance silencieusement.

Bien sûr, une partie du poisson que *Mechan bihan* et *Chotennoù plomb* ont levé suit la main qui dispense cette manne.

Quand le jeu s'est répété avec trois ou quatre bateaux de connaissance, grand-père estime qu'on peut jeter l'ancre.

Le banc de poisson savamment appâté ne nous a pas lâchés. On les voit sauter sur le *stronk* en crevant la surface de l'eau de

---

69. Viens donc.

70. Ya apparence?: En bon français, on demanderait « les circonstances vous semblent-elles favorables pour qu'il y ait du poisson? » Le Douarneniste dit tout ça en deux mots.

71. Le marin qui avait hérité de ce surnom avait des bajoues imposantes, de vraies « joues de plomb ».

leurs nageoires dorsales, ça fait des milliers de ridules illuminées de milliers de petites étoiles éphémères et phosphorescentes.

Tonton Pierre daigne se dévouer pour faire glisser l'ancre dans les profondeurs marines. Quand elle a croché le fond, il laisse filer un peu de câble et fait le tour mort et deux demi-clés réglementaires sur l'étrave du canot.

Nos sollicitations ont peu à peu rempli la baille à *stronk*, récipient que l'on retrouve dans tout canot douarneniste qui se respecte. C'est un tonneau de rogue qui a été partagé en deux pour constituer une sorte de grand cuveau. Le moulin à *stronk* – un solide hachoir à viande – a été fixé sur le banc et il vomit à la demande, quand on actionne la manivelle, sa ventrée de poissons broyés dans ce récipient.

À l'aide de son couteau affûté comme un rasoir, grand-père taille des baluettes de peau et de chair dans un maquereau encore pantelant. Je garnis mon hameçon en tordant la fine langue de chair comme grand-père me l'a appris, afin de lui donner l'allure d'un poissonnet.

Tonton Pierre est resté sur l'avant du canot, grand-père sur l'arrière. Moi, je suis sur le banc du milieu, prêt – c'est le rôle du mousse – à tourner la manivelle du moulin à *stronk* lorsqu'on me le commandera.

Les lignes ne sont pas comme celles que l'on fait maintenant : le mono filament invisible et la tresse industrielle, ces innovations technologiques, coûtent trop cher pour des pauvres pêcheurs de maquereaux. C'est grand-père qui les confectionne avec des crins de queue de cheval, filaments tressés, raboutés par des nœuds savants. Ça occupe les soirées d'hiver, dans la cuisine, sous la lampe basse ; et tout en tressant, tout en nouant, il raconte d'extraordinaires histoires tandis que grand-mère prépare la soupe ou s'affaire à ces travaux d'aiguille dans lesquels elle excelle.

À mesure que l'on s'approche de l'extrémité de la ligne, grand-père enlève un brin de crin, ce qui fait que la ligne s'étrécit jusqu'à n'avoir plus que trois brins soigneusement choisis dans le dernier tronçon.

Seule concession au progrès, le bas de ligne est composé d'un morceau de nylon transparent comme ceux que les touristes utilisent sur leurs cannes à pêche.

Grand-père appelle ça du *gut.*[72] Oh, il ne l'a pas acheté, ce *gut*, il a dû récupérer une perruque[73] qu'un touriste maladroit aura abandonnée sur le quai et qu'il aura débrouillée avec une patience infinie.

Une toute petite plombée, un morceau de tuyau sanitaire martelé, fait couler la ligne. Aussitôt l'appât à la mer, c'est l'attaque brutale. Le poisson a faim. Comme l'a dit *Mechan bihan*, il n'y a qu'à tirer dedans. Alors, on tire dedans !

Le maquereau rebondit au fond du canot, battant frénétiquement le plancher de sa queue dans ses soubresauts d'agonie. Sur les planches constellées de fines écailles, des roulements de tambour scandent la mort de ces magnifiques poissons verts et blancs.

J'ai du sang sur les mains, des écailles nacrées comme autant de petites perles jusqu'aux coudes, jusqu'aux yeux.

---

72. Gut : Mon grand-père appelait ainsi cette substance nouvelle que nous connaissons sous le nom de nylon. Je crois me souvenir que le terme venait de « gutta percha », mot malais indiquant une substance tirée du latex.

73. Embrouillage indémêlable (sauf pour mon grand-père François) d'une ligne.

Parfois la lutte se fait âpre : une grosse orphie s'est laissée tenter par l'hameçon. Elle bondit à un mètre en l'air et ricoche sur la surface de l'eau comme un serpent. Grand-père rit et m'encourage :

— Allez, hale dessus !

Et je tire. Le long poisson raye la surface noire de l'eau ; la lutte est trop inégale. L'orphie, après un vaillant combat, finit par se rendre à bout de forces. Je la saisis hardiment. Elle est si grosse que ma petite main n'en fait pas le tour. L'hameçon s'est profondément enfoncé dans son rostre osseux, il me faut l'aide de grand-père, armé de son couteau, pour le libérer. Pendant l'opération elle m'a donné des coups de queue partout et je suis couvert d'écailles vertes.

Je ris, jeune barbare cruel fier de sa capture, foulant du pied ses innocentes victimes. Grand-père rit aussi et regarde tonton Pierre tout *fi ru*[74] :

— Çui-là c'est pas un *empêch*[75], hein ?

Tonton Pierre ne répond rien, il joue les indifférents mais il est vexé. Il n'a pas encore un gaillard de ma trempe à mettre dans la balance et ça le contrarie !

Peu à peu, le paysage s'éclaire. Le soleil perce derrière le Menez-Hom. Le vieux mont, érodé par des milliers d'années d'existence, se pare d'une tunique pourpre qu'un pâle soleil levant illumine d'une lumière rasante. Il est vêtu de bruyères en fleurs qui déclinent toute la palette des mauves, du prune foncé au rose évanescent. Le ciel, presque blanc derrière la crête rondie, bleuit insensiblement au-dessus de nos têtes.

---

74. Fi ru : fier, jusqu'à en être rouge. Degré suprême de la fierté.

75. Celui qui empêche les choses d'aller comme il faut. Le porte-poisse.

Chaque matin, je reste pantois devant le somptueux et changeant décor que la nature nous offre. Que c'est beau !

La mer devient verte, puis blanche lorsque les bancs de *blode*[76] entourent le bateau. Attaqués par les prédateurs que sont les bars et les maquereaux, ils sautent les uns sur les autres au point qu'on ne voit plus l'eau. Les goélands, les mouettes s'abattent sur cette manne sans se préoccuper de la présence des pêcheurs. On les voit enfourner ce petit poisson affolé à grands coups de bec, à moins d'un mètre du bateau. Leur œil rond, méchant, me fixe avec insolence. En allongeant le bras, je pourrais les toucher mais leur bec acéré est bien trop redoutable pour que j'y risque la main. Le bruit de leurs cris aigres, de leurs battements d'ailes, est assourdissant.

Grand-père saisit le grand haveneau planté verticalement à l'arrière du bateau :

— Je vais faire un coup de ronvoile[77] sur le *blode* !

En un seul coup, le grand haveneau est chargé à craquer et grand-père peine à le hisser à bord. Il faut que je saisisse le cercle de fer retenant le filet pour l'aider. La manne est déversée dans le baquet. Je récupère quelques maquereaux égarés dans la pochée et je les remets dans le panier où ils dansent un long moment avant de se figer dans un dernier ressaut, l'œil soudain terni par la mort. Encore deux coups de ronvoile et la baille à stronk est aux trois quarts pleine de minuscules poissons d'argent qui meurent à peine sortis de l'eau.

---

76. Sprat. Petit poisson de la famille des sardines qui voyage en bancs serrés et sert de pâture aux poissons carnassiers. Quand le blode est dans la baie, « il y a apparence ». On repère de loin les bancs de blode car les oiseaux de mer se concentrent au-dessus du banc.

77. Grand haveneau servant à pêcher le poisson qui se présente en bancs.

Le soleil est maintenant complètement passé par-dessus la crête du mont. Il a pris une belle couleur d'or et commence à chauffer sérieusement.

Le poisson, gavé, mord moins. Il faut réveiller ses appétits.

— Passe le *blode* au moulin, commande grand-père.

Je prends les petits agonisants par poignées et je les jette dans la trémie. Leur contact est frais et doux. Je tourne la manivelle et une bouillie sanguinolente tombe dans la baille à stronk.

Grand-père la prend à pleines mains et l'épand sur la mer d'un large geste de semeur.

À l'avant, tonton Pierre a replié sa ligne posément. Puis il s'est roulé une cigarette qu'il fume en regardant grand-père d'un œil franchement réprobateur.

— Vous n'avez pas assez encore ? *Gast !* Le canot est plein ! Vous avez envie d'aller au fond ?

Il exagère, on est encore loin de cette extrémité, mais à Douarnenez quand on se vouvoie, c'est mauvais signe : ça sent la querelle.

Grand-père lui répond sur le même ton :

— C'est pas à me regarder avec votre grande bouche (*sic*) que vous allez gagner vot' vie !

— Ma journée est gagnée, dit calmement tonton Pierre en montrant son panier. J'ai mon compte, puisque mon panier est plein.

Et il ajoute, logique :

— Si j'avais voulu prendre plus, j'aurais pris un plus grand panier. Mais pourquoi ?

Il enjambe le banc et vient vers l'arrière. C'est à moi qu'il s'adresse :

— Comprends bien, mon petit, pourquoi irais-je pêcher deux paniers quand un me suffit ?

Cabotin, il articule en détachant ses mots comme s'il parlait à un arriéré et qu'il avait peur de ne pas se faire comprendre :

— Avec un panier comme celui-là, je peux acheter une miche, un litre de vin, un morceau de lard et un paquet de tabac. Que faut-il de plus à un honnête homme ?

Tonton Pierre est un écolo avant l'heure. Si tous les marins du monde avaient raisonné comme lui, il y aurait toujours du poisson en abondance. Mais grand-père ne l'entend pas de cette oreille :

— Et qui te dit que demain, il y aura autant de poissons, honnête homme ?

— D'abord, rétorque tonton Pierre, il y aura toujours assez de poisson pour moi…

Il a le doigt en l'air, comme la statue du docteur Laënnec à Quimper, et ajoute, perfide :

— Et qui te dit que demain, tu seras encore vivant pour le pêcher ?

Est-ce qu'on ne chercherait pas à lui jeter le mauvais œil ? Comment peut-on dire des choses comme ça ! Grand-père bout :

— *Chessuss ! Chessuss !*

Les deux hommes sont face à face, dressés l'un contre l'autre comme des chiens querelleurs. Tonton Pierre fait bien une tête de plus que grand-père. Il a le regard transparent et glacé des fanatiques, des détenteurs de vérité, de ceux qui voient à travers les choses et les gens et qui se font tuer sur place plutôt que de rompre. Grand-père a repoussé son large béret en arrière comme lorsqu'il est en colère ou qu'il a bu un coup. Sauf que là, il n'a pas bu.

Moi, je suis passé à l'avant, prudemment. S'ils allaient en venir aux mains ? Mais non, deux Douarnenistes de bonne souche n'en viennent jamais à ces fâcheuses extrémités. C'est violent, certes, très violent même, mais on en reste aux invectives.

Pourtant, grand-père fait de grands gestes. Plus il s'énerve, plus tonton Pierre argumente calmement. Exaspéré, grand-père prend son béret comme pour l'envoyer à la figure de tonton Pierre. Manière locale de jeter le gant.

Tonton Pierre, en un geste instinctif d'esquive, fait un pas en arrière et heurte le banc du canot. Comme au ralenti je le vois basculer en arrière dans la baille à stronk. Le voilà le cul dans la *gleurre*[78]. Il aurait visé qu'il n'aurait pas mieux réussi son coup, il est coincé dans la baille. Ses bras et ses épaules dépassent, ses genoux et le bas de ses jambes aussi. Ses pieds, chaussés de grosses socques, s'agitent et on voit le bas de son caleçon long et la peau blafarde de ses maigres mollets. Son mégot est toujours calé au coin de sa bouche. Tout le reste est dans le baquet, trempant dans le broyat de poisson.

Grand-père en reste muet, le béret à la main. Il est tout drôle ainsi car il ne quitte son couvre-chef que pour dormir, et encore, je n'en suis pas sûr. Le bas de son visage crispé par la colère et couleur de vieux cuir, le front et le haut du crâne dégarnis, où la sueur a collé ses cheveux étrangement noirs, sont blafards. Il doit se rendre compte de la nudité de sa boîte crânienne, il se recoiffe.

---

78. Désigne une chose sale, gluante, visqueuse, répugnante.

Tonton Pierre ne semble pas avoir eu le moindre mal, il ne paraît même pas énervé. Il constate simplement :

— Là, tu es content, maintenant ?

Grand-père en est tout désemparé.

Cependant, tonton Pierre poursuit la discussion sans esquisser la moindre tentative pour se tirer de sa fâcheuse position, argumentant avec de grands gestes des bras, comme s'il était assis dans un confortable fauteuil.

Je ne sais quelle contenance tenir. Je demande d'une petite voix :

— Qu'est-ce qu'on fait, pépé ?

Les uns après les autres, les canots ont levé l'ancre, ils rejoignent la cale du Rosmeur. L'ordre tombe, bref :

— On dérape !

Je m'attendais à ce qu'il se précipite au secours de son frère, mais non. Je m'arc-boute sur le cablot et je remonte le croc de métal lentement, lentement.

C'est lourd, mais j'en viendrai à bout !

Apparaît enfin la chaîne sur laquelle l'ancre est frappée. Je n'aime pas en arriver là car les maillons rouillés me pincent la peau des doigts. Enfin, il n'y a que deux brasses, le soc apparaît, garni d'une grosse touffe de goémons. Pas étonnant que ça ait été si lourd ! L'ancre, débarrassée de sa moisson intempestive, goutte sur le plancher du canot.

Ça a été dur. Je souffle un peu. À l'arrière, la discussion se poursuit. Grand-père assène rageusement :

— C'est quand le poisson est là qu'il faut le prendre !

Tonton Pierre, très docte dans son baquet puant, toujours l'index en l'air, énonce, sentencieux :

— L'Évangile a dit : « *Regardez les oiseaux du ciel, ils ne sèment...* »

Grand-père ne le laisse pas terminer, il me prend à témoin :

— *Chessus ! Chessus !* Le voilà après l'Évangile *ménant* ! C'est bien la peine d'être dans la bande à Flanchec ! *N'ho-peus ket a vez ?*[79]

Non, Pierre n'a pas honte ; François non plus qui ne fait toujours pas un geste pour sortir son frère de sa fâcheuse position. Pas plus que principal intéressé d'ailleurs. À croire qu'il se complaît dans la gleurre !

Le soleil tape dur maintenant, le clocher de Sainte-Hélène sonne dix heures. Les autres canots ont tous accosté. Derniers arrivés sur les lieux de pêche, nous serons les derniers à rentrer.

Il ne me reste qu'une chose à faire : godiller. Ce à quoi je m'applique pendant que les deux vieux continuent à s'engueuler dans ce jargon si pittoresque qui n'est ni du français ni du breton, mais du douarneniste.

Autour de nous, les mouettes et les goélands gavés somnolent à la surface de la mer.

Le gros de la colère est passé et je sens une sorte de complicité entre eux, telle qu'on pourrait la ressentir quand deux comédiens se donnent la réplique ; mais ici, la scène est un canot ridiculement petit et je suis le seul spectateur.

Quand on vire la grande digue, grand-père entreprend enfin de désincarcérer son frère. Mais l'affaire n'est pas commode, il s'y est bien encastré, le bougre, et le bois du baquet est si gluant qu'on a du mal à trouver prise. Grand-père a encore recours à moi :

---

79. Vous n'avez pas honte ? (ça, c'est quasiment du breton littéraire)

— Ti-Jean, viens me donner la main, *gast*, sans quoi il faudra un palan pour le tirer de là !

Encore un travail de force. Nous ne serons pas trop de deux pour extraire tonton Pierre de sa caque. Finalement, le voilà à quatre pattes, le baquet toujours incrusté sur les fesses. On dirait une grosse tortue échouée au fond du canot.

Vue du haut de la digue, la scène doit être cocasse. J'essaye de m'empêcher d'éclater de rire. L'effort sera un exutoire.

En prenant chacun d'un bord, avec grand-père, nous parvenons à soulever le baquet qui se détache de sa proie avec un bruit de succion écœurant. Ouf !

Tonton Pierre se relève avec beaucoup de dignité, sans un mot, ni de remerciement ni de récrimination. Il y a du *stronk* partout, je vais avoir un drôle de boulot pour nettoyer tout ça.

Du coup, je n'ai plus du tout envie de rigoler.

Grand-père, pour que la honte de rentrer en pareil équipage ne rejaillisse pas sur toute la famille, racle les braies de tonton Pierre avec son couteau en marmonnant des choses désobligeantes que son cadet ne veut pas entendre. Il se laisse faire avec une élégante désinvolture en prenant les mines d'un lord anglais à l'essayage chez son tailleur.

Quand, enfin, on accoste à la cale de grosses pierres chaudes, il est presque présentable – nonobstant l'odeur !

Il quitte dignement le bateau, son panier plein de maquereaux sous le bras, se retourne et dit d'une voix égale :

— *Setu Zaza, ha benn warhoaz.*[80]

Grand-père, debout à l'arrière du canot, solidement campé sur ses deux jambes, les bras croisés, le béret en bataille, semble

---

80. Voilà, Zaza, et à demain.

une vivante allégorie de l'indignation. Il s'appelle en réalité François-Xavier, mais dans son enfance, tout le monde l'appelait Zaza. Seuls les très vieux s'en souviennent et grand-père, qui n'aime pas qu'on l'appelle ainsi, suppose une intention maligne chez son frère.

Il s'exclame :

— *Malloz Doue !*[81] *Warhoaz ? Che ye yeille !*[82] *Neket gwir !*[83]

Et il redit, en breton, pour se persuader mieux de son malheur :

— *Warhoaz ? Biskoaz kemend all !*[84]

Il décroise ses bras, ses mains osseuses viennent se poser sur ses hanches et il regarde d'un œil incrédule son frère remonter tranquillement la cale en saluant, de droite et de gauche, avec beaucoup de courtoisie, les gens de connaissance.

François connaît Pierre, il sait que demain près du petit phare, son frère sera à poste avant le lever du jour, guettant notre passage. Et je sais aussi que François serait inquiet et déçu s'il n'apercevait pas la longue silhouette de Pierre se découper sur le ciel rose.

*

81. Malédiction ! (juron)

82. « Che » abréviation de Chessuss (Jésus). Exprime l'apitoiement, l'étonnement, l'indignation. Et pour discerner lequel de ces sentiments cette onomatopée purement douarneniste exprime, tout est dans la prononciation.

83. C'est pas vrai !

84. Traduction littérale : « demain ? Jamais autant ! » Exprime le désarroi du grand-père François à la pensée de subir son frère un jour de plus. Signifie aussi "Incroyable !".

La double vie de Brin d'Or.

Douarnenez, avant la guerre, avait sa société des régates, ce qui est normal quand on est au fond d'une des plus belles baies du monde – dixit mon grand-père qui n'était pas chauvin – mais ce qui est plus surprenant pour un port de pêche où l'espace est compté, c'est qu'elle avait aussi un comité qui organisait des courses hippiques. Qui dit courses hippiques dit, tout naturellement, hippodrome. Et, bien évidemment, Douarnenez ne disposait pas d'un tel équipement. Qu'à cela ne tienne, il y avait la plage du Ris qui offrait, à marée basse, une assez belle surface pour que les chevaux puissent s'y affronter comme à Longchamps ou à Vincennes.

Donc, le jour dit, calculé en fonction de la marée, une foule de volontaires matérialisait la piste en disposant des barrières et, le sable étant d'une fermeté idéale, on avait immédiatement le plus bel hippodrome qui se puisse imaginer.

Il y avait, à l'époque, des courses de chevaux dans de nombreuses communes, mais celles de Douarnenez, avec celles de Quimper, étaient les plus réputées et les mieux dotées.

Les compétiteurs venaient donc de fort loin pour y participer.

Une année vint même, de son haras de Normandie, un célèbre trotteur qui s'appelait Brin d'Or. Confronté aux cracks locaux, il remporta largement les trois courses auxquelles il participa.

Ces animaux étaient venus en train dans lesquels leurs propriétaires avaient retenu des wagons spécialement aménagés pour leur transport. Cependant, pour accéder au Ris, il fallait traverser toute la ville et, surtout, emprunter la longue descente qui menait à la plage.

Ce chemin, qui n'était évidemment pas bitumé, était creusé de nombreuses ravines peu faites pour les pattes délicates des coursiers. Ils étaient donc transportés dans des vans tirés par de robustes postiers bretons dont les grosses patoches ne craignaient pas les ornières.

La descente était délicate, mais c'était la montée la plus pénible, et il fallait faire vite pour remettre tout le monde dans le train. À l'époque, si les trains n'arrivaient pas toujours à l'heure, ils démarraient à la minute prévue, et tant pis pour les retardataires. Les chefs de gare étaient intraitables.

Brin d'Or, soigneusement bouchonné, recouvert de sa couverture de voyage, les yeux protégés par de larges œillères, monta comme la star qu'il était dans son van.

Que se passa-t-il à mi-côte ? Une erreur du cocher ? Une ornière trop profonde ? Un écart des chevaux de trait ? Nul ne savait le dire. Toujours est-il que le van qui transportait Brin d'Or chavira et bascula en contrebas de la route. Peu s'en fallut d'ailleurs qu'il ne dévalât la falaise, mais les chevaux de trait retinrent l'attelage.

Cependant, quand on ouvrit le van, le pauvre Brin d'Or était en piteux état. Sous le choc, son ventre avait éclaté et ses tripes s'étaient répandues sur le plancher du van.

La catastrophe !

Le propriétaire engueulait le cocher qui n'y pouvait rien et le jockey de Brin d'Or pleurait toutes les larmes de son corps. Enfin, quelqu'un eut la présence d'esprit de faire venir le vétérinaire. Le praticien qui vint au chevet de la malheureuse bête n'était autre que le tonton René. Quand il vit le pauvre Brin d'Or étalé au milieu de ses tripes sanguinolentes, il hocha la tête tristement et laissa tomber la sentence :

— Il est foutu !

Cependant, les autres vans qui suivaient ne pouvaient plus monter le chemin et ils n'avaient pas envie de manquer leur train.

Le propriétaire, qui avait également d'autres chevaux, leva les bras, accablé. Il fallait se rendre à l'évidence, le crack ne rapporterait plus rien.

— Que faut-il faire ? demanda-t-il au tonton René.

Celui-ci leva les épaules :

— Tout ce qu'on peut faire, c'est l'empêcher de souffrir trop longtemps.

Le propriétaire réfléchit un instant, puis, entendant les protestations des conducteurs de vans bloqués derrière lui, prit une décision. D'un portefeuille bien gonflé, il sortit quelques billets de banque et les tendit au tonton René en disant :

— Faites le nécessaire…

Puis il jeta un dernier coup d'œil à son malheureux crack qui gisait en hennissant faiblement, tourna les talons et prit à son tour le chemin de la gare. Resté seul avec son aide, un garçon d'écurie, tonton René ôta sa veste, retroussa ses manches et sortit de sa trousse son matériel de vétérinaire. Il commença par replacer les viscères de l'animal en les nettoyant et les désinfectant, puis il se livra à des travaux d'aiguille. À l'aide d'une alène, il recousit la plaie avec du fil à suturer. Le cheval se laissa faire…

Quand ce fut terminé, il le fit lever, ce qui n'alla pas sans peine, mais enfin, Brin d'Or fut bientôt sur ses pattes. Tonton René banda alors la plaie le plus serré possible et bientôt, le cheval parvint à faire quelques pas. À la nuit tombée, il ramena le crack par la longe jusqu'à son domicile et le mit à l'écurie. Au matin, le cheval était toujours debout et tonton René vit là un bon signe. Il l'abreuva, lui donna un peu d'avoine et de foin et passa une solution désinfectante sur la suture qui ne se présentait pas trop mal.

Brin d'Or ne tarda pas à se remettre complètement. Tonton René m'expliqua – car c'est lui qui m'a raconté cette histoire – que pendant la Grande Guerre, il avait eu à s'occuper de chevaux blessés et que, tant qu'il n'y avait pas de fracture, il était possible de les sauver. Ce qu'il avait fait avec Brin d'Or.

L'histoire ne s'arrêta pas là car le tonton René, qui n'était pas maquignon pour rien, s'occupa à maquignonner le crack. Usant de teintures dont il avait le secret, le bel alezan devint bientôt un superbe cheval noir qu'il baptisa… Black.

Il n'était pas dans ses intentions de le vendre, oh non ! Il avait conçu pour Black un projet bien plus ambitieux, celui de le refaire courir.

À la saison suivante, il engagea le cheval miraculé dans les courses de pardons[85] où, évidemment, l'ex-crack de Longchamp ne fit qu'une bouchée des concurrents qui lui étaient opposés.

Impavide, tonton René empochait les primes et le montant des paris qu'il ne manquait pas de faire sur son champion. Cependant, il n'eut pas l'imprudence de le faire courir aux courses de Quimper où des entraîneurs venus de la capitale n'eussent pas manqué de soupçonner du Brin d'Or dans l'allure de ce Black d'obscure origine.

Tonton René avait acquis une petite propriété près de la plage du Ris et y avait installé Black et, attelé d'un sulky, il entraînait son champion à marée basse.

85. *Fêtes religieuses et profanes en Bretagne.*

Bien entendu, il fallait de temps en temps refaire la teinture mais, comme disait tonton René avec un gros rire, « Quand tu vas à la messe le dimanche, tu cires tes chaussures, non ? Eh bien moi, quand je vais à la kermesse, je cire mon cheval ! »

Après avoir contribué à la fortune du tonton René, Brin d'Or, alias Black, mourut de sa belle mort et dans un âge avancé dans son pré, au Ris.

*

Sur l'Odet.

Tous les géographes vous le diront, Kemper-Corentin est né de l'Odet. On ne peut évoquer la capitale de la Cornouaille sans parler de la cathédrale ni de la paisible rivière qui coule en son milieu.

Au sortir de la guerre, pour les petits gars du populo, les occasions étaient peu nombreuses d'aller à la plage à Beg-Meil ou à Bénodet.

D'ailleurs, ceux qui possédaient une voiture, c'était le cas de mon père, ne pouvaient pas s'en servir car l'essence était rare, chère, rationnée donc quasi introuvable.

Avant la guerre, juste après son mariage, mon père avait construit une périssoire avec laquelle il descendit l'Odet. Il était même allé jusqu'à Concarneau visiter la tante Yvonne dont j'ai parlé plus haut en son hôtel Beau-Rivage où les amoureux étaient assurés de trouver le couvert. Maintenant qu'il avait un commerce, il n'y avait plus qu'à trouver quelque chose à vendre. Ce n'était pas le plus aisé. Le poisson arrivait au compte-gouttes de Saint-Guénolé ou de Concarneau par des camions à gazogène et il était contingenté, c'est-à-dire que lorsque cent clients attendaient devant la boutique, il n'y avait de la marchandise que pour vingt. Situation intenable à laquelle mon père imagina de remédier. Il reprit sa périssoire et son grand haveneau et s'en fut prospecter la rivière jusqu'à la sortie de la baie de Kerogan où Jean Legrand, dit Jean-Tout-Seul, vieux pêcheur de l'estuaire et vieux garçon, d'où son surnom, lui avait affirmé qu'il y avait des crevettes en abondance.

En remontant l'anse de Toulven, il buta sur des bancs de sable sans voir grand-chose. Il mit alors son haveneau à l'eau dans le fil du courant et ce fut une pêche miraculeuse. Le filet se remplit de crevettes qui descendaient avec le courant.

Seulement, ce n'étaient pas des crevettes roses comme celles que l'on pêche en mer, mais des crevettes grises de l'espèce que capturent les pêcheurs à pied sur les plages du nord.

L'espèce n'était guère connue dans le Finistère et peu estimée des Quimpérois.

Qu'importe, il rapporta fièrement son butin au magasin, les fit cuire dans l'arrière-boutique et comme à cette une période on ne se payait pas le luxe d'être difficile, vendit rapidement sa pêche.

Il retourna donc régulièrement s'approvisionner à Toulven et il m'emmenait avec lui. Je devais avoir deux ans, il me calait dans un siège à l'avant de la périssoire où j'étais prié de ne pas bouger. Je n'ai conservé que de vagues souvenirs de cette époque où la pêche à la crevette avait permis à mes parents de surmonter un peu les privations.

Plus tard, il préféra aller chercher ses crevettes (des roses, des vraies !) à Mousterlin où il s'était fait un copain, Louis Merrien, pêcheur et paysan qui le fournissait d'autant que son vélo voulait bien porter.

La rivière avait toujours attiré mon père. Mais les moyens de transport étaient rares et il ne pouvait pas emmener toute la famille – mon frère Gildas était né – sur son vélo.

Le moyen le plus simple et le plus économique était de descendre la rivière avec le courant. Pour cela encore fallait-il avoir un bateau.

Les plus favorisés possédaient une plate, canot de rivière sans quille, que l'on mouillait à la cale du Cap Horn, en évitant bien évidemment de se poser sur le trajet de Théodore le passeur ou sur le petit platin d'échouage qui faisait face aux chantiers du constructeur de bateaux Craff.

D'origine campagnarde, mon père ne possédait pas de bateau, ni les moyens d'en avoir un, mais une formidable envie d'aller sur l'eau. Qu'à cela ne tienne, il allait en construire un. Il prit quelques repères sur les modèles existants de plates. Les formes rudimentaires de ces esquifs ne posaient aucun problème au menuisier Failler, bien qu'il ne fût pas charpentier de marine.

Donc l'affaire fut bouclée en peu de temps sur la cale Saint-Jean, qui se trouve face au palais de Justice, et, les dimanches de printemps, quand le coefficient de marée était favorable, nous faisions désormais partie de la petite armada qui se lançait dans le courant descendant à force de rames. Mon père, au banc de nage, tirait sur le bois mort[86] tandis que ma mère, à l'arrière, veillait à ce que mon frère et moi ne nous chamaillions pas trop.

---

86. Expression de marine signifiant ramer, le bois mort désignant les rames.

On gagnait ainsi Le Letty, une lagune de sable fin à la sortie de Bénodet, où on pêchait les lançons, ces étranges poissonnets qui évoluent en bancs et qui ont la curieuse habitude de s'enfouir dans le sable à marée descendante et d'y demeurer jusqu'à ce que le flot remonte. Extraits de leur gangue protectrice par nos doigts agiles, ils frétillaient comme des lames d'argent sur le sable d'or. On cueillait aussi des coques, petits coquillages vivant à fleur de sable, que l'on cuisait sur un feu de bois. Enfin, on se baignait dans une eau tiède quand la mer remontait.

À seize heures, branle-bas ! Il ne fallait pas manquer la marée. Le courant remportait les plates vers le cœur de la ville en passant devant le quartier de pêcheurs de Locmaria.

La traversée de la baie de Kerogan nous paraissait interminable. Le courant ne se faisait plus sentir de la même manière que dans les Vire-Court et les hommes devaient s'employer sur les avirons. À l'entrée du chemin de halage, certains débarquaient femme et enfants qui ensuite tiraient le bateau, permettant au rameur de récupérer de ses efforts.

Notre bateau était amarré, avec quelques autres, à un anneau de la cale Saint-Jean, mais la plupart des canotiers habitaient la caserne Emeriau, derrière l'église de Locmaria et débarquaient donc avant nous.

Certains s'en allaient jusqu'à la cale Alavoine – aujourd'hui disparue – où, autrefois, les lougres débarquaient le vin. Les négociants, dont monsieur Alavoine qui avait donné son nom à la cale, avaient leurs chais au bord de la rivière, juste avant le confluent du Steir et de l'Odet.

Bien avant que ce fût à la mode à Paris, Quimper-plage existait devant le palais de justice, de la cale Saint-Jean à celle du Cap Horn. Sur les quais de l'Odet, des bateaux sabliers, le *Camille*, le *Roger*, et quelques autres (j'en ai déjà parlé au début de ce récit) déchargeaient quotidiennement des montagnes de maërl ou de sable fin que les paysans en quête d'amendements emportaient sur leurs charrettes.

Le temps des *bag mao*[87], ces chaloupes sardinières déclassées achetées à bas prix à Concarneau et que l'on chargeait et déchargeait à la pelle, était passé. Le dernier survivant de cette race héroïque était Pas-de-Chance, un gaillard un peu simplet à qui des compagnons de beuverie, alors qu'il faisait son service militaire à Brest, avaient fait la mauvaise blague de lui tatouer le front de ces trois mots : *Pas de Chance,* ce qui lui valut d'être couché sur la peau de bouc[88] par un bidel sourcilleux au motif de « *sait écrire des insanités sur le front pour fer le malin* ». Le pauvre Pas-de-Chance qui ne savait ni lire ni écrire aurait été bien en peine de s'écrire lui-même sur le front, même s'il n'avait pas été totalement illettré. Il écopa néanmoins de huit jours de mitard, au pain sec et à l'eau.

Mais ces trois mots lui servaient désormais de carte de visite.

Il s'était mis en ménage avec une Bigoudène squelettique aussi misérable que lui et ce singulier équipage exploitait un bateau, ou plutôt une épave de bateau, qui flottait encore par la vertu du Saint-Esprit. Pas-de-Chance et sa moitié avaient élu domicile sur la berge de la rivière, un peu en amont de Sainte-Marine, dans un abri plus que précaire, là où un méchant coup de vent avait couché un sapin géant, laissant à sa base un grand trou vaguement protégé par les racines du géant.

---

87. Bateau ivre.

88. Dans la Marine nationale, registre des punis.

Comme des animaux, ils dormaient là sur de la paille et vivaient au rythme des marées, embarquant avec le courant pour aller s'échouer sur la grève du Letty et charger leur bateau de sable. Puis ils profitaient du flot pour remonter jusqu'à Quimper.

À la sortie du Ledannou – la baie de Kerogan –, la Bigoudène mettait pied à terre et enfilait le harnais de la cordelle pour haler le bateau jusqu'au quai de déchargement.

Ensuite, avec Pas-de-Chance, ils vidaient à la pelle la cargaison du bateau et touchaient quelques sous de Petit-Caillou, le préposé à la gestion du sable.

Avec ça, ils se payaient un pain et un morceau de lard et, lançant leur bateau dans le courant descendant, ils regagnaient leur « domicile ».

Après la guerre, les sabliers à moteur équipés de bennes métalliques avaient pris la place des dizaines de *bag mao* qui approvisionnaient Quimper en sable, tuant définitivement ce petit métier.

À ma connaissance, Pas-de-Chance et sa Bigoudène, qui se faisait la coquetterie de porter toujours sa coiffe sur ses haillons de misère et qui, comme son homme, marchait toujours pieds nus, furent les derniers représentants de ces pêcheurs de sable. Ils disparurent aussi discrètement qu'ils avaient vécu et je n'en connais pas plus long sur cette histoire.

À présent, les bennes crapaud grinçaient au bout de leurs chaînes, les moteurs ahanaient en extrayant un demi-mètre cube de sable encore tout dégoulinant d'eau du fond de la cale et larguaient leur cargaison sur le haut du tas qui grossissait sur le quai.

Je vous l'ai déjà raconté dans les premières pages de ce récit, il y avait toujours, lors de ces déchargements, deux douzaines de badauds qui, profitant de l'aubaine, montaient à l'assaut de la montagne de sable pour la fouiller à pleines mains, ramenant qui un *couilloù kwezig*[89] qui une poignée de coques, parfois de praires ou de ces longs *stolens* que nous appelions « pieds de couteaux ».

Il fallait faire vite car, toute dégoulinante d'eau, la benne remontait avec une nouvelle cargaison et le préposé à la manœuvre se préoccupait bien peu des imprudents retardataires qui, parfois, prenaient le chargement sur le dos.

Dans notre imaginaire de gamins, le Cap Horn était la porte ouverte sur l'aventure. Un galopin de Quimper nommé René Madec n'avait-il pas fait fortune en s'embarquant de ce même quai à onze ans pour en revenir trois décennies plus tard dans la peau d'un richissime grand nabab des Indes, anobli par le roi Louis XV ?

Nos ambitions étaient plus modestes : on pouvait parfois se payer une petite croisière sur le canot de Théodore, le passeur qui, avant qu'on eût construit une passerelle entre Locmaria et le Cap Horn, épargnait, contre une petite pièce, le détour par le pont Pissette pour traverser la rivière. Théodore était bon bougre et il embarquait volontiers un petit passager clandestin quand l'affluence n'était pas trop grande. En fait d'affluence, elle se produisait surtout aux heures d'embauche dans les faïenceries. Nombre de « peinteuses » d'origine bigoudène habitaient Penhars et utilisaient le canot de Théodore quatre fois par jour.

89. *Gros coquillage bivalve plutôt coriace, apprécié des pêcheurs car il « tient » à l'hameçon et, dans un autre registre, des amateurs de Scrabble sous son nom scientifique de « mye ».*

Quand il fallait faire deux tours, c'était tout un drame. Même si le canot, chargé à ras bord, menaçait de couler, des impatientes voulaient embarquer au grand dam du nautonier qui protestait : « Soyez raisonnables, mes enfants, je ne peux pas embarquer tout le monde ! Je vais faire un autre tour ». Ces dames, qui n'avaient pas la langue dans la poche, se prenaient de bec : « Le contrecoup va encore me foutre un quart d'heure en bas ! » « Il faut que j'aille faire mon manger, tout de même ! »

Impavide, Théodore godillait majestueusement d'un bord à l'autre. Lors des crues, quand le courant était trop fort, il tendait un câble entre les deux rives et se déhalait sans jamais céder à l'énervement. Et pourtant, parfois, il aurait pu, il aurait dû !

Quelques autres pittoresques personnages régnaient sur ce qui était presque un port de mer.

Le vieux Georges Le Naour, tailleur de pierres, dont le père avait fait son apprentissage en élevant les flèches de la cathédrale et, par la suite, érigé plus de cinquante clochers dans les églises bretonnes, était de ceux-là. Georges, le fils, avait réalisé les sculptures architecturales que l'on peut encore admirer aux écuries du château de Trévarez. Le temps des bâtisseurs de cathédrales étant définitivement révolu, l'atelier de Pa' Geo, comme on l'appelait, n'occupait plus qu'une demi-douzaine de compagnons bien vieux déjà, qui s'étaient reconvertis dans le monument funéraire où, disait-il plaisamment, il n'y a pas de temps mort. Au temps de Naour l'ancien, c'était une soixantaine de « picoteux d'pierre » qui œuvraient de la massette et du burin, sous un abri précaire de tôles ondulées. Les clochers ainsi taillés au Cap Horn et dont les pierres, soigneusement numérotées, étaient embarquées sur des chasse-marée ou des caboteurs, partaient par voie de mer, jusqu'au port le plus proche de leur destination.

Pa' Geo était un petit homme pétillant et original. Sculpteur de talent, mais aussi insouciant qu'un poète, il avait, au fil du temps, et au grand dam de sa femme, l'austère tante Jeanne, délaissé l'atelier et les pierres tombales pour courir la rivière. Il possédait un petit misainier qui était ancré juste devant son chantier et avec lequel il aimait, sous le prétexte d'aller à la pêche, flâner sur la rivière. Le canot était pourvu d'un moteur fixe qui renâclait toujours à démarrer, et sur lequel Pa' Geo s'échinait à la manivelle. Pour cette raison, il appelait cette machine récalcitrante, qui faisait verrue sous son coffre de bois, « la boîte à chagrin ». Il aimait aussi aller sonner du cor de chasse sur le mont Frugy et, inévitablement, une autre trompe faisait écho à sa sonnerie. Nous écoutions cela subjugués, imaginant le son des cuivres résonnant de château en château tout au long de la rivière. Cela avait un parfum de chevalerie, de cavalcades épiques, de charges héroïques.

Pour ceux qui n'avaient pas la chance d'avoir un père rameur et pourvu d'un canot, il y avait le père Kervahut. Petit Quimpérois de l'après-guerre, je ne peux penser à l'Odet sans voir se profiler en filigrane dans l'album de mes souvenirs, la silhouette mince et un peu voûtée de ce Saint laïc.

Il n'était pas excessif de sanctifier ainsi ce vieil instituteur, Résistant de la première heure dans le réseau Cahors-Asturies, qui portait la cape courte et la casquette plate des commandants Cap-Horniers de la marine à voile avec une moustache blanche et une barbiche taillée en pointe.

Monsieur Nicolas Kervahut, le père Kervahut comme nous l'appelions familièrement, possédait un petit cotre dans lequel aux vacances et aux jeudis de beau temps, il embarquait volontiers les garnements qui traînaient leur désœuvrement sur le quai et emmenait son jeune équipage – de huit à douze ans – sur la rivière. C'était une époque où on ne connaissait évidemment ni les brassières de sauvetage ni les règlements de sécurité. Pour ceux qui ne savaient pas nager, le cotre disposait de deux ceintures faites de carrés de liège prélevés sur de vieux filets et enfilés sur un bout de corde. Balancés à l'eau dans cet appareil, ils ne tardaient pas à se comporter en vrais « chiens de mer », comme disait notre mentor en riant dans sa barbe car, avant de savoir la brasse, on pratiquait la nage « petit chien » qui, à défaut d'être académique, permettait tout de même de flotter.

Avec une patience inusable, le père Kervahut nous enseignait l'art de la navigation sur la rivière, en utilisant judicieusement les courants et les contre-courants, et la manœuvre sur un voilier – le cotre étant dépourvu de moteur – depuis l'usage de la godille jusqu'à celle du bordage du foc à contre pour aider au virement de bord, ainsi que mille autres subtilités qu'aujourd'hui j'accomplis tout naturellement parce qu'il me les a enseignées en ma prime jeunesse.

La traversée du Lédanou – l'endroit large, comme on appelait alors la baie de Kerogan – se faisait paisiblement et nous essayions vainement de faire voler les centaines de hérons gris qui prenaient le soleil sur les bancs de vase et qui regardaient passer notre nef avec une indifférence vaguement méprisante.

Les châteaux défilaient : Poulguinan, Lanniron, Keraval, Kerdour, Lanroz qui fut, dit-on, à Madame de Sévigné. On ne connaissait pas Madame de Sévigné, mais le père Kervahut parlait de ses lettres avec une dévotion qui forçait le respect et du mauvais sort qu'avaient subi les Bonnets Rouges pendant la révolte dite « du papier timbré » et qu'elle avait fâcheusement approuvée. Il nous montrait les Trois Tourtes, où périrent les passagers d'une barque se rendant en pélerinage à Saint-Cadou, Kerambleiz, le château du loup qui nous toisait de tout son haut. Déjà les rives se resserraient, le courant se précipitait entre des berges abruptes couvertes de chênes et de châtaigniers. Le bateau et son équipage, rendu muet par la majesté du site, naviguaient sur une eau soudain devenue verte par on ne sait quel maléfice.

La voix du père Kervahut troublait le silence et nous revenait en écho. Il nous montrait le Saut de la Pucelle où une jeune bergère, poursuivie par les assiduités d'un moine libidineux, avait sauté la rivière d'un seul pas tandis que son odieux poursuivant s'écrasait piteusement au milieu des flots.

Bien que nous ignorions alors ce qu'était un moine libidineux – tout autant qu'une pucelle d'ailleurs, monsieur Kervahut se garda bien de nous l'expliquer –, nous admirions fort le saut de cette jouvencelle, une bonne cinquantaine de mètres tout de même, en pensant que les bergères d'alors étaient nettement plus dégourdies que les filles de notre connaissance.

Puis c'était la Chaise de l'Évêque, un bloc de rocher surplombant abruptement le courant, ainsi nommée parce qu'un évêque de Quimper, impressionné par cette cathédrale de verdure, y venait le dimanche pour méditer.

Les mauvaises langues disaient qu'il se faisait accompagner de ses plus délurés vicaires, portant des paniers dans lesquels se dissimulaient quelques bonnes bouteilles et de succulents pâtés. Ils festoyaient alors, confortablement installés dans l'herbe tendre, et contaient au prélat des histoires croustillantes, tout droit sorties du confessionnal.

Monsieur Kervahut, laïc dans l'âme, penchait volontiers pour cette version de l'histoire.

Au passage des célèbres Vire-Court, le flot se précipitait encore et se creusait de mystérieux tourbillons qui aspiraient implacablement les feuilles et les goémons séchés voguant au fil de l'eau. On se méfiait singulièrement de ces maelström et on se rentrait dans le bateau pour ne pas être happés par-dessus bord. C'est là que le père Kervahut prenait sa voix la plus caverneuse pour nous conter la légende de Yannick an Aod[90], le sinistre batelier de l'Odet qui faisait passer la rivière aux âmes des trépassés et qui n'hésitait pas à broyer les côtes des voyageurs attardés et à les noyer pour justifier sa fonction.

Heureusement qu'il n'agissait que les nuits de grand vent!

Le capitaine finissait par mettre bout à terre à Porz Gwin, ce petit havre où les navires qui ramenaient du vin de Bordeaux accostaient, le temps d'emprunter au ruisselet qui gazouillait sous les frondaisons assez d'eau claire pour remettre à niveau les barriques dans lesquelles ils avaient puisé, sans trop de modération. Le canot bien calé sur ses béquilles, on patouillait alors allègrement dans le sable vasard jusqu'au moment du flot qui donnait le signal du départ.

Je n'aime guère naviguer au large. Mon élément c'est la rivière, l'estuaire, les recoins secrets et les courants sournois que le père Kervahut m'a appris à apprivoiser.

---

90. Petit Jean de la Grève.

Belle en toute saison, ma rivière est une charmeuse aux multiples visages : magnifique au printemps sous le rose mauve des cascades de rhododendrons, majestueusement paisible en été, somptueuse quand l'automne teinte ses bois de roux et d'or, mystérieuse sous les brumes de l'hiver, elle coule, impassible… Elle est pour moi symbole d'éternité.

L'Odet, ma rivière…

*

La caravane.

Voyant que l'horizon des vacances était bouché du côté de la maison de Douarnenez, mon père, qui n'était jamais pris au dépourvu, eut une autre idée : il allait faire une roulotte. À l'époque, on ne parlait pas encore de caravane, ce mode d'habitation était réservé aux romanichels. On ne disait pas non plus des manouches et encore moins « les gens du voyage » mais plutôt, à la mode bretonne, des *termagi*[91], population tenue en une suspicion méprisante.

Avec les congés payés, le camping était devenu populaire. À la belle saison, les « cong'pay » débarquaient souvent en tandem, monsieur devant, madame derrière, tirant la petite remorque qui contenait leur matériel. On pouvait alors planter sa tente n'importe où. Le plus souvent, il s'agissait de quatre bâtons tenus par des ficelles et recouverts tant bien que mal (et plus tôt mal que bien) d'une toile supposée étanche. Je dis supposée car,

91. Abréviation de « lanterne magique », attraction fort prisée avant l'avènement du cinéma.

par temps de pluie, dès qu'on la touchait, il s'y produisait un point d'eau qui vous gouttait dessus toute la nuit.

Il y avait, derrière la blanchisserie de grand-mère, une vaste cour dans laquelle s'était installé un mécanicien, Jean Belléguic. Mon père, pour sa part, y avait loué, en vue d'y garer sa voiture, un hangar qui prenait l'eau par toutes ses tôles rouillées. Bien évidemment, il s'empressa de refaire le toit qui fut étanchéifié avec de la toile goudronnée. À défaut d'être d'une grande élégance, on y était au sec et mon père put y installer son atelier. La caravane fut donc construite dans cette cour, sur l'essieu d'une guimbarde à bout de souffle et totalement irréparable, même pour Jean Belléguic qui était pourtant un très habile mécanicien.

En la circonstance, j'étais promu arpète, chargé de passer les outils et, accessoirement de veiller à ce que mon petit frère Gildas, qui avait une propension certaine aux acrobaties, n'aille pas faire le zouave en ces endroits improbables qu'il avait le chic pour dénicher. Ma surveillance ne fut pas assez vigilante pour l'empêcher de grimper sur le toit de la caravane d'où il tomba en s'abîmant le bras. Illico, mon père le prit par la peau du cou et le mena chez le meunier de Pont-Quéau, un praticien fort réputé pour ce genre de contusion, qui remit le membre foulé en place. Gildas revint triomphalement le bras en écharpe à la maison, au grand effroi de ma mère.

Je connaissais donc le bouvet, le riflard et le guillaume que je me gardais bien de confondre avec la varlope ; le bédane comme la scie à guichet, à ne pas mélanger avec l'égoïne, n'avaient plus de secret pour moi et je savais qu'il fallait toujours présenter les outils, et en particulier les ciseaux à bois, par le manche quand mon père me les réclamait.

Quand le gros œuvre fut terminé, l'oncle Eugène, un frère de mon père, qui était couvreur, vint poser la toiture de zinc et on put passer aux finitions. Elle fut peinte en jaune, avec un soubassement vert du plus bel effet. Mon père avait bien des qualités, mais celle d'harmoniser les couleurs laissait un peu à désirer.

La caravane comportait un petit coin cuisine avec réchaud à gaz, une table qui se rabattait, deux couchettes superposées, une pour mes parents en bas l'autre pour mon frère et moi. Sous le lit inférieur, il y avait de profonds tiroirs dont l'un était réservé à ma petite sœur qui y dormait confortablement.

Et la caravane fut remorquée par l'increvable C4 Citroën jusqu'à Beg-Meil où mon père l'installa sur la dune, au milieu de pins, face à la mer. Le trajet fut évidemment infiniment plus court que l'exode qui nous avait conduits quelques années plus tôt à nous réfugier à Beg-Meil à pied.

La vaillante C4 avait avalé la redoutable côte de Moulin du Pont presque au pas car la pente était rude, la chaussée mauvaise et la caravane fort lourde.

Au sommet de la côte, elle avait repris une bonne vitesse de croisière qui, par moments, devait bien frôler les cinquante kilomètres heure.

En arrivant à Pleuven, le chemin était bordé de haies de troènes en fleurs qui embaumaient. Nous respirions, par les vitres baissées, ces effluves avec bonheur et, bien des années plus tard, ce parfum de troènes en fleur resterait à jamais pour moi un synonyme de temps heureux.

La dune était vide, nous avions donc toute latitude pour installer la caravane où bon nous semblerait.

Mon père choisit un point élevé, sous les pins, entre Kermyl, la plage « chic », et l'immense grève qui allait rejoindre le petit port de Mousterlin une bonne lieue plus loin.

Cette magnifique étendue de sable fin était déprisée par les occupants des belles villas de vacances qui préféraient les criques de la Roche Percée ou des Oiseaux pour tremper leurs pieds aristocratiques dans l'océan. Cette plage infinie devint donc tout naturellement notre terrain de jeu. Nous allions passer là d'inoubliables vacances de Robinsons. Mon père avait fabriqué une petite prame qui se manœuvrait à la pagaie, avec laquelle nous allions pêcher le long du rivage.

Pour ce faire, il avait fabriqué – toujours le système D ! – un caisson à fond de verre par lequel on voyait les fonds marins qui, à cette époque, abritaient de nombreux poissons plats.

Munis d'un trident fiché sur un long bambou, nous harponnions des soles, des carrelets et parfois même un turbot.

Les carrelets étaient les plus faciles à voir, mais aussi plus prestes à fuir notre trident que les soles qui s'ensablaient et qu'on ne repérait que grâce aux deux points noirs de leurs yeux dépassant du sable. Par ailleurs, comme elles s'avançaient par petits bonds, on pouvait les suivre à la trace.

Penché sur son caisson, mon père me guidait de la main. À droite… À gauche… Stop !

Quand il levait la main, il fallait immobiliser le canot. Alors il plongeait sa foëne dans l'eau et estoquait sa malheureuse victime. Il ne piquait que des pièces de belle taille. Certaines soles, énormes, dépassaient les trois livres. Je les regardais sans pitié se tordre dans les affres de l'agonie, percées des trois points rouges de la foëne.

À la marée basse, nous pêchions aussi des quantités de belles crevettes et des étrilles, voire des araignées, sous les goémons dans les anfractuosités des rochers.

C'était là la base de notre alimentation avec les œufs que nous vendait la mère Morel, gardienne du sémaphore, et les légumes de monsieur Poupon, le jardinier de Kerangrimen.

La ferme de madame Le Lay était la plus proche ou la moins éloignée de notre caravane. La bienveillante fermière nous fournissait du lait, du beurre et des œufs. Elle permettait même que l'on prenne de l'eau à son puits, denrée rare quand la sécheresse sévissait, et Dieu sait si elle avait sévi en 1947 !

Je n'allais pas tarder à devenir un spécialiste dans le transport de l'eau car, cette fois encore, j'étais chargé de l'approvisionnement. Mon père, pour me taquiner, m'appelait « Gunga Din », ce qui m'agaçait car j'ignorais à quoi je devais ce surnom bizarre. Il me fallut tomber fortuitement sur une vieille affiche de cinéma pour apprendre que ce Gunga Din était le porteur d'eau de soldats de l'armée anglaise des Indes dans un poème épique de Rudyard Kipling. Sur cette lancée, je découvris *Le livre de la jungle* à « ma » bibliothèque et, suite à sa lecture, je fus convaincu que Kipling, pour un Anglais, était un gentleman fort fréquentable.

Cependant, à la ferme de la mère Le Lay, il ne suffisait pas de tourner un robinet comme à Douarnenez pour voir jaillir l'eau. Il fallait remonter l'eau du puits avec la manivelle d'un treuil enroulant une chaîne rouillée qui grinçait abominablement.

La ferme était tout de même à un bon kilomètre de notre campement, je trimballais mes deux brocs de zinc en faisant de nombreuses haltes car ils étaient bien lourds.

Dès que nous arrivions à Beg-Meil, notre vêture était fort succincte : un maillot de bain en laine tricoté par ma mère et une chemisette. Tout l'été, nous allions nu pied ce qui, au début, était fort inconfortable car la dune était constellée de chardons bleus magnifiques mais forts piquants. D'autant plus que les Allemands y avaient établi des blockhaus protégés par des barbelés. Les blockhaus étaient restés, indestructibles masses de béton, mais les barbelés avaient rouillé sous le sable de mer et il ne faisait pas bon y poser les orteils. Cependant, en peu de temps, notre plante des pieds s'endurcissait si bien qu'en septembre, à la rentrée, nous éprouvions des difficultés à remettre des chaussures.

Le matin, j'allais avec ma mère jusqu'au potager de Kerangrimen, à l'entrée du bourg, chercher des légumes. Ma mère avait une bécane de récupération, toujours bricolée par mon père selon les règles du sacro-saint système D qui prévalait alors, munie d'un panier fixé sur le porte-bagages pour ramener sa moisson de légumes. Moi, je la suivais fièrement sur mon petit vélo rouge.

Le jardinier de ce domaine enchanté s'appelait Louis Poupon et il bégayait et louchait d'une façon effrayante. Mais c'était un brave homme toujours rigolard, toujours de belle humeur, et nous ramenions de son domaine des pommes de terre bien sûr, mais aussi des tomates, des melons, des haricots verts, des salades… Au retour, nous passions par chez monsieur Baccon, au Minet… Roger Baccon cuisait les meilleurs pains du monde.

À propos de monsieur Poupon, il me revient l'anecdote que voici.

Le dimanche, il n'était pas rare que la famille vînt nous visiter sur la dune. C'était l'occasion d'un pique-nique sur les aiguilles de pin. Mon père allait pêcher un plein panier de crevettes et je me chargeais des crabes et des étrilles qui abondaient sous les pierres plates des enrochements à marée basse.

Vint à passer notre jardinier, Louis Poupon, qui avait, le temps d'une promenade, abandonné ses cultures maraîchères. Tout naturellement, il nous salua et, tout aussi naturellement, mon père lui offrit un verre :

— *Ur bannig gwin gwen a vo, paotr Loeïz ?*

Le paotr Loëiz n'était pas homme à refuser un petit verre de vin blanc. Mon père lui versa donc une rasade dans un verre Pyrex alors en usage.

Paotr Loëiz leva son verre et porta le toast habituel :

— *Yec'hed mat*[92] !

Il but une lampée, claqua de la langue et regarda son verre avec surprise et satisfaction.

— *Gast, mad eo*[93], fit-il admiratif.

Puis il torcha le reste et en contempla le fond comme s'il déplorait qu'il fût déjà vide. Ce que voyant, mon père lui octroya généreusement une seconde rasade qu'il descendit comme la première.

Puis, légèrement vacillant, le jardinier rendit le verre et prit congé avec une célérité qui ne lui était pas coutumière. D'ordinaire, il tenait des discours bien plus longs parce que d'une part, il était ravi d'avoir un auditoire, d'autre part, comme je l'ai dit plus haut, il était affreusement bègue.

92. *Bonne santé.*

93. *Putain, c'est du bon.*

Cette fois, il dit d'un trait, sans trébucher le moindrement sur les mots :

— *Mersi braz, kenavo !* [94]

Nous le vîmes s'éloigner d'une démarche incertaine qui surprit mon père :

— Ben, dites donc, il ne tient plus la toile, le père Louis ! Deux verres de muscadet et le voilà qui tire des bords !

En effet, la silhouette qui s'éloignait en titubant sur la pinède semblait avoir quelque peine à garder un cap.

Dans un coin, l'oncle Edmond, qui avait l'esprit facétieux, rigolait en silence. Mon père regarda alors plus attentivement la bouteille qu'il avait en main et vérifia qu'elle contenait bien du muscadet. L'étiquette, en tout cas, le certifiait. Puis, pris de soupçons devant l'hilarité de son beau-frère, il renifla le flacon et perçut immédiatement la supercherie. L'oncle Edmon, qui avait l'âme braconnière, distillait clandestinement une surabondante récolte de prunes pour en tirer un alcool blanc qui titrait bien ses cinquante degrés et, pour ne pas tomber sous le coup de la loi punissant les bouilleurs de cru, il embouteillait sa potion dans d'innocentes bouteilles de Sèvre-et-Maine.

Le père Poupon avait dû se dire que le muscadet avait un drôle de goût cette année-là.

En somme, pendant deux mois, nous menions une véritable vie de sauvageons, aussi heureux que deux garnements puissent l'être. Mon père me disait souvent que nous ne connaissions pas notre bonheur lorsque mon frère et moi nous chamaillions, ce qui était fréquent. Je dois avouer que j'étais de complexion taquine à un âge où on ne distingue pas la lisière qui sépare la

94. Merci beaucoup, au revoir.

taquinerie de la cruauté, je m'amusais souvent à pousser Gildas à bout. Alors, ou il allait geindre dans les jambes de ma mère ou, quand elle n'était pas là, il s'emportait et « pétait les plombs », comme disent les jeunes de nos jours.

Une certaine fois où j'avais dû pousser le bouchon un peu trop loin, il s'empara de la hachette qui servait à fendre le bois de feu et me poursuivit avec l'intention évidente de me la planter dans le crâne. Cette fois, mon père se fâcha tout rouge et décida : « Ça suffit ! Vous devenez vraiment insupportables. Puisque c'est comme ça, cet été, vous irez en colonie de vacances ! »

Et voilà comment du paradis, nous passâmes au goulag ! Le « goulag » c'était la colonie de vacances laïque de Lanveur, sise entre Fouesnant et Beg-Meil. Les geôliers n'étaient autres que ceux que nous subissions toute l'année à l'école. Finies les parties de pêche dans notre canot, finis les platées de crevettes, les filets de sole, les excellents melons de monsieur Poupon. Il fallait se lever à l'heure au sifflet, se coucher à l'heure à l'extinction des feux et, entre-temps, participer aux activités soit de modelage quand il pleuvait soit de jeux de piste quand il faisait beau. Même pas le temps de bouquiner. D'ailleurs, les ouvrages que contenait la bibliothèque, bien qu'ils fussent « recommandés par l'académie », me tombaient des yeux.

Que ce mois de juillet me parut long !

Le directeur, monsieur Manchec, avait été maire de Penhars après la guerre, fonction qu'il avait cumulée avec celle de directeur de l'école publique, toujours de Penhars.

La bonne volonté ne lui faisait pas défaut... Il ne faut pas oublier qu'à cette époque, rares étaient les petits gars de l'école publique qui pouvaient aller à la mer. Pour eux, la « colo » était une aubaine, d'autant que monsieur Manchec prenait le plus grand soin de nous nourrir copieusement de fayots et de pommes de terre, alors que, chez eux, certains de mes petits camarades ne mangeaient pas toujours à leur faim. Ceci ne nous empêchait pas de chanter gaillardement ces refrains appris auprès des soldats du 118e, sur l'air que sonnait la trompette pour l'envoi des couleurs :

La France est notre mère,
C'est elle qui nous nourrit,
Avec ses pommes de terre
Et ses fayots pourris.

Rengaine qui avait le don d'irriter monsieur Manchec qui nous engueulait copieusement. Lorsqu'il avait tourné le dos, on enchaînait, toujours avec des refrains de caserne, et cette fois sur l'air de la sonnerie aux repas :

C'est pas de la soupe, c'est du rata,
C'est pas de la m... mais ça viendra !

Le pauvre homme soupirait, accablé devant ce manque de reconnaissance.

— Si c'est pas malheureux ! Si c'est pas malheureux ! Trop gâtés, ils sont trop gâtés, je vous dis !

Le jour de notre arrivée, nous passâmes sur la bascule sous l'œil de monsieur Manchec, et notre poids fut soigneusement consigné sur un cahier scolaire. On procédait à une autre pesée la veille de notre départ.

Le plus grand plaisir de monsieur Manchec était d'annoncer triomphalement aux parents venus récupérer leur progéniture à la descente du car qui ramenait les petits colons place de la Résistance : « Jean-Claude a pris deux kilos ! » C'était pour lui le signe incontestable que le séjour avait été bénéfique.

Bien que j'eusse, moi aussi, « profité » du régime de féculents à concurrence de deux kilos, je vouais une féroce rancune à mon frère qui, selon moi, nous avait fait perdre un mois à pratiquer de stupides jeux de pistes ou à nous baigner dans un carré de vingt mètres sur dix délimité par des bouées.

Autant dire qu'au sortir de ce séjour quasi-scolaire, mon animosité envers Gildas n'avait pas faibli. « C'est à cause de toi, petit con, qu'on nous a mis en colo ».

Ce n'était pas tout à fait vrai, comme je l'ai dit plus haut, nous en étions au moins aux torts partagés encore que, rétrospectivement, je reconnaisse en avoir bien mérité les trois quarts.

Mon père me regardait sévèrement : « Vous n'allez pas recommencer ! Et toi, tâche un peu d'être poli ! » Voyant la situation se tendre, ma tante Hélène proposa de me prendre pour le mois d'août à Douarnenez, invitation que je n'hésitai pas une seconde à accepter. Gildas resta donc au camping avec ma sœur et mes parents. Quant à moi, j'allais reprendre mes fonctions de petit mousse sur le canot du grand-père François.

*

Les langoustes du Douarneniste.

Nous sommes en 1947 à Douarnenez. Plus précisément, place du Sémaphore, dans la maison de grand-mère sous l'autorité débonnaire de notre tante Hélène, la plus jeune sœur de maman. Tante Hélène, qui chante admirablement, je l'ai déjà dit, et qui est également une championne de gymnastique qu'elle pratique à la « Quimpé », a depuis peu un phonographe à aiguille que l'on remonte avec une manivelle. On y dispose des disques de cire où sont enregistrées les dernières scies à la mode. Parmi celles-ci, *Douce France* de Charles Trénet passe et repasse. On ne s'en lasse pas. Comme l'appareil est posé sur le rebord de la fenêtre, à l'étage, tout le monde en profite.

Il fait très chaud en ce début de mois d'août et les fenêtres des maisons voisines sont grandes ouvertes. Comme tous les jours, à l'aube, je suis parti à la pêche avec mon grand-père François. Après le repas de midi, grand-père est allé faire sa sieste et les enfants ont été priés d'aller jouer dehors pour ne pas le réveiller.

Puis, avec mes cousines, j'ai retrouvé mes copains à la grève Pors Laouen, pour une séance de baignade qui a duré jusqu'à dix-huit heures.

Enfin, nous sommes revenus jouer dans le stock de caisses de monsieur Gourlaouen, l'usinier. Grand-père, lui, est descendu faire un tour au port après sa sieste. Nous savons qu'il y retrouve ses vieux copains, qu'ils s'assoient sur un banc face à la mer en évoquant leurs vertes années. Nous savons aussi qu'ils vont volontiers boire un petit coup chez « Marie sans Cœur » quand ils ont trois sous en poche. Marie a mérité son sobriquet car elle ne fait jamais crédit. Et les malheureux assoiffés qui insistent pour « une dernière petite goutte » sont priés de sortir sous la menace d'un « pare à virer » asséné par la virago à l'aide d'un lourd torchon de lin trempé dans l'eau, arme qui a refroidi bien des ardeurs.

Lorsque grand-père revient, nous rentrons à la maison car il est temps de passer à table.

Justement, je le vois déboucher de l'escalier qui mène au port. Son large béret est campé sur l'arrière de son crâne, signe indubitable qu'il a bu un petit coup. Il en profite quand grand-mère n'est pas là, sinon il aurait son *pegemen*[95].

Cette fois, il est porteur d'une nouvelle d'importance: Reunnig ar Ner est de retour! Ça méritait bien d'être arrosé, non? Reunnig ar Ner[96] est un des vieux copains de grand-père. Un fin marin qui n'a pas hésité, après la Grande Guerre, à faire construire un dundee à vivier pour aller traquer la langouste verte sur les côtes d'Afrique. Un rude gaillard, à en croire grand-père; dans la famille, c'est quasiment un homme de légende. Grand-père nous explique qu'il était parti pour une campagne de quatre mois, ce qui devait le faire rentrer début septembre, mais qu'il a dû « loger[97] » pour pouvoir rentrer si tôt.

En remontant le Golfe de Gascogne, le Douarneniste a croisé un aviso de la Marine nationale qui a répercuté l'information par radio à l'inscription maritime. Suivant les vents, il devrait être là dans trois ou quatre jours.

Voilà, désormais nous sommes tous à l'affût de l'arrivée en baie du 3149, c'est l'immatriculation du bateau, DZ 3149. Avec ses vingt-deux mètres de long et ses cent vingt tonneaux de jauge, le langoustier de René Le Ner est un des gros bateaux de l'armada douarneniste. Il est gréé en sloop à tape-cul et pourvu d'un moteur Benz de 70 CV.

---

95. *Il se ferait engueuler.*

96. *En français, petit René Le Ner.*

97. *Faire une bonne pêche.*

Tous ces détails, grand-père me les a tellement dits et redits que je n'en ai oublié aucun.

Pour autant, le train-train continue : lever à cinq heures du matin, en pêche à six heures, livraison du poisson avant midi à l'usine Béziers et, l'après-midi, baignade avec les garnements du quartier à la grève de Pors Laouen.

Enfin, le jour prévu, le Douarneniste vire le bout de la grande digue, noire de monde, sous les acclamations de la famille, et vient accoster près de la cale du canot de sauvetage.

Je m'imaginai qu'à peu de chose près, les Malouins devaient réserver un accueil aussi triomphal à Robert Surcouf lorsque le Renard accostait sous les remparts de la cité des corsaires les cales pleines de doublons, de ducats, de florins et de livres sterling héroïquement arrachés aux flottes ennemies à grands coups de canons, de sabre et de hache d'abordage.

Si je la connaissais, la vie de Robert Surcouf ! Grand-père me l'avait contée avec un luxe de détails qui ne figuraient même pas dans les bouquins qu'il m'a été donné de lire depuis au sujet du grand corsaire.

Le trésor que tonton René ramenait des côtes d'Afrique rutilait moins que celui du Malouin, mais c'était quand même quelque chose !

Avec grand-père, nous sommes de la fête et grand-père est invité à monter à bord avec quelques autres vieux marins. La chose est d'importance : le vivier du Douarneniste est plein de langoustes vivantes et nous sommes dans un temps de mortes-eaux. Pour décharger sa pêche, il est impératif qu'il y ait un bon coefficient car le bateau doit être échoué afin que le vivier se vide entièrement de son eau. Il faudra donc attendre encore quelques jours, ce qui pose un nouveau problème. Pour une bonne oxygénation de l'eau, condition de la survie des langoustes, le bateau ne doit pas cesser de faire route car, ainsi, l'eau circule par les trous percés dans la coque. Le Douarneniste et sa précieuse cargaison sera obligé de faire des ronds dans la baie pendant quelques jours. Grand-père appelle ça « promener les langoustes ». Or, les marins qui ont été séparés de leurs familles pendant quatre mois aspirent forcément à prendre un bon repos dans leurs foyers. D'où l'intérêt d'avoir des marins aguerris, des hommes de confiance pour s'acquitter de cette tâche. Grand-père est de ceux-là.

Me voilà donc embauché comme mousse sur le grand langoustier que grand-père et ses copains vont mener de Douarnenez à Morgat et de Morgat à Douarnenez, sous voilure réduite car il n'est pas nécessaire de faire de la vitesse, mais seulement de faire en sorte que le bateau se déplace.

Passer d'un canot de cinq mètres de long à un dundee de vingt-deux mètres quand on a sept ans, c'est une sacrée aventure ! D'abord, les mâts me semblent immenses, immense aussi la grand-voile pourtant arisée et, évidemment, le mouvement du bateau est beaucoup plus lent, beaucoup plus amplifié que sur le petit canot. La barre à roue est placée en avant du mât d'artimon, ce dernier protégeant ainsi le barreur des vagues scélérates qui, parfois, surgissent sournoisement par l'arrière.

Grand-père me raconte comment, lors d'une terrible tempête dans le Golfe de Gascogne, tonton René Le Ner s'est fait attacher solidement à ce mât par ses hommes et qu'il est resté ainsi ligoté pendant deux jours et deux nuits, tenant héroïquement le bateau à la cape en attendant l'embellie. Ses matelots, réfugiés dans le poste avant, ne pouvant se risquer sur le pont balayé par la mer, parvenaient cependant, au gré d'une accalmie, à lui passer un morceau de pain fixé au bout d'une perche.

J'écoutais, béat d'admiration, cette geste héroïque narrée avec passion et force mimiques et mouvements de bras par grand-père qui avait, pour mon plus grand plaisir, une propension admirable à transformer le plus banal des faits divers en épopée.

Nous avions pris le quart de nuit. Les hommes, par groupes de trois marins expérimentés, aidés par une poignée de jeunes costauds, se relaieraient toutes les deux heures. Sous un ciel constellé d'étoiles, le grand navire glissait silencieusement, laissant derrière lui un sillage de feu allumé par la vague d'étrave dans les bancs de plancton. Magique, c'était magique! Toujours bercé par les fabuleux contes de François Marot, je me prenais à naviguer sur le *Hollandais volant* de sinistre mémoire.

Cependant, mes yeux se fermaient et je descendis m'allonger dans la couchette cercueil au poste d'équipage. Je m'endormis, bercé par le frottement de la coque dans l'onde apaisée de la baie.

Ce fut un sommeil étrange, peuplé de bruits bizarres que je ne connaissais pas: grincements d'une chaîne dans son écubier, craquements mystérieux des bois de la coque, de la mâture lorsque le bateau arrivé à toucher Morgat virait de bord pour reprendre son chemin dans le sens inverse. Plus cent autres bruits dont, dans mon demi-sommeil, je n'arrivais pas à situer l'origine.

À l'aube, je me levai pour prendre le dernier quart avec grand-père. Au bout de la grande digue, un canot attendait, portant six autres volontaires. Grand-père mit le dundee en panne, bout au vent, tandis qu'on procédait au changement d'équipage.

Nous fîmes ainsi trois convoyages et, enfin, la marée fut déclarée propice au déchargement de la moisson et le grand bateau blanc vint s'amarrer au long du quai.

L'équipage, revenu pour cette manœuvre délicate, mit à poste les béquilles, solides pièces de chêne qui allaient maintenir l'équilibre du navire lorsqu'il serait au sec. Pour installer ces pièces de bois pesantes, à peine équarries et dans lesquelles on devinait encore la forme de l'arbre dans lequel elles avaient été taillées, il fallait six hommes. Trois – et pas des fainéants! pour les soulever en les hâlant sur une poulie frappée sur la bôme qui servait de mât de charge tandis que trois autres, en équilibre précaire sur des échafaudages suspendus, les positionnaient avant de les boulonner solidement à la coque.

Enfin, bien campé sur ses jambes de chêne, et sous l'effet du reflux, le bateau fut bientôt au sec. Une passerelle de bois le reliait au quai sur lequel régnait une grande effervescence. Les mareyeurs s'étaient installés avec leurs bascules et discutaient les prix avec tonton René Le Ner qui surveillait les pesées. Les panneaux de cale des viviers avaient été enlevés et, par le trou béant, on apercevait, en se penchant, un grouillement de langoustes qu'il allait falloir sortir de là. Cette tâche était réservée aux jeunes gens car c'était un boulot d'acrobate. Descendus par une échelle verticale, les mains protégées par d'épais gants de cuir, ils emplissaient en les prenant par les cornes, des panières d'osier de crustacés frétillants que deux costauds remontaient à la force des bras. Deux autres porteurs les déposaient ensuite sur le quai où ils passaient à la pesée.

J'étais trop petit pour pouvoir prétendre à aller, moi aussi, ramasser les langoustes dans la cale. D'ailleurs, je ne revendiquai rien. Ce trou noir ouvert sur les entrailles du bateau et plein de créatures mystérieuses m'inspirait une profonde méfiance. À midi, nous remontâmes, grand-père et moi, vers la maison, chacun triomphalement lesté d'une langouste qui n'avait pas supporté la traversée. Pour le mareyeur, elles n'étaient plus vendables, c'était un cadeau de tonton René Le Ner dont nous allions faire notre régal. Grand-père, toujours soucieux de valoriser les prises qu'il ramenait à la maison, prétendait qu'elles avaient encore un souffle de vie ; il ne disait d'ailleurs pas qu'elles étaient mortes, mais « extrémisées », comme ces mourants qui attendent le dernier viatique pour quitter cette terre.

La dernière bénédiction de ces malheureuses bêtes avait lieu dans l'eau bouillante du grand fait-tout de Mélanie et le soir, le roi n'étant pas notre cousin, nous fîmes une *korfède*[98] des langoustes de tonton René Le Ner.

*

Pour un garçon de Douarnenez, l'épreuve initiatique par excellence consistait à embarquer pour une campagne de pêche au thon. En général, on faisait ça après le Certificat d'études, c'est-à-dire quand on avait quatorze ans. Il fallait bien sûr être introduit auprès d'un patron par quelqu'un de confiance, aussi s'y prenait-on avec un an ou deux d'avance pour retenir sa place.

Grand-père étant une référence au port de Douarnenez, il n'aurait pas de peine à me trouver le patron idoine. Donc, il avait commencé à planter ses jalons en me faisant voir, au gré de nos balades sur le port, à ses connaissances qui étaient toujours en activité.

---

98. Ventrée.

Il me présenta un jour à un de ces patrons presque de sa génération qui pratiquait encore cette pêche saisonnière sur un de ces merveilleux bateaux à voiles que les peintres d'entre deux-guerres ont magnifié de leurs pinceaux.

Évidemment, la conversation eut lieu en cette parlure mi-française mi-bretonne agrémentée de tournures purement locales que l'on appelle le douarneniste. Je la rapporte ici *in extenso* :

— C'est à toi ce petit garçon, François ?

— Oui, c'est *ma mab bihan*, Fañch. Petit Jean que c'est.

— Ma… Yannick[99]. Tu es venu chez pépé en vacances, mignon ?

— Oui, dit grand-père fièrement. Çui-là c'est pas un *krennar*[100], il n'a pas froid aux yeux !

Il me regarda :

— Bientôt, tu pourras aller faire la campagne de thon avec tonton Fañch Teo !

Tonton Fañch me considéra avec une curiosité empreinte de suspicion et laissa tomber :

— *Mechanss* c'est pas un empêche !

L'empêche était un personnage redouté sur le port, le porte-poisse qui empêchait la réussite de toute entreprise et surtout, qui faisait fuir le poisson. Avoir une réputation d'empêche vous fermait toute forme d'embarquement.

Grand-père se récria :

— Un empêche, lui ? Tu le verrais diraster les chinchards sur le bout de la digue !

99. Petit Jean en Breton.

100. Quelqu'un qui tremble à tout propos.

Tonton Fañch tint à préciser, l'index en l'air pour donner du poids à son propos :

— Diraster les chinchards au bout de la digue et tirer les thons à bord, c'est pas la même chose !

Puis, pour atténuer la sévérité de ses propos, il posa sa grosse main sur mes cheveux :

— Bah, on verra ça dans deux ou trois ans, '*pas mab* ?

On ne vit rien du tout pour trois raisons dont une seule aurait suffi : la première est que ma mère s'opposa formellement à ce projet, la seconde est que Fañch Teo désarma son bateau, l'*Annie Teo,* car il cessa son activité de pêche, et la troisième, qui m'affecta le plus, fut le décès de mon grand-père.

Depuis sa pêche miraculeuse et la pneumonie qui s'ensuivit, il était de santé chancelante et il avait dû renoncer à passer l'été dans sa maison de Douarnenez.

Le canot s'en était allé finir ses jours au fond du Port Rhu où, à l'automne précédent, nous l'avions mené avec l'oncle Jean Heydon qui avait épousé ma tante Hélène.

Triste souvenir. Nous étions passés sous un pont de pierre pour accéder à l'anse de Pouldavid qui était alors le cimetière des bateaux. Cette anse a été comblée depuis et les carcasses des bateaux réformés dorment sous des immeubles HLM et un grand parking.

Quant à nous, nous avions repris nos habitudes sur la dune, près du sémaphore de Beg-Meil.

Si heureuses que fussent ces vacances insouciantes, je gardais au fond de moi-même la nostalgie des parties de pêche sur le canot de mon grand-père François et j'espérais secrètement que, dès qu'il serait guéri, nous reprendrions nos sorties en mer.

Las, grand-père était atteint d'un mal dont on ne se relève pas. Par une belle aurore du mois d'août, nous fûmes réveillés par des coups violents frappés contre la caravane.

Puis une voix annonça : « Renée, je suis venue vous dire que votre père est mort ».

Ce fut tout. La messagère, notre tante Germaine Guiffant, s'était éclipsée sa commission faite.

Ma mère écrasa quelques larmes. Ce n'était pas une surprise, elle savait grand-père condamné, ce n'était qu'une question de temps.

Nous revînmes à Quimper où François Marot le grand pêcheur reposait dans un lit tout blanc.

J'étais là avec mes cousines et nous dûmes embrasser le front de l'ancêtre pour le dernier adieu. Je me sentais terriblement mal. J'avais vécu tant de choses avec ce vieil homme, il m'avait tellement appris aussi que mon univers me semblait tout soudain dépeuplé.

Il y eut un office religieux à l'église Sainte-Hélène où il avait été baptisé, où il s'était marié, où ses enfants avaient fait leur communion et il fut enterré au cimetière de Ploaré, là où reposaient ses compagnons, du moins ceux qui étaient revenus de la guerre, et ses aïeux, pêcheurs comme lui, qui avaient échappé aux fureurs de l'océan. Les rescapés n'étaient plus que des noms dédorés sur les plaques de marbre verdi.

Voilà, la boucle était bouclée. Grand-mère, qui l'avait soigné avec affection et un dévouement de tous les instants, sanglotait ; ma mère, mes tantes, mes cousines sanglotaient aussi, et mon père et nos oncles faisaient grise mine.

Je devinais que je ne passerais plus mes vacances à Douarnenez.

D'ailleurs, privé de mon cher grand-père François, qu'y aurais-je fait ?

Enfin, sans ce soutien essentiel, il était vain pour un petit Quimpérois, fut-il pourvu de bonnes racines douarnenistes, d'espérer un embarquement pour une campagne de thon.

*

Le pardon de Sainte-Anne.

Il y avait comme ça des paliers à franchir pour entrer dans la vie d'homme. Outre la campagne de thon, un autre de ces paliers consistait à aller au pardon de Sainte-Anne-la-Palud. Un troisième était de participer à cette institution douarneniste qu'étaient les Gras, bacchanale échevelée et fort alcoolisée qui se poursuivait pendant toute la semaine précédant le Carême.

Comme ces festivités profanes avaient lieu en hiver, il n'était pas question d'y paraître, à mon grand regret car ceux qui y participaient « avaient du goût »[101].

Restait donc le pardon de Sainte-Anne qui se passait – et qui se passe toujours – au dernier dimanche d'août. Donc, à douze ans, sous le chaperonage de cousines un peu plus âgées et leur bande de copains, je quittai Douarnenez aux petites heures du jour par les Plomarc'h. Inutile de préciser que le roi n'était pas mon cousin ! Nous ne sommes chargés que du panier *manestrand* que nous portons à deux en nous relayant. Il contient le pique-nique que grand-mère nous a amoureusement préparé hier soir. Il y a des œufs durs, deux boîtes de sardines René

101. *Y trouvaient beaucoup de plaisir.*

Bézier, le gros pain rond, du *froumache œil*[102] et l'incontournable *kouign aman*[103] avec un gros morceau de far aux pruneaux *an teuzar*[104]. Il y a également les pommes *pass aoustik* réputée la meilleure pomme du monde par ma grand-mère Mélanie. Je n'ai jamais vu ailleurs qu'à Douarnenez ces pommes sang et or, en forme de coing, qu'on déguste à la fin du mois d'août, d'où leur nom, probablement. Il y a aussi deux bouteilles de piquette, boisson éminemment hygiénique et non alcoolisée, concoctée toujours par grand-mère, avec des *polosses*[105] et une grosse tablette de chocolat « à cuire » pour le quatre-heures. Et si on a toujours soif après avoir bu cette piquette, nous pourrons toujours remplir d'eau les bouteilles à la fontaine de Sainte-Anne.

Avec ça, on n'est pas près de tomber en digue-digue, n'est-ce pas ? Mais comme dit grand-mère qui affectionne les maximes et les proverbes, « un sac vide ne tient pas debout ». Ce à quoi Jos Pencalet, un grand divarché qui ne respecte rien, répond : « un homme plein non plus ». Après avoir escaladé le grand escalier et emprunté les ribin[106] des Plomarc'h, nous voici sur la grève du Ris. Notre bande, forte d'une douzaine de garçons et de filles, est rejointe par d'autres pèlerins venus de Ploaré, de Kerlaz et des fermes qui bordent la côte. Il y a des charrettes fraîchement rincées à grande eau et fleuries d'ajoncs, traînées par des *marc'h'labour* menés par des garçons de ferme. On y a disposé des chaises et les femmes s'y sont installées, vêtues de

---

102. Du pâté de foie.

103. Gâteau au beurre, spécialité de Douarnenez.

104. Si bon qu'il fond dans la bouche.

105. Prunelles sauvages.

106. Sentiers.

leurs plus belles toilettes et de leurs coiffes de cérémonie, avec plus de dignité que de confort, d'autant que le soleil de cette fin d'août tape dur sur les lourdes jupes et les corselets de velours noir. Les hommes, en grand arroi eux aussi, marchent auprès de l'attelage, prêts à épauler le cheval si jamais les roues cerclées de fer s'ensablent, et se relaient pour porter à bras les lourdes bannières. Comme le sable est ferme, tout se passe très bien.

La plage du Ris traversée, celle de Trezmalaouen apparaît, interminable, sous un ciel sans nuages. Sous ce soleil implacable, je ne suis pas le seul à lorgner vers la mer qui s'écrase sur le sable en longues vagues débonnaires. Comme il serait bon d'aller piquer une tête. Mais non, on va au pardon de Sainte-Anne, il faut être sérieux ! Ça n'arrive qu'une fois par an et se baigner, on peut le faire tous les jours.

L'armée des pèlerins s'est encore grossie. De toutes les sentes menant aux fermes, des familles de paysans se joignent au cortège, si bien que la plage est maintenant noire de monde. Vu du ciel, ça doit ressembler à une colonne de fourmis en marche. Mais une colonne qui chante son allégresse en breton. Tous les vieux cantiques de nos ancêtres y passent, mais celui qui revient le plus souvent est l'hymne à Sainte-Anne, patronne de la Bretagne. N'est-ce pas sa fête aujourd'hui ?

Intron Santez Anna,
Ni ho ped gant joa
Mirit tud an Arvor
War zouar ha war vor [107]

---

107. *Madame Sainte-Anne,*
Nous vous prions avec joie,
Protégez vos Bretons
Sur terre et sur mer.

La pointe rocheuse de Tréfeuntec se profile. Derrière, la « lieue de grève » nous apparaît et, au bout de cette fameuse lieue, la chapelle de Sainte-Anne.

Les porteurs de bannière, sous leurs beaux habits de fête en velours brodé, gagnent leur paradis. Voilà qu'un prêtre en étole a pris la direction de la chorale improvisée. Il lance d'une voix forte le cantique à Sainte-Anne que les pieuses femmes reprennent d'une voix aiguë.

Jos Pencalet, dont le père est communiste, rigole : « On dirait des mouettes qui ont vu un banc de sardines ! » Comme il l'a dit assez haut pour être entendu, trois douzaines de regards noirs fusillent le mécréant et le prêtre furieux lui jette : « Petit malotru ! »

Jos ne fait qu'en rire. D'ailleurs, il rit de tout et tout le temps, ce qui fait dire à nos mères d'un air pincé : « Ce n'est pas un garçon sérieux ! » Qu'importe, c'est lui que les filles préfèrent. Jos, c'est leur chouchou.

Arrivés à Sainte-Anne, bien sûr, la fête foraine l'emporte sur la cérémonie religieuse.

Prodigieux spectacle que celui de ces coiffes venues de tous les coins du département.

La dune semble parsemée d'une immensité de fleurs blanches cernant l'église, bien trop petite pour accueillir la foule des « pardonneurs ».

Monseigneur l'évêque, entouré de son état-major, apparaît en majesté au pied du calvaire, sa crosse à la main, la mître sur la tête, couvert de dorures et, solennel, il dispense sa bénédiction aux pèlerins qui la reçoivent un genou en terre dans un extrême recueillement.

Je viens de le dire, on est venu aussi pour la fête foraine et ses manèges, notamment le « casse-gueule » qui tourne vertigineusement avec des passagers cramponnés à de rustiques sièges de bois retenus par des chaînes. De jeunes Bigoudènes en coiffe se risquent sur ces inventions du diable, dévoilant leurs dessous, poussant des cris effarouchés et ravis sous les regards réprobateurs des paysannes bien-pensantes et bien moins délurées que ces filles du bout du monde.

Ma gue permetted! ronchonnent ces saintes femmes d'un air scandalisé. Non, ce n'était pas permis de voir de telles dévergondées au pardon de Sainte-Anne!

Comme au Moyen-Âge, les mendiants exhibent leurs misères pour apitoyer les pèlerins. Se trouvent là des marchands de médailles, d'images pieuses, des chanteurs de complaintes imprimées sur un mauvais papier qu'ils vendent quelques centimes. Et sous les tentes improvisées avec de vieilles bâches, on débite à volonté du cidre, du lard, du vin rouge, des crêpes...

Des hommes ivres titubent dans les allées, on en vient aux invectives, puis aux mains. Il y a des nez qui saignent, des yeux pochés, des plaies et des bosses. Certains, plus malades que saouls, vomissent dans les fossés puis s'effondrent dans leurs déjections et plongent dans un sommeil comateux.

Quelle belle fête! Que de bruits, que de « senteurs »!

Finalement, quand on n'a plus de sous pour aller sur les manèges, et qu'on est *bouare*[108] par ce tumulte, on finit par aller faire un *plonjadenn* dans les grandes *tarzoù* tièdes.

Enfin, il faut prendre le chemin du retour, toujours par la grève – car au dernier dimanche d'août, c'est la morte-eau, ce

108. *Abasourdis.*

qui fait que le sable n'est jamais entièrement recouvert pas le flot – et toujours en chantant.

Cependant, les cantiques ont fait place à des chansons plus profanes voire plus lestes. *Sur les bords de la Riviera*, le « tube » douarneniste, la chanson du Mardi-gras connait toujours le même succès. Et puis il y a *Riquita jolie fleur de Java*, *C'est nous les gars de la marine* et l'hymne douarneniste : *Oui c'est à Douarnenez, qu'on pêche la sardine…* entonné à pleine gorge.

Comme il est trop hasardeux de se risquer sur les sentiers des Plomarc'h la nuit, on emprunte la grande côte du Ris pour rejoindre le Rosmeur par Croas Talud, le quartier des riches, irrévérencieusement surnommé par les gars du port « la Terre Sainte » tant est grande la dévotion de ses habitants fortunés.

Évidemment, c'est le moment où Jos Pencalet entonne d'une voix forte *Le curé de Camaret* et *La digue du cul en revenant de Nantes…* Scandale ! Les volets claquent, des index vengeurs menacent : « Ça sera dit à votre mère ! »

Protégés par la nuit, on s'en fiche bien. Et en plus, on est ravis d'avoir fait la nique à ces *flairius*. À Douarnenez, ce mot désignait ceux qui, parce qu'ils avaient trois sous, se croyaient sortis de la cuisse de Jupiter.

Et on retrouve la petite maison de la place du Sémaphore pour le plus grand soulagement de grand-mère qui était tout de même un peu inquiète :

— Vous avez eu du goût, mes enfants ?

— Ah voui, mémé, du *plijadur forz pennoz* !

— *Mat tre !* Vous n'êtes pas trop fatigués ?

Quelle question, nos yeux se ferment tout seuls !

Elle claque dans ses mains :

— Allez, *da gousket!*

Il ne fallait pas nous le dire deux fois. Nous sommes harassés tout d'un coup. Harassés mais ravis, nous jurant bien d'être présents au prochain pardon de Sainte-Anne…

*

Vocation.

« Que veux-tu faire plus tard, lorsque tu seras grand ? »

C'est la question aussi récurrente que stupide que les adultes posent volontiers aux enfants. Je n'y avais donc pas échappé.

Or, contrairement à mes camarades, j'avais, pour mon devenir, des ambitions fort raisonnables.

Tout petit, j'allais, avec mon grand-père François, me promener jusqu'au jardin de l'Évêché. Le jardin de l'Évêché – il existe toujours – est enclos entre les remparts médiévaux et la prestigieuse cathédrale Saint-Corentin.

Quand je le considère aujourd'hui avec mes yeux d'homme, je ne lui trouve pas le charme romantique du jardin du Théâtre qui est bien plus grand, mais qui est surtout magnifiquement arboré, avec des parterres de fleurs, des pièces d'eau où nagent de merveilleux poissons rouges, des ruisselets qui glougloutent sous les fougères.

Cependant, j'aimais fort le jardin de l'Évêché ; en outre, j'ai des souvenirs émus du bassin de ciment dans lequel je faisais flotter les petits bateaux que grand-père me taillait dans quelques carrés de liège prélevés sur des filets hors d'usage.

Grand-père s'asseyait sur une chaise pliante et s'amusait à me voir jouer parmi les autres enfants.

Il y avait des allées sablées et des carrés de gazon vert superbement tondus et sur lesquels il était formellement interdit de marcher.

Faire respecter cette interdiction nécessitait un gardien vigilant, en l'occurrence un mutilé de 14/18, avait obtenu cet emploi réservé. Ayant perdu une jambe à la guerre, le gardien évoluait sur un pilon de bois. Cet incorruptible cerbère promenait un nez rubescent sur une moustache belliqueuse, en claudiquant dans les allées, veillant à ce que l'on n'enfreigne pas le sacro-saint règlement. Un vrai poilu de 14/18, du genre « La garde meurt, mais ne se rend pas ».

En automne, il poussait une brouette dont la roue couinait et, pourvu d'un balai d'ajoncs et d'une pelle de terrassier, il ramassait les feuilles mortes. Ces feuilles mortes, dans lesquelles nous aimions tant jouer, semblaient être ses ennemis personnels. Il les traquait dans tous les coins et, évidemment, quand il croyait avoir fini, un coup de vent malicieux faisait voler le fragile édifice qu'il venait d'établir, et tout était à recommencer.

Ça lui était bien égal, il ne recommencerait pas ! Il était payé pour ramasser les feuilles. Il les avait ramassées. Qu'y pouvait-il si le vent les éparpillait ? Quelqu'un peut-il empêcher le vent de souffler ?

En paix avec sa conscience et avec la sérénité du travail accompli, il s'asseyait alors au coin d'un arc-boutant sur une de ces chaises métalliques mises à la disposition des visiteurs, et se roulait une cigarette. De temps en temps, il consultait un oignon d'acier qu'il sortait de son gousset et, à dix-huit heures précises, il actionnait une petite cloche qui rendait un son grêle.

C'était l'heure de la fermeture.

Docilement, pour ne pas encourir les foudres de cette incorruptible sentinelle, nous prenions la direction de la petite porte ogivale qui, traversant le rempart, donne sur les quais. Il poussait la grille de fer rouillé, faisant geindre ses gonds en stimulant les retardataires : « Allons, pressons, pressons ! » La grille se refermait derrière nous dans un ultime couinement. De formidables verrous actionnés par une non moins formidable bénarde de fer forgé indiquait que le jardin était irrémédiablement fermé… Jusqu'au lendemain matin.

Satisfait, le cerbère, homme de devoir, s'éloignait dans l'ombre en claudiquant sur son pilon.

Je fus toujours intrigué par cette disparition.

— Où va-t-il, grand-père ?

Grand-père n'en savait probablement rien mais, comme les grandes personnes sont, au regard des enfants, censés tout connaître, il ne manquait pas de me répondre avec assurance :

— Il rentre chez lui manger sa soupe, *mechanss*[109] !

Il ne devait pas se tromper de beaucoup. J'insistai cependant :

— C'est où chez lui ?

Il avait un geste vague pour montrer le fond du jardin où le gardien de square rangeait sa brouette et ses outils :

— Là-bas !

Il y avait en effet à cet endroit, dans un recoin d'ombre un peu mystérieux sous les arcs-boutants de granit où je ne m'étais jamais risqué, une sorte d'appentis qui était l'antre où le cerbère disparaissait. De là à supposer qu'il y logeât, il n'y avait qu'un pas que mon imagination fertile avait franchi sans la moindre hésitation.

---

109. Sans doute, en langage douarneniste.

Je considérais donc que notre gardien de square était en quelque sorte le monarque absolu de ce petit royaume enchanté puisqu'il en ouvrait et en fermait les portes à son gré, qu'il y avait sa maison et qu'il pouvait réprimander vertement tous ceux qui ne respectaient pas son règlement.

Apparemment, il n'avait de comptes à rendre à personne et le ratissage des allées sablées me semblait une tâche peu fatigante et même plutôt plaisante. Quant au ramassage des feuilles mortes, ça ne l'occupait qu'à l'automne.

Je trouvais que c'était là une situation fort intéressante, si bien que je confiai à ma mère, le soir même, que j'avais trouvé ma vocation : je serais gardien de square. Qu'avais-je dit là ! Je fus incontinent abreuvé de sarcasme et raillé durement pour mon manque d'ambition. Cette sortie sur ma « vocation » me poursuivit si longtemps que, dès lors, je pris l'habitude de me méfier des questionnements d'adultes.

Quelques années plus tard, l'instituteur nous proposa comme sujet de rédaction « quel métier ferez-vous plus tard ? »

L'exercice de rédaction était une des seules choses qui m'intéressât à l'école, avec la lecture des livres d'Histoire de France. En grandissant, j'avais cessé d'aller au petit square de l'évêché et ma vocation de gardien de square s'était évanouie. Désormais, j'étais devenu le petit mousse de mon grand-père François et nos parties de pêche dans la baie de Douarnenez étaient de purs moments de bonheur.

Par ailleurs, lorsque nous campions sur la dune à Beg-Meil, nous avions pour voisin le père Morel et sa femme. Pierre Morel était le prototype de marin paysan que l'on trouvait alors un peu partout sur la côte bretonne.

Gardien du sémaphore de Beg-Meil, sa petite maison regardait la mer et son courtil était suffisamment grand pour lui fournir les légumes nécessaires à sa subsistance, abriter un poulailler et quelques clapiers. Tout au fond d'un potager fort bien tenu par madame Morel, une sorte de hangar édifié sur quatre troncs dressés et clos sur trois côtés par des dosses de pin lui servait d'atelier.

Cet atelier était un endroit merveilleux qui sentait bon le bois de châtaigner fraîchement écorcé, le coaltar et la fumée âcre du petit feu qui brûlait entre deux pierres.

Le père Morel fabriquait les casiers avec lesquels il piégeait les homards, les araignées, les étrilles, mais surtout les crevettes qui, après la guerre, abondaient sur la côte. Pour ce faire, il utilisait des tiges de châtaignier qu'il allait couper à la campagne chez un paysan ami. Il dressait ces longues tiges à la plane, un curieux outil formé d'une lame courbe munie de deux poignées avec lequel il écorçait son bois.

Mon père m'apprit plus tard que cet outil rudimentaire était le plus ancien outil connu en menuiserie. Sur des gravures anciennes, il me fit voir Joseph, le père du Christ, qui comme chacun le sait était charpentier à Nazareth, travaillant avec ce même outil qu'utilisait le père Morel.

Celui-ci étuvait les tiges les plus souples pour en faire des cercles sur un gabarit, puis il les assemblait en une sorte de cage cylindrique sur laquelle il clouait du grillage.

Quand la cage était finie, il restait à la passer au goudron pour qu'elle résiste mieux à l'eau salée. C'était alors une grande cérémonie : ayant revêtu ses plus vieilles hardes, Pierre Morel faisait fondre dans une grande marmite des blocs de brai de houille[110] et trempait ses beaux casiers de bois blanc dans cette mixture bouillante et puante. Ils en ressortaient tout noirs. Quant au père Morel, il en recevait aussi sa part et sortait de l'opération plus sombre qu'un charbonnier.

Ces casiers garnis de morceaux de poisson servant d'appât étaient immergés sur des têtes de roche connues du bonhomme et, chaque matin, en été, il s'en allait relever ses pièges.

Le père Morel n'était pas de ces hommes qui ont épuisé les ressources maritimes. Il vendait les produits de sa pêche aux hôteliers et à quelques revendeurs, comme mon père. Son bateau était pourvu d'un moteur qui mettait tant de mauvaise grâce à démarrer que, la plupart du temps, il se contentait de hisser la misaine et de voguer avec les vents.

Moyennant quoi il ne pêchait qu'à la belle saison et, le reste du temps, il préparait ses engins de pêche, cultivait son jardin et jouait à la coinchée avec ses copains au bistrot du port autour d'une bolée de cidre.

Personnellement, hors le cidre que je n'aimais pas, je trouvais la vie du père Morel tout à fait enviable, alors que mes condisciples faisaient preuve de plus d'ambition en se voyant pompiers, acrobates, pilotes d'avion, voire ministres, chirurgiens ou députés. Il y avait même un dénommé Le Pape qui avait déclaré tout de go qu'il voulait être… Pape ou rien ! Bien des années plus tard, je sus qu'il était devenu bistrotier, mais fidèle à sa vocation, il avait appelé son établissement le Vatican Bar !

Pour ma part, je rendis un devoir dans lequel j'assumais mon ambition de devenir marin paysan !

---

110. Coaltar pitch.

Et je décrivis la vie du père Morel avec un certain lyrisme et beaucoup d'enthousiasme. Je me fis cueillir sévèrement par le maître qui, sans même reconnaître quelques qualités « littéraires » au récit, me fit un discours moralisateur sur la dureté du métier de marin et l'inconséquence qu'il y avait pour un jeune garçon à vouloir épouser une carrière aussi incertaine. Il fit état des naufrages, des dures tempêtes d'hiver et me pria gravement de reconsidérer la question et de bien penser au confort et à la sécurité d'un poste sédentaire sur la terre ferme, et de préférence dans un bureau.

La grande considération que l'on portait à l'époque au travail de bureau m'a toujours paru surprenante. Songer que l'on put envisager avec bonheur de consacrer sa vie à s'enfermer toute la journée devant des tas de paperasses dont l'utilité ne me paraissait pas aussi évidente que leur aspect rébarbatif me laissait pantois. Comme ces fonctions supposaient une certaine instruction que tout le monde n'avait pas, le bureaucrate – quelle que fut son utilité ou plutôt son inutilité et sa capacité de nuisance – jouissait d'un prestige certain.

Songez, le bureaucrate s'habillait en dimanche tous les jours de la semaine, avec une cravate, et s'occupait gravement de tâches mystérieuses dans des locaux chauffés tandis que les ouvriers du bâtiment, les marins, les paysans œuvraient le plus souvent sous les intempéries dans des tenues qui n'avaient rien d'élégant.

Qu'importe, je préférais à tout prendre la vie du père Morel à celle de n'importe quel employé de préfecture mais si le dire était carrément inconvenant, l'écrire ressortait quasiment de l'outrage aux bonnes mœurs de nos maîtres.

Et j'en avais fait quatre pages ! Comment mon instituteur aurait-il voulu que j'écrive quatre pages sur la vie d'un bureaucrate dont je ne connaissais d'ailleurs rien ? J'étais encore tombé sur un briseur de rêve qui n'avait rien compris. Je ne voulais pas faire de la pêche hauturière sur un chalutier, je ne voulais pas être le forçat qui risque sa peau pour avoir le ruban bleu[111], je voulais simplement être un pêcheur côtier comme l'était le père Morel ! Je voulais, moi aussi, habiter une petite maison au bord de la mer, fabriquer mes casiers dans mon hangar les jours de mauvais temps et goûter la soupe faite avec les choux et les patates de mon jardin.

Ce n'était pourtant pas compliqué à comprendre !

Au vu du résultat d'un si beau travail, je compris vite que pour obtenir une bonne note, il était fondamental de savoir comment le maître pensait, et de penser comme lui, ou du moins de faire semblant. C'est ce que je fis alors, ce qui me valut ensuite d'excellentes notes en composition française. Voilà comment on apprend la dissimulation aux enfants.

Cependant, je ne renonçai pas plus que mon condisciple du Vatican Bar à ma vocation et, après bien des péripéties, ça m'a pris soixante ans, mais j'y suis arrivé !

Mon canot est au pied de ma maison, qui est petite et fort modeste, comme celle de mon grand-père, mes deux casiers réglementaires me permettent d'agrémenter ma table de crustacés et je ne suis jamais en peine pour sortir une demi-douzaine de maquereaux, le bar ou la dorade qui, avec les patates de mon jardin, assurent ma subsistance, avec les huîtres et les palourdes

111. Le ruban bleu est la récompense attribuée chaque année au bateau qui a fait la meilleure pêche.

que l'on pêche à marée basse. Comme le père Morel, j'ai une cabane dans laquelle je bricole mes engins de pêche et j'ai encore du temps pour lire et même pour écrire et, surtout, pour m'allonger dans l'herbe drue du haut de la plage d'où je regarde passer les nuages en écoutant chanter le vent.

Mais l'aventure, les voyages, qu'en faites-vous ? m'objectait-on.

Je ne répondais à ces sarcasmes que par un sourire apitoyé. Le ciel breton n'est-il pas le plus beau des voyages pour qui sait le déchiffrer ?

Et j'en lis des choses, moi, lorsque, allongé dans les herbes hautes du haut de la grève, je les regarde défiler en écoutant chanter le vent.

Si, comme l'a dit un penseur sachant penser, on a réussi sa vie lorsqu'on a réalisé dans son âge mur ses rêves de jeunesse, je pense que je ne suis pas loin d'avoir atteint ce nirvana et je remercie chaque jour le ciel de m'avoir permis d'y accéder.

*

Migration aux halles.

Après la guerre, mon père s'accommodait plutôt bien de son petit commerce de la place Saint-Mathieu. Ce n'était assurément pas là qu'il allait faire fortune, mais, je l'ai déjà dit, ça n'avait jamais été le but de sa vie.

La proximité des halles constituait alors un obstacle incontournable au développement du commerce de poisson. En revanche, il s'était constitué une belle clientèle d'amateurs d'huîtres, chez les Quimpérois, bien sûr, mais aussi dans les campagnes environnantes où, lors de noces, il n'était pas rare qu'on lui commandât des huîtres pour deux, voire trois cents personnes. Certaines fermes étaient alors prospères et occupaient une nombreuse main-d'œuvre. Ajoutez à cela qu'une telle cérémonie était un événement au village et que, hors la parentèle proche, chacun payait sa part du festin. Or, si les paysannes qui s'occupaient du « fricot » étaient rompues à l'élaboration des *sklipou*[112] sans lesquelles une noce n'était pas une noce, elles se trouvaient bien désemparées devant deux douzaines de paniers d'huîtres à écailler.

Au sortir de la guerre, à vingt kilomètres de la mer, les gens de la campagne ne connaissaient guère en guise de poisson que le maquereau, la sardine voire le thon que le marchand ambulant livrait le vendredi dans la campagne, sonnant dans une corne. Ils venaient de découvrir les huîtres et, depuis lors, on ne concevait pas un repas de fête sans ces coquillages sur la table.

Mon père, qui n'hésitait jamais à payer de sa personne, proposait donc aux organisateurs du repas de noce d'aider à ouvrir les huîtres, ce qui le faisait invariablement emporter le marché. Comme j'étais toujours volontaire pour l'accompagner, je ne tardai pas, moi aussi, à être mis à contribution. Entre dix et quinze ans, en ai-je ouvert, des milliers d'huîtres ! J'en avais les mains toutes calleuses et j'avais acquis à cet exercice une virtuosité certaine qui surprend encore soixante ans plus tard. Je reconnaissais au son une « bâilleuse », huître qui s'est ouverte et qui a perdu son eau, une « chambrée », huître qui a une double coque intérieure et qui dégage, quand on la perce, une odeur désagréable, la laiteuse blanche de la laiteuse noire, spécimens qu'il fallait éliminer impitoyablement.

112. *Tripes.*

Bien entendu, mon père les remplaçait sans discuter, ce qui ajoutait à la confiance que les clients lui vouaient. Et puis, il leur parlait en breton !

S'il n'est pas facile de vaincre la méfiance des gens de la campagne, en revanche, quand leur confiance vous est acquise, à condition de ne pas la trahir, c'est pour longtemps.

Tout allait donc pour le mieux : le commerce tournait au ralenti pendant les mois d'été, ce qui lui permettait de nous emmener camper sur la dune de Beg-Meil et lui laissait le loisir d'envisager d'autres activités.

Après la plate, des ambitions nautiques lui étaient venues, sous l'influence de mon oncle Jean, le jeune frère de ma mère, qui était, lui, un véritable marin. Il avait donc racheté, pour le prix du bois de feu, une vieille pinasse sardinière, le *Jean-Joseph*, qu'il entreprit de retaper, toujours sur la cale Saint-Jean, face au palais de Justice.

Bien qu'attiré par la mer, mon père ne fut jamais marin. Il était né à la campagne et n'avait donc pas acquis, en son jeune âge, les réflexes qui font la différence entre un terrien et un homme de mer. Ce qui l'intéressait, c'était de concevoir un bateau comme le faisaient les charpentiers de marine de l'Enfer au Port Rhu – auxquels il vouait une grande admiration – en fabriquant d'abord une demi-coque constituée de lames de bois d'essences différentes chevillées ensemble, puis de le tracer à même le sol, et enfin, de le construire.

Quand le bateau était fini, en général, il le vendait au bout d'un an et repartait sur un autre projet : « Le prochain sera un peu plus long, un peu moins large, et je vais lui mettre des quilles de roulis… » De la pirogue insubmersible qui fut la première du lot à la pinasse sardinière, en passant par les plates et autres canots à dérive, à misaine, il a bien dû construire une dizaine de bateaux en dix ans pour finalement s'apercevoir que ce qui l'intéressait, ce n'était pas tant de naviguer que de penser et réaliser l'esquif.

Après s'être risqué à concevoir différents modèles, il finit par comprendre que celui qui lui convenait le mieux était cette bonne vieille plate qu'il avait fabriquée quelques années avant et qui nous avait, sur l'Odet, procuré tant de joie et de jolis souvenirs. Il en refit donc une de quatre mètres de long, manœuvrable à la rame, et qui fut pourvue d'un petit moteur hors bord de 2 CV.

Mais pour lors, un projet de toute autre envergure lui trottait déjà par la tête : nous étions fort étroitement logés dans trois petites pièces au troisième étage de la place du 118e, alors il décida qu'il était temps de construire une maison pour loger confortablement sa famille.

Pour ce faire, il acquit sur le coteau du Frugy, dans un lotissement qui venait de s'ouvrir, une parcelle qui regardait la baie de Kerogan. C'était alors en pleine campagne et, jusque-là, hors les vacances passées chez mes grands-parents bigoudens à Plonéour-Lanvern, j'avais toujours été un petit citadin.

Mais avant d'habiter cette maison, il fallait la construire. Bien évidemment, partant du principe bigouden que tout ce que l'on fait soi-même on n'a pas à le payer, mon père allait s'en charger. D'ailleurs, dans la famille de mon père, la devise était « *Krog e Barzh* » ce qui signifie « croche dedans », formule que les Anglais se sont appropriés par la suite en traduisant notre devise en « *do it yourself* ». Je précise qu'il n'y avait pas là qu'un souci d'économie, mais bien le plaisir de se remettre à son premier métier, le bâtiment. En outre, il n'aurait pas eu les moyens de se payer la grande maison dont il avait tracé les plans. Avant toute chose, il se chargea de creuser les fondations. Bien entendu, j'étais à la tranchée avec lui, faisant de mon mieux, bien que trouvant pelle et pioche d'une lourdeur accablante.

Cette fois, c'en était fini des vacances à Beg-Meil. Mon père avait cédé sa caravane à l'oncle Jean qui l'avait installée sur le sillon du Cap-Coz. Dès six heures du matin, l'increvable C4 nous hissait jusqu'au chantier pour une longue journée de terrassement. Cependant, j'étais autorisé à disposer de mes après-midis. Le casse-croûte avalé, j'enfourchais ma vieille bécane à pignon fixe. Une borne-fontaine, route de Bénodet, était le lieu de rendez-vous avec les copains du quartier. Nous mettions immédiatement le cap sur Beg-Meil, en faisant la course, évidemment.

À cette époque, le port de Beg-Meil ne disposait que d'une jolie petite cale de vieilles pierres qui a été, depuis, rallongée et recouverte de béton, gagnant au passage en commodité ce qu'elle a perdu en grâce. Au-dessus de la plage paissaient des vaches qui n'allaient pas tarder à être chassées de leur champ par la construction de quelques riches villas.

Nous l'avons longtemps partagé avec quelques pies noires débonnaires sans que ça pose le moindre problème. C'était notre champ.

Toute l'après-midi, on s'en donnait à cœur joie, plongeant et nageant, jouant au ballon avec exubérance. Vers cinq heures, on rangeait maillots de bain et serviettes pour le retour vers Quimper. Il y avait un arrêt obligatoire à la boulangerie de

Fouesnant où on se payait une baguette entre deux, puis à la charcuterie où on demandait à la commerçante de nous garnir le sandwich de graisse salée, c'était ce qu'il y avait de moins cher et nous trouvions ça excellent. Après avoir avalé le casse-croûte sur la place de l'église et l'avoir fait descendre avec l'eau de la fontaine, on refaisait la course jusqu'à Quimper.

En effet, les forains avaient installé leurs attractions sur le Parc, anciennement Parc Costy, et sur la place de la Résistance, devenue depuis place Charles de Gaulle en mémoire du grand homme qui y a prononcé son dernier discours public. Nous étions des clients assidus des manèges d'auto-tamponneuses.

À vingt heures, sous peine de se faire remonter les bretelles, on était présent à la soupe. Mon père, qui avait terminé sa longue journée de terrassement sous le soleil, dormait dans son assiette et je dois dire que je n'étais guère plus gaillard et qu'à ce régime, je n'étais pas embarrassé par ma graisse.

Les copains rigolaient : « il est fou ton père d'aller construire sa baraque au milieu d'un champ ! » Et pour cause ! Elle était la première implantation au milieu de ce qui est devenu maintenant un quartier très urbanisé.

Les fondations creusées, il fit venir des camions de pierre et une équipe de maçons bigoudens qui devaient monter les murs. C'étaient des murs d'un demi-mètre d'épaisseur, maçonnés en pierres croisées et solidarisés par un mortier qu'il fallait retourner trois fois à la pelle pour bien mélanger le ciment au sable. « Quatre brouettées au sac », disait mon père, autrement dit, quatre brouettées de sable pour un sac de mortier. Au fur et à mesure que les murs se montaient, il fallait aussi monter les pierres et les seaux de mortier.

Qui ne s'y est exercé n'a pas la moindre idée du poids épouvantable d'un seau de mortier.

Les échafaudages étaient des écoperches, tiges de sapin écorcées « solidarisés » par des cordes, sur lesquelles étaient posées de manière plus que précaires les planches disjointes où évoluaient les maçons en sabots de bois.

Les seaux étaient montés à la poulie et les pierres à l'échelle. Pour cela, il se formait une chaîne sur l'échelle : on recevait une pierre au niveau des genoux et, à bout de bras, on la passait à celui qui était au-dessus dans la chaîne. Évidemment, personne ne portait de casque de sécurité, ça n'existait d'ailleurs pas, et l'échafaudage était plutôt branlant, mais tout ceci se faisait dans la bonne humeur.

Pour hisser les linteaux, ça avait été toute une affaire. Mon père, je ne sais pourquoi, s'était entiché de tours de fenêtre en granit bleu. Peut-être parce qu'un carrier du Huelgoat lui avait fait des conditions avantageuses ou plutôt parce que ma mère en avait exprimé le désir.

Ces maudits linteaux pesaient des tonnes, en particulier celui du garage qui mesurait quatre mètres de long et qu'il fallait manipuler avec la plus grande précaution pour ne pas qu'il se brise dans une chute intempestive.

Avec les maçons et quelques copains de mon père réquisitionnés pour la circonstance, à force de pousser et de tirer sur un plan incliné, on les avait hissés jusqu'au premier empoutrement et calés fermement. Ensuite, il s'agissait de poser les poutres. Six mètres de chêne en section de vingt-cinq sur dix, ça pèse son poids, et là, il y en avait une tous les cinquante centimètres. Avec mon cousin Guy, qui était fort comme un cheval, et mon père qui ne lui cédait en rien, lesdites poutres furent hissées à l'étage, puis rangées en bon ordre et scellées dans la maçonnerie.

Comme je ne pouvais guère intervenir dans ces travaux de force, on me confia la charge d'enduire les bouts qui seraient noyés dans la maçonnerie de *black*[113] afin de les préserver de l'humidité.

La maçonnerie finie, un jeune maçon planta le bouquet sur le carré de cheminée et, ainsi que le voulait l'usage, l'équipe de maçons et tous ceux qui avaient apporté leurs bras et leur bonne volonté furent conviés au repas de fin de chantier. Comme nous étions logés très étroitement, ce repas eut lieu dans le magasin de la rue Saint-Mathieu. Il y eut des langoustines à gogo, un gigot avec des flageolets, du camembert et du far aux pruneaux confectionné par ma grand-mère. Muscadet et vin rouge à volonté, comme il se doit. Ces bons garçons, qui préféraient la quantité au raffinement, furent ravis de la réception.

Ensuite, il fallut hisser les fermes de la charpente, opération délicate pour laquelle tous les bras disponibles furent invités, et enfin, poser la volige. J'adorais clouer ces planches de pins qui sentaient si bon la résine. L'oncle Eugène se chargea de la couverture en ardoise, de la zinguerie et, par la suite, des enduits extérieurs.

Dès lors, mon père respira, la maison était hors d'eau. Voilà, notre future résidence avait pris forme et c'était la plus belle maison du monde, évidemment !

Autour, d'autres constructions s'élevaient peu à peu. La rue du Frugy, qui n'était qu'un chemin campagnard mal empierré et raviné, fut goudronnée, tout comme une autre sente qui dévalait

113. Solution goudronnée.

vers la route de Bénodet et que nous appelions la Garenne Casse-Cou tant il était aléatoire de l'emprunter sans avoir caressé Saint-Christophe dans le sens du poil. Depuis, cette Garenne Casse-Cou a pris de la largeur, un beau revêtement, des trottoirs, et, du coup, elle s'est montée du col puisque désormais, elle se fait appeler « rue de l'Université ».

Vint le temps des aménagements intérieurs et nous en eûmes encore pour près d'un an à poser les parquets, cloisonner l'espace – des plâtriers intervinrent –, puis poser les portes et les escaliers.

Enfin, luxe inouï, Jos Perron, plombier chauffagiste, nous installa un chauffage central au charbon qu'il fallait recharger matin et soir. Plombier chauffagiste d'élite, Jos Perron installait le chauffage central depuis la fin de la grande guerre. C'était le plus traditionaliste des plombiers. Il travaillait tout seul, sciant, vissant, taraudant ses tuyaux d'acier avec une belle conviction. Il avait fait une installation dans laquelle l'eau circulait comme par miracle. Il fallait tout de même entretenir le feu, vider la chaudière et rien n'était automatique. Il ne fallait surtout pas parler à notre plombier de chaudière au fuel, pas plus que d'accélérateur de circulation d'eau. À la cave, la chaudière chauffait l'eau qui, par le phénomène – bien connu des physiciens – de l'élévation des masses chaudes, mettait une journée à venir chauffer les chambres. À toute proposition (timide) de modernisme, comme l'adjonction d'un accélérateur électrique, il répondait, superbe : « Ça fera bientôt un demi-siècle que j'installe le chauffage central, jamais je n'ai eu de problèmes ! » Sur ce, il se versait un verre de muscadet, buvait et ajoutait gravement : « Chaque fois qu'on introduit une amélioration, on ajoute une cause de panne ! » Imparable, non ?

Donc, nous déménageâmes de la place du 118e pour habiter « à dache » derrière le Frugy.

Pour aller à l'école – j'étais alors revenu à Paul-Bert – je descendais à pied jusqu'à la place du Styvel, je traversais sur le canot de Théodore au Cap Horn, et je rejoignais mon école par la rue Bourg-les-Bourgs. À deux cents mètres de chez nous, madame Le Corre exploitait toujours sa petite ferme et les meuglements des vaches remplaçaient les sonneries de clairon. Cependant, l'armée restait présente car nous entendions les salves des soldats du 118e RI en exercice au champ de tir tout proche.

Déjà, Quimper commençait sa mue. Serrée dans ses murs, la ville médiévale s'élargissait dans la campagne proche. De grands travaux avaient été entrepris dont le moindre ne fut pas la couverture sous une dalle de béton du Steïr depuis les halles jusqu'au confluent.

En effet, l'attractivité commerciale des halles de Quimper était telle qu'il devenait nécessaire de se donner un peu d'espace afin que les camions d'approvisionnement puissent y accéder sans trop de difficultés.

Lorsque la dalle fit disparaître la rivière, mon père eut l'idée d'y implanter une petite caravane pour y vendre des huîtres. En l'occurrence, ce ne fut pas une volonté expansionniste qui guida cette démarche, mais le souci de procurer à sa sœur Marie un moyen de gagner sa vie.

Le tonton Henri, époux de la sœur de mon père, était un ébéniste de talent, Compagnon du Devoir lui aussi. Cependant, plus artiste que gestionnaire, il avait fait de mauvaises affaires puis il était tombé malade. La tante Marie se trouvait sans ressources avec trois enfants à élever.

Mon père fit donc la demande d'implantation à la mairie et elle fut acceptée. Illico, il se mit à l'œuvre et construisit cette roulotte dans laquelle, pendant quelques années, ma tante Marie vendit les huîtres que lui fournissait mon père.

L'usage de l'automobile se répandant, le boulevard de Kerguélen, qui était à double voie de circulation, se révéla trop étroit. La municipalité décida alors d'ouvrir un second boulevard de l'autre côté de la rivière, au grand dam des riverains qui jouissaient d'une situation privilégiée dans leurs belles demeures patriciennes auxquelles on accédait par de frêles passerelles métalliques en traversant des jardins enchanteurs. Ce double boulevard induisait un autre percement pour rejoindre la route de Douarnenez et ce percement passait exactement… par le magasin de mon père.

Les riverains expulsés, mal contents des indemnisations proposées, se lancèrent dans des procès aussi interminables que ruineux. Mon père ne se joignit pas au cortège des récriminateurs. D'abord parce qu'il n'avait pas l'âme procédurière, ensuite parce qu'il n'avait pas le premier sou pour financer un procès, et enfin, parce qu'il savait que ce projet, quelles que soient les oppositions des riverains, était qualifié « d'utilité publique », et que l'utilité publique, quand on n'a pas de puissantes relations politiques, a toujours raison des intérêts particuliers.

Dès lors, à quoi bon gaspiller dans une lutte aussi vaine une énergie qui aurait pu être mieux employée ailleurs ? Ma grand-mère Mélanie répétait d'ailleurs sentencieusement que « le plus mauvais arrangement valait mieux que le meilleur procès ». J'ai adopté ce principe et je m'en suis toujours trouvé bien.

Prenant le taureau par les cornes, mon père obtint un rendez-vous avec le maire, André Monteil, qui, avant de se lancer dans la politique, avait été professeur au lycée La Tour d'Auvergne. Sa brillante conduite dans la Résistance avait fait de lui un sénateur et un ministre de la Marine.

Celui-ci, qui s'attendait à un nouveau flot de doléances, le reçut assez fraîchement. Mais mon père lui exposa qu'il n'était pas hostile au projet, qu'il n'entendait pas spéculer sur les terrains ainsi valorisés par le passage du boulevard, et que lui, tout ce qu'il voulait, c'était pouvoir continuer à vivre de son commerce.

— Et alors, demanda André Monteil, que voulez-vous précisément, monsieur Failler ?

Ça, c'était un langage qui plaisait à mon père, qu'on lui demande ce qu'il voulait précisément.

— Eh bien, monsieur le maire, si vous pouviez me trouver un emplacement aux halles de Quimper avec une indemnité me permettant de refaire mon installation, je serais satisfait.

Monsieur Monteil, soulagé par la modicité de ces exigences, accéda immédiatement à sa demande et lui attribua deux tables au marché du poisson.

Près d'un demi-siècle plus tard, il me fut donné de rencontrer monsieur Monteil à une réunion des anciens du lycée La Tour d'Auvergne, à laquelle je suis toujours convié bien que je n'y aie fait qu'un bref passage. Je m'en fus le saluer et je lui rappelai cet épisode.

Il s'en souvenait parfaitement et il ajouta :

— Si tous les expropriés avaient été aussi arrangeants que votre père, ça m'aurait épargné bien des nuits blanches.

Voilà, les circonstances avaient voulu que mon père pût transporter son commerce dans l'endroit le mieux achalandé de la ville et il avait su saisir l'occasion par les cheveux.

Seule ma mère geignait un peu : « Avant on avait un beau magasin et maintenant, regarde, on est là sur le carreau des halles ! »

Pour elle, c'était déchoir. Il est vrai qu'à l'époque, les dames de la halle avaient une réputation détestable servie par un jargon pittoresque qui ne faisait pas dans la dentelle mais qu'elles semblaient entretenir à plaisir.

Être assimilée à ces poissardes déplaisait au plus haut point à ma mère.

Pragmatique, mon père répondait : « J'aime mieux avoir un commerce dans un endroit où il passe mille personnes à l'heure que dans un beau magasin où il n'en vient pas dix dans la journée ».

Immédiatement, il avait cerné tout l'intérêt de cette nouvelle situation et les possibilités qui s'ouvraient à lui : disposant d'une voiture, il pouvait aller acheter directement son poisson au marin dans des conditions plus avantageuses qu'en passant par un grossiste.

Car les halles de Quimper, à cette époque, étaient fournies en poissons par des mareyeurs qui venaient très tôt le matin approvisionner les revendeuses qui disposaient d'une table.

Les deux plus importantes revendeuses étaient des femmes, Denise Jaffry, qui portait la coiffe douarneniste mais qui avait son atelier de mareyage à Concarneau, et Yvonne Gourlaouen qui, elle, arborait la coiffe d'artisane de Kérity et venait de Saint-Guénolé.

Denise Jaffry, la grande Denise, était une imposante personne qui dépassait le mètre quatre-vingt et sûrement le quintal. Sa fille et sa petite-fille, taillées sur le même modèle, n'auraient pas, par le gabarit, déparé dans la ligne d'avant d'un quinze de rugby. Elle était spécialisée dans les poissons bleus – thon, maquereau et sardine – dont le port de Concarneau était gros producteur.

Yvonne Gourlaouen, petite personne effacée mais au regard vif plein de fausse candeur et de roublardise, livrait les poissons de fond – soles, limandes, merluchons – que les chalutiers côtiers du Pays bigouden ramenaient alors en abondance.

Les Bigoudènes de Sainte-Marine dont les maris pêchaient à la ligne des grands lieus autour des îles Glénan se tenaient très dignes sous leurs hautes coiffes de dentelle. Eugénie, la reine de la langoustine que tout le monde appelait « Génie », venait de Lesconil.

Une autre Bigoudène de Sainte-Marine, madame Kerfriden, était, elle, spécialisée dans les crabes, araignées, tourteaux et homards.

Et puis, il y avait les incontournables femmes de l'Île-Tudy, spécialistes des coquillages, palourdes, moules, bigorneaux, huîtres qu'elles pêchaient au pied de leur maison, sur les bancs de la rivière de Pont-l'Abbé.

Riches en gueule, délurées, elles étaient unanimement redoutées. La plus connue était Titine, « La noire », dont le regard funèbre glaçait les sangs. Pour contrebalancer cette mauvaise image de l'île, deux pêcheuses de palourdes, Andrée Olivier et sa copine Raymonde rayonnaient de bonne humeur, toujours la chanson et la plaisanterie aux lèvres.

Le monopole des huîtres de Belon appartenait à deux sœurs originaires de la Forêt-Fouesnant, les dames Conan, personnes taiseuses mais point bienveillantes pour autant.

Mais la pire harpie était bien Jeanne d'Audierne, qui débarquait sans crier gare avec des cargaisons de maquereaux. Elle portait la coiffe des femmes du Cap sur un visage en permanence renfrogné et toujours prêt à l'insulte.

Heureusement, elle n'apparaissait qu'occasionnellement, quand elle n'avait pas réussi à placer à l'usine le poisson que pêchaient son mari et ses enfants.

Comme on le voit, le marché du poisson était une affaire de femmes et, tout soudain, un homme venait se jeter dans cette mêlée sans le moindre respect pour les hiérarchies en place.

Déjà, ces dames se hérissaient pour expulser l'usurpateur de LEURS halles.

D'ailleurs, ce type avait la folie des grandeurs. N'avait-il pas implanté une installation au luxe insolent au milieu des vieilles halles ? Du carrelage pour ses tables, on aurait tout vu ! Non point ! Elles allaient bientôt en voir d'autres !

Les halles d'alors n'avaient rien à voir avec celles que nous connaissons aujourd'hui.

Le marché aux poissons se tenait sur des tables constituées d'épaisses dalles d'ardoise posées sur des poteaux de granit. Chaque commerçant avait sa niche sommairement installée. En général, on se contentait de planches sur des tréteaux pour ce qui concernait les marchands de légumes. Les bouchers et charcutiers disposaient de billots sur lesquels ils travaillaient leur viande mais il n'y avait alors aucune vitrine réfrigérée et mon père fut le premier à disposer d'une installation frigorifique qu'il avait ingénieusement disposée sous son étal qui était ainsi refroidi.

En fait, l'hygiène était alors le cadet des soucis des détaillants comme des consommateurs. On sortait de la guerre, temps de grandes privations et, tout d'un coup, on pouvait manger à sa faim. On n'allait pas chicaner sur des détails. Mon père fut le premier marchand de poisson à emballer sa marchandise dans du papier sulfurisé. Les poissonnières d'alors emballaient allègrement les tranches de poisson directement dans du papier journal.

Je me souviens de femmes rentrant du marché avec une raie à bout de bras. La marchande avait simplement emballé la queue dans du journal pour que la cliente ne se pique pas. La plupart de ces femmes découpaient le poisson sur le pas de leur porte et jetaient les déchets directement au caniveau. De la même manière, elles égorgeaient leurs poules achetées vivantes, les plumaient et les étripaient, toujours sur le pas de leur porte.

Mon père vendait la raie en ailes, et le plus souvent pelée. Il fut aussi le premier à préparer le poisson en filets. À cette époque, les chalutiers hauturiers ramenaient de grandes quantités d'églefin qu'à Concarneau on appelait ânon, poisson des mers du nord avec lequel les Anglais préparent le haddock. C'était alors, sur le marché de Quimper, un poisson peu prisé, le favori des Quimpérois étant le lieu de ligne, de préférence de Sainte-Marine. Ceux de Concarneau étaient pêchés dans les mêmes eaux, mais à Quimper, ceux qui étaient vendus par les Bigoudènes en coiffe avaient les faveurs du client.

Je revois encore la grande Denise assurant, péremptoire : « Jamais les Quimpérois ne voudront de poisson en filet ! »

Comme quoi, il n'y a pas que les jeunes qui profèrent des âneries.

Le poisson sans peau et sans arêtes connut immédiatement un succès fou. À la criée, ces poissons étaient vendus par rangées de sept caisses contenant chacune une cinquantaine de kilos. Comme pour ouvrir les huîtres, j'étais en mes jours de congé – c'était alors le jeudi – embauché au filetage, et le poisson était préparé pour tous ceux qui le souhaitaient.

Dans un premier temps, ce fut la tante Marie qui s'occupa de l'étal. La baraque à huîtres avait disparu et tout était désormais regroupé sur les deux tables que mon père avait obtenues de la mairie.

Mon père était très attaché à sa sœur. Il était le premier d'une fratrie de dix enfants, Marie était la seconde. Tous deux s'étaient sacrifiés pour aider les parents à élever les petits frères et sœurs, mon père en partant travailler à Paris alors qu'il n'avait pas encore seize ans, Marie en renonçant à l'école pour aider sa mère aux tâches ménagères.

C'était une grande femme avec une carrure et la force d'un homme, placide, très digne, d'une propreté méticuleuse, mais elle était peu préparée à se trouver en butte aux poissardes des halles. Elle en fut toute désemparée.

Qu'on fît du mal à sa sœur, c'était là une chose que mon père ne pouvait supporter. Il commença à mettre ces dames en garde, mais comme ses avertissements n'avaient d'effet que lorsqu'il était là et que leur jactance malveillante s'exacerbait lorsque la tante Marie était seule, il porta le combat sur un autre plan où elles ne pouvaient pas le suivre, le plan économique.

En effet, comme il achetait son poisson directement au marin, il supprimait au passage la marge de l'intermédiaire et pouvait ainsi consentir des prix et une qualité imbattables.

Ensuite, il resta lui aussi à l'étal avec ma mère et dès lors, le harcèlement cessa comme par enchantement.

Dès que mon père eut installé son échoppe de manière agréable et pratique, d'autres commerçants s'aperçurent que ce ne serait pas un luxe que de moderniser les leurs.

Les railleurs et les critiqueurs se firent imitateurs et il vint même s'installer près de notre échoppe une pâtisserie de belle réputation.

Dans mon enfance, c'est-à-dire juste après la guerre, les halles étaient l'endroit incontournable et le pôle d'attraction commercial numéro un de la cité.

Le « ventre de Quimper » était approvisionné par les communes rurales et maritimes voisines. Dès l'aube, des charrettes, encore tractées par un cheval, venaient déverser fruits et légumes sur le carreau central de l'ancienne halle aux blés et les fermières en coiffe proposaient au chaland leurs plus beaux légumes, leur beurre, leurs œufs, des lapins et des poulets vivants ficelés par les pattes, qui roulaient des yeux effarés, se doutant peut-être du sort fâcheux qui les attendait.

La partie la plus proche de la rivière était réservée au marché aux poissons. Les crustacés et coquillages, faute de place à l'intérieur, devaient rester dehors, protégés plutôt mal que bien des intempéries sous des abris précaires de feutre bitumineux que l'agent municipal préposé au nettoyage installait dès l'aube et démontait une fois le marché terminé. Le temps où les femmes de Sainte-Marine remontaient la rivière sur leurs plates, en manœuvrant la godille, pour venir vendre les grands lieus que leurs hommes pêchaient à la ligne autour des Glénan n'était déjà plus qu'un souvenir.

Si les fermières descendaient encore des hauts de Kerfeunteun, d'Ergué-Armel ou de Penhars dans des charrettes attelées de robustes postiers bretons pour vendre leurs légumes, des cars brinquebalants assuraient désormais le transport de la marée entre les ports de la côte et le marché de Quimper.

Parmi ceux-ci, Romain Cariou, transporteur à Combrit, desservait la ligne Île-Tudy/Quimper. Les « femmes de l'Île », dénomination sous laquelle elles étaient connues – et redoutées ! – sur le marché, étaient de rudes gaillardes qui ne s'en laissaient pas conter. L'œil hardi, le verbe haut, le langage fleuri autant que truculent, elles mettaient le plus souvent les rieurs de leur côté, et les prises de bec, entre elles ou à l'encontre d'un client mal embouché, faisaient les délices des badauds. Croyez-moi, cela valait tous les *talk-shows* que la télévision d'aujourd'hui nous sert *ad nauseum*.

À l'époque, le cours du Steir n'avait pas encore été bétonné, ce qui faisait que l'espace entre la rivière et le marché aux crustacés était des plus réduits. Romain Cariou transportait le poisson et les coquillages des femmes de l'Île dans une remorque traînée par son car poussif et hoquetant. Il lui était impossible, dans un tel équipage, d'aborder les halles ; comment eut-il fait demi-tour ? Alors, il débarquait son monde sur la place Saint-Mathieu, qui était encore – je l'ai déjà décrite plus tôt – une délicieuse petite esplanade où les enfants pouvaient en toute sécurité jouer au foot entre les tilleuls qui la bordaient, et non un bête parking bitumé planté de parcmètres.

Là, les « officiers des halles », ainsi appelait-on poétiquement les clochards qui hantaient les abords du marché pour « prêter la main » et gagner ainsi les quelques pièces nécessaires à aller étancher leur inextinguible soif au Petit Tagne[114], étaient attendus dans leur quartier général, venelle du Pain-Cuit.

Ce bistrot où l'on descendait par trois marches de pierre était tenu par une maritorne constamment mal embouchée. Un autre bistrot, Chez Irma, dans une rue adjacente, était tenu par une autre dame de bonne renommée connue sous le patronyme de « Mimi baise bien ». Tout un programme!

Au Petit Tagne, le chaland avait le choix entre du vin rouge et… du vin rouge, car on n'y servait que ça. La tenancière surnommée « la mère Casse B… » – probablement en raison d'un physique qui décourageait les ardeurs masculines – tirait le picrate au robinet de tonneaux entassés derrière ce qui servait de comptoir: deux madriers mal équarris posés sur deux barriques vides. La patronne servait son « pousse au crime » dans des verres à pied… sans pied. Elle avait délibérément cassé ce support afin qu'on ne puisse pas les poser et qu'on fût obligé de les garder en main. Cela, disait-elle, offrait le double avantage de forcer le client à vider son verre plus vite mais aussi d'éviter les querelles car, avant la mise en vigueur de cette ingénieuse disposition, certains petits malins échangeaient vivement leur verre vide contre un plein s'il s'en trouvait un posé sur le bar, ce qui n'allait pas sans heurts.

Dans ce bouge digne des *Mystères de Paris*, on trouvait les habitués: marqué de l'affreux tatouage des prisons, Gégène Kerivel, dit « La lège », ainsi surnommé parce qu'il avait servi

114. Petit Café de Bretagne.

dans la Légion Étrangère ; Michel, dont on ne connaissait que le prénom ; le Ramoneur, habile raccommodeur d'assiettes brisées, de parapluies retournés par le vent et, comme l'indiquait son surnom, gratteur de suie ; Aimée Monsoulier, au visage mongoloïde et au regard dur éternellement accompagné de son chevalier servant, Corentin, long bonhomme à la barbe fleurie, aussi affable que sa concubine était rébarbative ; Titine Pomme Teint Frais qui entretenait la rubescence de sa trogne avec l'infâme pivois servi par la mère Casse B..., « le fils de la mère », avec sa mère, justement, Lannick Thomas... J'en oublie sûrement. Enfin, tout un quart-monde pittoresque et fort alcoolisé, avec un chef incontesté, Henri Aminot, colosse plutôt débonnaire tant que sa troupe filait droit et ne transgressait pas ses ordres, mais qui savait aussi cogner dur quand ça n'allait pas comme il voulait.

Ces « officiers des halles » aidaient également les bourgeoises pourvues d'une grande maisonnée à porter les paniers quand ils se faisaient trop lourds. En général, arrivée à son domicile, la dame tendait parcimonieusement une pièce à son porteur entre le pouce et l'index, juste rétribution du service rendu, accompagnée de la recommandation d'usage proférée le bec pincé : « Et surtout, n'allez pas boire ! » « Moi, madame, je ne bois jamais ! », assurait vertueusement le portefaix, le béret à la main. Serment d'ivrogne, personne n'était dupe, mais les apparences étaient sauves.

Ceci se passait plus tard dans la matinée, mais, dès l'aube, la troupe des porteurs attendait le car de l'Île-Tudy, qui avec sa charrette à bras, qui avec sa brouette ou sa petite remorque, et le transbordement commençait sous l'œil attentif des femmes.

Chacune d'entre elles avait son homme de confiance attitré.

Puis, quand les charrettes avaient pris la direction des halles, ces dames s'offraient un café pain-beurre chez Youinou, chez Sauveur ou chez Gentric, les estaminets de la place.

Ensuite, on regagnait le marché où, à la belle saison, les hôteliers de Bénodet faisaient déjà le tour des étals, quêtant d'un œil inquisiteur du « dessus du panier ». Ceux-là étaient des clients sérieux qu'il ne fallait pas louper, même s'ils avaient l'habitude de marchander jusqu'au dernier sou.

À midi, le marché se terminait. Henri Aminot avait délégué deux hommes de confiance à la glacière Courtois – alors installée au long du Steir – pour aller chercher quelques barres de glace que les femmes pilaient à coups de marteau afin de conserver les marchandises invendues. Il n'y avait pas de frigo, les caisses de poisson, en bois, étaient entreposées sous les tables, couvertes d'une serpillière mouillée.

Puis, elle se retrouvaient place Saint-Mathieu pour prendre le car qui les ramènerait chez elles. En attendant, un nouveau café pain-beurre leur permettrait de tenir le coup jusqu'au retour à l'Île. Ces dames étaient levées avant cinq heures et la matinée avait été longue.

Parmi les redoutables femmes de l'Île, l'une d'entre elles – dont je vous ai parlé plus tôt – était plus redoutée que les autres. On l'appelait Titine la Noire. Et, dans son dos, on disait même « la Vache Noire ». Noire, elle l'était. Jusqu'à sa peau qui, à force de rechercher des coquillages à marée basse, avait pris la couleur de la vase épaisse dans laquelle ils se dissimulaient. Noir aussi son œil, et perçant. Difficile de supporter ce regard funèbre qui ne cillait pas plus que celui d'un rapace nocturne.

Même des femmes de poids comme Henriette Teurtroy, Jeanne Albert, et même la grande Denise, évitaient l'affrontement avec la « Vache Noire ». On la laissait dans son coin sans que les chansons d'Andrée et de Raymonde, deux jeunesses toujours gaies, n'arrivent à la dérider.

*

Les clochards de mon enfance.

Ils faisaient partie de notre vie quotidienne. Leur repaire était alors une ruelle mal famée, la venelle de la Glacière. Cette voie étroite, bordée de petites maisons basses pour la plupart en ruine, était une véritable cour des miracles où le quart-monde quimpérois trouvait refuge. C'était tout près de l'atelier de ma grand-mère, mais on n'y risquait pas un œil sans frissonner.

Nous nous bornions, mes cousines et moi, à jouer dans la grande cour, une sorte de terrain vague attenant à cette ruelle auquel on accédait en passant sous un porche. C'est là que ma grand-mère étendait son linge sur des fils pour le faire sécher, et que mon père avait loué un hangar sans toit pour en faire son atelier.

Un mécanicien de grande renommée l'avait rejoint, dans un autre hangar qui n'était pas en meilleur état, monsieur Jean Belléguic. Plus tard, monsieur Belléguic, reconnu pour ses grandes compétences, devint concessionnaire Mercedes. Ses deux fils lui succédèrent et, aujourd'hui encore, la concession Mercedes porte son nom. Dans cette cour, une carcasse de voiture servait d'abri à une pauvresse que nous connaissions sous le nom de Cathrinic[115]. Elle vivait là dans la plus grande précarité, protégée des rats qui pullulaient par un peuple de chats faméliques qui devaient aussi lui tenir chaud la nuit. Grand-mère, toujours miséricordieuse, lui portait souvent un bol de soupe et, quand elle préparait un ragoût, elle ne manquait jamais d'en faire un peu plus pour Cathrinic. Un jour, elle nous surprit à jeter de pierres sur la voiture pour taquiner la pauvre femme. Rouge de colère, grand-mère nous tira les oreilles : « Vous n'avez pas honte ? » Si, on avait honte et la leçon porta : de ce jour, on ne recommença jamais à persécuter la pauvre vieille.

La rue de la Providence était la rue des petits métiers. Outre ma grand-mère qui repassait coiffes, linge fin, toilettes de mariage et de communion, on trouvait la petite boutique de madame Quéau, une veuve mère de trois filles qui remaillait des bas et vendait du fil et des boutons.

Après le porche, on trouvait les demoiselles Charpentier, deux vieilles filles longues comme des cierges et à peu près de la même couleur, qui étaient rempailleuses de chaises. Par beau temps, elles exerçaient leur industrie sur leur seuil, à même la rue, il était bien rare qu'une voiture passât. Leur voisine, dont le nom m'échappe, était cardeuse de matelas. Son industrie consistait à éventrer les vieux matelas, à récupérer la laine trop tassée et à l'aérer en la faisant passer sous une sorte de bascule pourvue de dents et qu'elle manœuvrait à la main avec une belle vigueur, dans un nuage de poussière « odoriférante. » Cette laine ainsi recyclée partait ensuite chez Bob Barré, le matelassier de la place du 118e.

---

115. La petite Catherine.

Face à l'atelier de ma grand-mère, il y avait une très vieille bâtisse à encorbellements, aujourd'hui disparue, au rez-de-chaussée de laquelle œuvrait monsieur Duprat, cordonnier. Monsieur Duprat se prévalait d'être le dernier d'une famille de dix-huit enfants.

Il rapetassait les grolles les plus avachies et les croquenots bâillant de la semelle avec une belle vigueur, accroupi sur un tabouret bas auquel il semblait vissé et qui pivotait à trois cent soixante degrés. Il pouvait ainsi, sans avoir la peine de se soulever, s'emparer de la tatane malade et la poser sur son enclume à trois pieds pour évaluer l'intervention propre à la prolonger. Ensuite, selon le cas, il jouait du tranchet pour remplacer la pièce endommagée qu'il cousait ensuite avec une alène et du fil de poix et qu'il fixait définitivement avec de petits clous en assénant sur la chose de grands coups de marteau.

Nos yeux de cinq ans le considéraient avec une curiosité teintée de crainte au travers des carreaux empoussiérés de son échoppe. On pensait qu'il était un peu sorcier. Quand on le regardait, il nous fixait par-dessus les verres épais de ses binocles et le blanc de ses yeux luisant sur le fond sombre de son antre suffisait à nous faire fuir en poussant des cris d'effroi.

Jouxtant l'échoppe du savetier, on trouvait le bistrot de madame Olivier et la boucherie de monsieur Riou.

La venelle de la Glacière, comme son nom l'indique, menait aux glacières Courtois, installées au bord du Steir, là où se trouve aujourd'hui la Maison de la Petite Enfance. Je traversai souvent cette rue en allant, avec ma petite remorque, chercher une barre de glace qui m'était délivrée contre une pièce de cinq francs en aluminium par monsieur Pellen, le gardien des lieux.

Comme je l'ai dit plus haut, une faune miséreuse avait élu domicile dans ces ruines. Le Ramoneur, nous ne le connaissions que sous ce nom, s'ingéniait à raccommoder les assiettes cassées avec des bouts de fil de cuivre, et à mettre des pièces rivetées sur des casseroles ou des pot à lait percés. Il était également reconnu pour son habileté dans l'art de remplacer les baleines de parapluie défaillantes car, à l'époque, quand on achetait un parapluie, c'était sinon pour la vie, du moins pour un usage de plusieurs années.

À l'automne, il nettoyait les cheminées, d'où son surnom. C'était un maigre bonhomme taciturne et mélancolique dont le long nez rouge gouttait en toute saison et qui était réellement d'une adresse manuelle peu commune pour rapetasser les objets en fin de vie que la plupart des gens auraient balancés aux Joncs.

Je ne me souviens pas avoir jamais entendu le son de sa voix.

Les Joncs étaient une vasière qui avait été poldérisée lors de la construction du chemin de halage. Cet ancien bras de la rivière qui s'étendait derrière l'usine à gaz jusqu'à l'actuel stade Nicolas Kervahut servait en effet de décharge publique. Lorsqu'elle fut saturée, on la recouvrit d'un remblai sur lequel des maisons furent construites.

On trouva un jour le Ramoneur mort sur son grabat et, détail horrible, les rats lui avaient déjà bouffé les oreilles.

Puis il y avait le couple Aimée et Corentin Monsoulier, qui se chargeait de vider les fosses d'aisances à la rivière. Pour ce faire, ils passaient dans les anses de la tinette deux perches de bois qui servaient de brancards. Corentin, aussi grand et maigre qu'Aimée était petite et boulotte, menait l'attelage. Comme on attendait en général que la tinette fût bien pleine pour décider de la vider, la différence de taille entre les porteurs générait des débordements qui empestaient la rue sur leur trajet. L'été, les rayons du soleil portaient le désagrément à son comble et il fallait attendre l'averse pour purifier un peu l'atmosphère.

Titine Pomme Teint Frais avait le verbe haut et une mine vermeille, d'où son surnom qu'elle entretenait soigneusement au Petit Tagne à grand renfort de « gros qui tâche ». Ainsi appelait-on à l'époque le pinard d'Algérie, généreux en degré, qu'importait le père Nader sur le *Saint-Joseph*, un pétrolier déclassé ingénieusement reconverti en pinardier. Dans les prises de bec qui avaient traditionnellement lieu autour des halles, elle était justement redoutée.

À la belle saison, après le repas de midi, les commerçants sortaient les chaises sur la rue pour prendre le soleil. C'était l'heure où les poissonnières repliaient leurs étals aidés par leur clochard – pardon, par leur « officier des halles » – habituel. Quand il était en veine de rigolade, le père Chabay, pharmacien, distribuait parcimonieusement quelques pièces à quelque traîne-savates en le chargeant de répandre des rumeurs sur telle ou telle que l'on savait susceptible et riche en gueule. Il n'en fallait pas plus pour déclencher une querelle, et la joute oratoire qui s'ensuivait prenait bien vite des proportions homériques pour le plus grand plaisir de ce public de connaisseurs.

Le langage fleuri de Louise Boutané, poissonnière, se mêlait à la hargne d'une petite Bigoudène à la voix suraiguë, et parfois, ô surprise, il arrivait que des maquereaux invendus se prennent pour des poissons volants.

Il arrivait aussi que les spectateurs fussent victimes de leur propre jeu. Titine Pomme Teint Frais, que l'on a présentée plus haut, ne manquait pas de repartie aussi fulgurante que surprenante. Ainsi, le père Chabay se vit un jour, à sa grande confusion, traité « d'enc… de femmes saoules » par une Titine déchaînée.

On savait que celle-ci n'était pas avare de ses charmes qu'elle dispensait à cette faune dans la carcasse d'un camion hors d'usage échoué place Saint-Mathieu, et il n'en fallut pas plus pour que cet honorable apothicaire fût soupçonné d'avoir, en ces lieux mal famés, sacrifié avec la bougresse à des rapports contre nature.

Tel est pris qui croyait prendre… C'est ainsi que se font les mauvaises réputations.

Au pied de notre appartement, place du 118e, entre le bureau de recrutement de la Légion Étrangère et l'épicerie de madame Trellu, subsistait une masure abandonnée que deux pauvresses, mère et fille, avaient élue pour domicile. La mère, petite personne malingre et boiteuse qui portait la coiffe bigoudène, était suivie par la fille, aussi grosse que la mère était maigre. Elle avait un visage de pleine lune, des yeux hagards, le cheveu rare protégé par un fichu noué sur le haut de la tête qui faisait comme des oreilles de lapin, voire comme un œuf de Pâques. Elle considérait toute personne la regardant avec de gros yeux perpétuellement encolérés.

Éternellement armée d'un parapluie qu'elle n'ouvrait jamais mais qui lui servait d'arme, elle chargeait les écoliers des deux sexes avec une vindicte particulière.

Évidemment, les garnements que nous étions adoraient la provoquer. Il fallait bien peu pour que tel un taureau furieux, elle fonce, le parapluie levé. Il suffisait simplement de se racler la gorge en passant près d'elle et de faire hem hem… L'onomatopée lui avait valu son surnom : la Rheum. Bien sûr, confiants dans l'agilité de nos petites jambes, nous ne prenions pas de grands risques et les moulinets de son parapluie tombaient dans le vide.

Cet âge est sans pitié…

Mon père, qui se désolait de voir ces vilains petits jeux, décida de me donner une leçon. Depuis longtemps, il envisageait de changer notre antique cuisinière à charbon pour une machine plus moderne, à feu continu, avec un four et un bain-marie. Quel luxe ! Il fallut donc déménager le vieux fourneau et ce ne fut pas une mince affaire que de descendre cette masse de fonte du troisième étage, par un escalier étroit et mal éclairé.

Enfin, la cuisinière arriva sur le trottoir avec l'aide de l'oncle Jean, le jeune frère de ma mère, qui était le plus souvent requis pour les corvées de ce genre, et Fanchic Grall, un de ses copains. Et là, mon père, à ma grande surprise, m'entraîna par un couloir obscur dans l'antre des deux pauvresses, une pièce misérablement meublée d'une table branlante et de deux chaises dépaillées avec un grabat dans un coin.

Il y régnait une odeur de moisi, de fumée froide, et de crasse.

Les deux femmes, sur la défensive, semblaient se demander quel malheur allait encore leur tomber sur le dos, lorsqu'il se mit à leur parler en breton. Du coup, les visages crispés se détendirent. Je me tenais sur mes gardes, bien sûr, et bien que la présence de mon père me rassurât, je surveillais la Rheum du coin de l'œil, m'attendant à la voir me charger d'un instant à l'autre. Mais non, elle se tenait tranquille dans la pièce unique de cette masure sordide dans laquelle je ne m'imaginais pas qu'on pût vivre. Et Dieu sait pourtant que nous n'étions pas luxueusement logés ! Mais au moins, chez nous, c'était propre et, en hiver, il y avait toujours du feu dans la cuisine. Et quand nous rentrions de l'école les pieds trempés, notre mère ouvrait la porte du four et exposait nos chaussures à la chaleur pour les faire sécher.

Les palabres ayant pris fin, nous sortîmes ; tonton Jean et mon père portèrent la cuisinière jusqu'au domicile des deux femmes. Puis mon père installa les tuyaux dans le conduit d'une cheminée qui avait été murée. Enfin, il brisa quelques cageots entassés dans un coin et y bouta le feu. Une flamme claire illumina comme un soleil l'antre de ces réprouvées. Le visage acrimonieux de la Bigoudène s'était éclairé lui aussi d'un sourire. La vierge de Lourdes lui fut-elle apparue qu'elle ne l'aurait pas regardée avec plus de vénération que celle qu'en cet instant elle portait à mon père. J'appris que sa fille s'appelait Augustine et, de ce jour, quand je la croisai, je ne fis plus Rheum… Rheum… mais la saluai : « Bonjour Augustine ». Et tout d'un coup, sa face lunaire et hargneuse s'éclairait d'un large sourire.

— Tu vois, me dit mon père, il ne faut pas accabler ces gens qui ont déjà connu tant de malheurs.

Encore une fois, la leçon porta. Mon père ne fréquentait pas l'église mais il pratiquait la charité, de la même manière que grand-mère avec Cathrinic. D'autres grenouilles de bénitier notoires employaient leur énergie, entre deux séances de patenôtres et de confesse, à tenter de faire chasser ces deux « folles » de leur pauvre gîte. Comme disait Corneille : « *Les exemples vivants sont d'un autre pouvoir…* »

*

Un dimanche d'hiver à Quimper.

Dès l'automne, on allait au stade Kerhuel supporter le valeureux Stade Q alors présidé par monsieur Paul Chacun, industriel en conserves de poisson.

Nous habitions place de 118ᵉ où, de ma chambre située sur l'arrière, j'avais une vue plongeante sur la cour de la caserne. Notre vie était rythmée par les sonneries du clairon, depuis le réveil jusqu'à l'extinction des feux.

Je connaissais toutes les paroles que des bidasses facétieux avaient posées sur ces cuivreries martiales, depuis celle du réveil, la moins appréciée, « *Soldat lève-toi, soldat, lève soldat, lève-toi bien vite si tu n'veux pas t'lever, fais-toi porter malade…* » jusqu'à l'appel au repas, qui manquait d'enthousiasme : « *C'est pas d'la soupe c'est du rata, c'est pas d'la m… mais ça viendra !* », en passant par « *L'appel des cons… l'appel des cons… L'appelé des consignés* » destiné aux punis.

Le dimanche, ma mère, qui avait reçu une éducation tout empreinte de religion, exigeait que nous allions à la messe de onze heures, dite « messe des fainéants ». On s'y emm… à cent sous de l'heure, sauf quand Lannig Thomas, un clochard des halles, venait y faire quelques pitreries qui déclenchaient d'incoercibles fous rires chez les galopins que nous étions. Fous rires que le chanoine Bathany, le poing vengeur, condamnait avec virulence de sa chaire à prêcher, d'où ce nabot, du haut de son mètre cinquante, se donnait l'illusion d'être un géant. Ersatz de l'Aigle de Meaux, il tonnait, appelant la foudre sur nos têtes impies dans d'interminables envolées lyrico mystiques auxquelles nous ne comprenions rien mais qui, pour le plus grand dépit des punaises de sacristie – espèce alors formidablement répandue –, nous faisaient rigoler de plus belle.

Justement, une de ces saintes femmes, une bourgeoise à l'ancienne mode, c'est-à-dire tout de noir vêtue, au long visage éternellement éploré et dont la piété ne faisait pas de doute, connut un certain dimanche une terrible humiliation publique de la part de l'irascible nabot.

Cette rombière, qui habitait une maison de belle apparence dans le quartier Pogam, quartier chic de la ville, entre la place la Tour d'Auvergne et le Palais de Justice, avait un gros chien jaune plein de plis que nous désignions alors sous le nom de « chien lion » – par opposition aux chiens-loups – tant sa mine était formidable. Ce pauvre animal n'avait de redoutable que son aspect. C'était un très vieux chien à demi-aveugle qui suivait partout sa maîtresse, au flair pourrait-on dire, tant qu'on ne le confinait pas dans le jardin.

Un certain dimanche, il arriva qu'à la faveur d'un portillon mal fermé, le chien sortit sur les pas de sa maîtresse et la suivit jusqu'à l'église sans qu'elle s'en aperçût. Il parvint à entrer dans l'édifice et là, devant tous ces gens assemblés, il perdit la piste de sa maîtresse. Alors il se coucha discrètement derrière un pilier du fond de l'église, épuisé d'avoir marché si longtemps, et plongea dans une profonde somnolence.

Comme à son habitude, madame X s'était installée au pied de la chaire à prêcher pour recevoir la bonne parole du chanoine Bathany dont les prônes étaient réputés. Celui-ci arriva solennellement dans son surplis immaculé, coiffé de la barrette à trois cornes, et se hissa péniblement – il était déjà d'âge bien avancé – au sommet de la chaire, ouvrit posément son rituel, reprit son souffle et balaya la nombreuse assistance d'un regard dominateur.

Dans l'église, on aurait entendu un moustique voler. Satisfait de cette attention, il lança d'une voix de stentor une de ces formules latines dont il avait le secret qui tonna sous la voûte de granit.

Puis, suivant son habitude, il attendit quelques instants que les fidèles aient assimilé cette « mise en bouche », si j'ose dire.

Au fond de l'église, le chien de madame X, réveillé en sursaut, se redressa et se mit à hurler à la mort. Et, comme il était bien gorgé, sa voix porta bien plus encore que celle du chanoine. Stupéfait, celui-ci voulut reprendre l'avantage par une seconde citation latine. Las ! Il n'était pas de taille. Le chien lui répondit avec plus d'intensité encore. Il s'était avancé dans l'allée et cherchait sa maîtresse de ses yeux morts. Il était suffisamment caractéristique pour qu'on le reconnût.

Alors, le chanoine foudroya madame X du regard et tonna :

— La place d'un chien n'est pas dans une église !

Mortifiée, madame X se leva sous cent regards courroucés ou amusés et sortit, son chien sur les talons.

Resté maître de la place, le chanoine, comme pour se revancher de cet incident pourtant bien anodin, nous accabla d'un interminable sermon tandis qu'un thuriféraire solennel et consciencieux nous enveloppait d'un nuage délétère.

Je me souviens que j'exécrais, et que j'exècre toujours, ces vapeurs d'encens qui nous enveloppaient et qui manquaient de me faire tomber dans les pommes. J'avais du mal à comprendre que ces tentatives d'asphyxie sur nos pauvres et innocentes têtes pussent être agréables au Très Haut.

À cette époque, les églises étaient bondées et nous guettions avec impatience les trois mots magiques *ite missa est* qui nous rendraient la liberté. La messe était dite ! Nous nous précipitions alors par la porte latérale, où l'abbé Calvez nous guettait, pour faire signer notre carte de messe qu'il faudrait présenter à la séance suivante de catéchisme sous peine de péché mortel.

Le dimanche, maman mettait un poulet au four et faisait des frites. Quel régal ! On avait même le droit à un gâteau de chez les demoiselles Cosquéric, pâtissières place Saint-Mathieu. J'étais un fervent amateur du mille-feuilles à la confiture, ma mère était une inconditionnelle du chou à la crème et mon père du « non autorisé ».

Le match de l'équipe fanion – comme on disait alors – commençait à quinze heures mais mon père aimait bien arriver au stade à quatorze heures, ainsi pouvait-on voir une mi-temps de l'équipe réserve où débutaient les espoirs du club. Alors on expédiait le poulet-frites et les gâteaux de la mère Cosquéric pour quitter la maison à treize heures car il nous fallait traverser toute la ville, en suivant les quais. Arrivés au pont Firmin, de l'autre côté du passage à niveau de la voie ferrée Quimper-Douarnenez, c'était déjà la campagne.

L'étroit chemin de terre qui menait au stade longeait la rivière qui n'était pas encore canalisée et formait une promenade charmante. De vieux murets s'écroulaient dans l'eau, des saules trempaient leurs rameaux dans le fil du courant où de longues algues vertes ondulaient, découvrant des gravières de sable blanc. On guettait les truites qui filaient, furtives, et les saumons qui jaillissaient de l'eau pour franchir le barrage de la minoterie Merret, supputant les captures miraculeuses que l'on pourrait faire à l'ouverture… L'ouverture de la pêche, bien sûr, qui avait lieu à la mi-février.

Plus on s'approchait de l'entrée du stade, plus la foule se faisait dense. Il y avait la queue aux guichets, mais nous n'avions pas à y passer car mon père avait sa carte de « membre abonné », qu'il présentait fièrement aux contrôleurs attentifs.

Pour cette fidélité, nous avions accès à la tribune. Cet édifice délicieusement suranné, qui avait été moderne en son temps puisqu'il datait des premiers âges du béton armé, avait été bâti pour abriter les élégantes lors des courses hippiques du printemps. Où qu'on s'y trouvât, assis sur des claies de bois dur, il y avait toujours un poteau de ciment qui coupait la vue et il fallait constamment bouger la tête à droite ou à gauche pour suivre l'action qui se déroulait sur le terrain. Car le stade Kerhuel avait empiété sur la piste où, deux fois l'an, couraient les chevaux. Nous avions nos places réservées et mon père retrouvait, le temps d'un match, des voisins avec lesquels il échangeait ses impressions.

À la mi-temps, il me gratifiait d'une pièce d'aluminium – cinq francs (très anciens) – que je m'empressais d'échanger contre un « pochon » de cacahuètes à la charrette du père Van Houtte.

Cyrille Van Houtte était un vieux bonhomme qui tâchait de gagner ses quatre sous en vendant des cacahuètes qu'il grillait lui-même et des bonbons.

Il était d'origine hollandaise et avait probablement échoué en ce bout de Finistère après la guerre 14/18.

Il avait gardé de son plat pays d'origine un accent tudesque, guttural et un peu rude qui le rendait difficile à comprendre.

Il venait de sa tanière du Moulin du Parc, en tirant sa charrette des quatre saisons qui brinquebalait sur les ornières du chemin. Sa femme, largement septuagénaire, l'aidait de son mieux, attelée à la « bricole » comme une bête de somme. Les garnements que nous étions poussaient aussi, souvent avec une vigueur que le père Van Houtte devait canaliser. « Pas trop vite, pas trop vite ! Vous êtes de bons petits gars, c'est bien, c'est bien… »

Il s'installait à l'entrée du stade, devant la statue d'un poilu de granit qui montait la garde devant la stèle où étaient gravés les noms des footballeurs tombés pour la patrie. Les deux boules en granit qui reposaient de part et d'autre de la stèle n'étaient d'ailleurs pas des boulets de canon, mais bien des ballons de foot, bien reproduits avec leurs coutures et leur lacet. Footballeur « minime » au Stade Q, j'avais vite appris à connaître ce qu'il en coûtait de faire une tête sur ce fichu lacet.

À la mi-temps, alors que les buvettes étaient prises d'assaut, j'allais me dérouiller les jambes derrière les tribunes avec d'autres garnements qui trouvaient toujours un vieux ballon qui traînait. J'en revenais crotté jusqu'aux yeux sous l'œil réprobateur de mon père : « On va être bien vus en rentrant à la maison ! »

Effectivement, je me faisais copieusement engueuler et mon père avait, lui aussi, sa part de reproches. « Tu n'es pas sage de le laisser faire, et avec ses habits de dimanche, encore ! » Mon père ne répondait pas, sachant que toute tentative de se justifier n'aurait fait que l'enfoncer et généré une interminable querelle. Il n'en était pas friand.

Ah, ces foutus habits du dimanche, que je les exécrais ! S'il n'y avait eu le poulet frites, les gâteaux de la mère Cosquéric, le match de foot et surtout pas d'école, j'aurais pu faire mienne la scie alors en vogue de la môme Piaf, *Je hais les dimanches*.

Dès le lundi, je retrouvais avec bonheur ma culotte courte, ma chemisette et mes galoches, moins chics peut-être mais moins contraignantes que mes souliers du dimanche que j'avais joyeusement salopés dans la boue de Kerhuel.

Les derbies contre le Stade Brestois ou les Merlus de Lorient attiraient la grande foule. Six mille, huit mille personnes ceinturaient alors le vieux stade Kerhuel qui grondait comme un volcan. En Coupe de France, quand on tombait contre les Dernières Cartouches de Carhaix, ça frisait l'émeute. Les gars de Carhaix avaient la fâcheuse réputation de « cabosser », c'est-à-dire de jouer brutalement. Heureusement, nous avions des joueurs « techniques », comme disait le correspondant du *Télégramme* qui faisait « le papier », des ailiers qui, « d'une feinte de balayeur », mettaient les féroces arrières carhaisiens « dans le vent », soulevant des clameurs d'allégresse dans le public, suivies de tournées de petits rouges dans les buvettes car chaque action d'éclat était commentée et arrosée.

À l'arrière, une garde prétorienne, Ti Jean Le Breton et Henri Bois regroupés autour du grand Laz, André Lazennec, dentiste dans le civil, montaient la garde devant les buts de notre goal, l'invincible Vévé Louboutin, imprimeur de son état. Pour jouer à l'arrière il fallait être costaud et « dur sur l'homme ». Pour jouer à l'avant, il fallait être rapide et « avoir une bonne patate » : savoir shooter fort. Les « inters » – aujourd'hui on dit « milieux de terrain » – se devaient d'être fins dribbleurs et pour être goal, il fallait de la détente et de l'intrépidité pour plonger dans les pattes de l'adversaire et récupérer le « cuir » (ainsi que les commentateurs de presse appelaient le ballon). C'étaient là les fondamentaux incontournables de notre valeureux entraîneur Pierre Philippe, un type qui s'y connaissait. N'avait-il pas été « interrégional » ?

Avec Ti Jean Le Breton, le grand Laz et Henri Bois, le Stade Q disposait de trois invincibles défenseurs qui n'hésitaient pas, d'une « poussée de maçon », à étaler les attaquants adverses trop entreprenants dans le cloaque que devenait rapidement la pelouse gorgée d'eau de Kerhuel.

Les quolibets fusaient à l'égard des « visiteurs » qui se relevaient péniblement : « Bouge ton c… Eh, gonzesse ! »

On prenait parti pour un but refusé : « Y avait pas hors jeu ! » Des milliers de pieds produisaient un grondement du tonnerre en shootant rageusement contre les tôles des panneaux publicitaires qui ceinturaient le terrain, des milliers de poitrines invitaient en chœur l'arbitre à se rendre urgemment en un lieu « où le roi va à pied », pour conserver un langage châtié qui n'avait pourtant pas cours à Kerhuel. « Y a péno, y a péno ! » Nouvelle poussée de fièvre. Pitou Le Pape, notre avant-centre, un buteur de première, venait de s'étaler dans la surface de réparation. Les supporters visiteurs gueulaient « Chiqué ! Chiqué ! C'est pas du foot qu'il devrait faire, ce toquard, c'est du cinoche ! » On en venait presque aux mains, une nouvelle fois, l'arbitre était conspué : « Eh, le croque-mort – fine allusion au fait qu'à l'époque les arbitres officiaient en noir – t'as oublié tes lunettes ? »

Quand ce mal aimé sifflait la fin de la partie, on ne distinguait plus les noir et blanc quimpérois des rouge et bleu visiteurs. Tous étaient d'un uniforme couleur marron tant ils s'étaient roulés dans la boue.

De la boue, il y en avait encore tout au long du chemin du retour. Les riches qui étaient venus en Traction Avant ou même, luxe suprême!, en Vedette Ford, restaient plantés dans la prairie qui servait de parking. On s'amusait des rugissements de moteur, des roues qui, en patinant, projetaient des torrents de boue et des nuages de fumée noire sur tout ce qui passait à l'entour... et de la déconvenue de leurs chauffeurs.

Le lendemain, on cherchait dans la page des sports du *Télégramme* le compte-rendu du match qui commençait ainsi: *Quimper-Carhaix: 3 à 0. Spectateurs payants: 6.783. Recette 8.755 francs.* La somme nous paraissait énorme et on s'esbaudissait: « Ah les vaches, qu'est-ce qu'ils se font comme fric! »

Déjà!

*

Les nouvelles halles.

Construites en 1937 sur les derniers vestiges du couvent des Ursulines qui, après moult vicissitudes, était devenu prison avant d'abriter la poste, les nouvelles halles de Quimper étaient en fait un bâtiment à usages multiples et variés. Le samedi, il s'y tenait un important marché aux légumes qui débordait parfois jusqu'à la place Saint-Mathieu.

Le marché terminé, les gars du petit génie, chargés du nettoyage de la voirie, s'activaient à balayer les fanes de carottes et de poireaux.

Il fallait faire vite car c'est sur ce même emplacement que la section basket du Stade Quimpérois disputait son championnat.

Comme il n'y avait point de tribunes, les spectateurs s'entassaient autour du terrain jusqu'à mettre le pied sur les lignes.

Si le basket n'avait pas à Quimper la même aura que le foot, il n'y avait pas encore la télévision pour meubler les longues soirées d'hiver. Aussi, le samedi soir, à l'heure du match, la salle était pleine comme un œuf et les Jo Le Bras, René Cornic, Ti Jean Larzul, Ti Louis Bodéré et quelques autres faisaient tout de même vibrer la galerie dans une ambiance rendue opaque par les fumées de cigarettes et tout empuantie encore des senteurs fortes des queues de poireaux et des fanes de carottes.

Cette salle omnisport avant l'heure – on n'avait pas encore inventé ce mot – abritait également d'autres activités sportives comme les soirées organisées par le Boxing Club Quimpérois où Tintin Lautrédou, alias Kid Copeau, un menuisier de la rue Saint-Mathieu, défendait vaillamment les couleurs de la ville. Les galas de catch qui se déplaçaient de ville en ville attiraient les foules. Nous étions impressionnés par ces costauds ventripotents qui se balançaient en l'air et retombaient lourdement en faisant trembler le ring. Et quand le bourreau de Béthune, masqué comme il se doit, affrontait l'Ange Blanc et le démolissait par des coups déloyaux, c'était carrément l'hystérie.

L'arbitre, un petit bonhomme en blanc, se faisait régulièrement prendre à partie par les spectateurs, et bousculer par les catcheurs.

Quand il roulait à terre, c'était du délire. Le speaker, qui s'égosillait dans son micro pour essayer de ramener le calme, ne faisait qu'ajouter à la confusion.

C'était également là que se déroulaient les réunions politiques ; autres joutes, verbales celles-là mais où tout de même parfois on en venait aux mains, qui opposaient Hervé Nader, importateur de pinard algérien et fameux orateur, à André Monteil, professeur agrégé au lycée et maire de Quimper.

La faconde d'Hervé Nader était bien connue et il n'avait pas hésité, pour annoncer un face-à-face prometteur avec son adversaire, à faire imprimer une affiche qui couvrit un temps les murs de la ville, affiche sur laquelle les deux protagonistes étaient représentés face à face, des gants de boxe aux mains, avec la légende suivante : Dédé l'Auvergnat – Monteil était originaire de Corrèze – contre Vévé le Cornouaillais, Nader étant natif de Quimper.

Tous deux avaient participé activement à la Résistance, Hervé Nader avait même été déporté à Matthausen d'où il était revenu d'une maigreur extrême. Mais après une joute épique au cours de laquelle ils s'étaient balancé tous les noms d'oiseaux, et où leurs supporters respectifs en étaient venus aux mains, ils durent feindre une unité de façade pour faire front contre le candidat de gauche, maire d'Ergué-Armel, Yves Thépot.

Cette palinodie ne ſut pas du goût des Quimpérois qui renvoyèrent les deux jouteurs à leurs études et ce fut Yves Thépot, artisan serrurier, qui devint le premier maire du grand Quimper.

Ce n'était pas la première fois qu'un ouvrier devenait maire de Quimper. Un artisan peintre, Yves Wolfarth, avait été le maire de la Libération, mais c'était la première fois qu'un professeur agrégé se faisait battre à plate couture par un ouvrier. On l'a vu récemment, ce n'était pas la dernière…

C'est également au rez-de-chaussée de cette salle des fêtes qu'en 1958, André Malraux vint tenir un meeting pour soutenir le candidat gaulliste. Il s'avança, en fendant une foule dense, au milieu des applaudissements et des lazzis, escalada la tribune qui avait été édifiée sous un panneau de basket, et se dressa pour prendre la parole. L'œil allumé, la mèche noire sur le front, il lança avec exaltation et un grand mouvement de bras : « Je suis venu vous parler du destin du monde… »

Il n'alla pas plus loin. L'opposition avait mobilisé ses troupes et un énorme haro suivi de noms d'oiseaux déferla sur l'assemblée, mêlé à des applaudissements et aux cris de protestation de ceux qui étaient venus entendre le grand homme.

Malraux, éberlué par ce tumulte, resta un instant le bras en l'air, puis s'écroula sur son pupitre où il resta sans bouger.

Les secours s'organisèrent immédiatement car on pouvait penser que le ministre avait été frappé par une crise cardiaque, et il fut exfiltré par des secouristes au milieu d'une foule où on s'échangeait déjà des coups.

Le passage de ce corps inerte rappela les belligérants à un peu de retenue et la salle fut évacuée sans que l'on ait su quel serait le destin du monde, du point de vue du ministre de la Culture.

L'étage du bâtiment abritait une vaste salle vouée aux conférences, aux réunions et autres expositions qui attiraient un public moins turbulent que celui du rez-de-chaussée, mais aussi aux bals, qui rythmaient la saison et où tout ce qui comptait à Quimper se devait d'être vu.

Le plus chic était le bal des Coloniaux, suivi par le bal du stade Quimpérois. Ces sommets de la saison étaient animés par des orchestres prestigieux, Jacques Hélian, Frank Pourcel, Georges Jouvin, qui se déplaçaient avec une vingtaine de musiciens. Le plus populaire était le bal des Sapeurs Pompiers qui avait lieu traditionnellement à la Saint-Sylvestre, toujours à la salle des fêtes. Et puis il y avait le bal de l'École Normale, celui de la Police qui, eux, pour cause de budget, se contentaient d'orchestres locaux, dont celui d'Émile Loubatié, commerçant rue du Parc et roi du mambo, qui avait astucieusement transformé son nom en Elie Tabou pour donner à sa formation une consonance plus exotique, tandis que le groupe de Le Chever, batteur émérite, mieux connu sous le surnom de « Ti Che », excellait dans le tango et le paso-doble.

Toutes ces animations n'allaient pas sans heurts. Outre les bagarres inévitables qui se réglaient sur le pavé de la rue du Chapeau Rouge : « Sors dehors si tu es un homme » était le préliminaire au duel « pour l'honneur », le presbytère était juste en face de la salle des fêtes et les sonorités exotiques troublaient le sommeil des prêtres. La crise des vocations n'avait pas encore frappé et ils étaient alors une bonne demi-douzaine à desservir l'église Saint-Mathieu. Le dimanche, en chaire, le chanoine Bathany ne manquait pas d'appeler les foudres célestes sur ces « horribles musiques de nègres » (*sic*) qui poussaient les jeunes à des danses indécentes « *kof a kof* »[116] et à la débauche.

Ces pratiques menaient généralement ces enfants perdus quelques mois plus tard devant monsieur le maire et… monsieur le curé. Et puis tout rentrait dans l'ordre, naturellement !

*

La musique à Quimper.

Il y avait bien sûr la fanfare des militaires du 118e RI qui défilaient en ville pour les grandes occasions : 14 juillet,

---

116. Ventre contre ventre.

11 novembre, prises d'armes au monument aux morts, et qui, l'été, donnaient des aubades dans le kiosque à musique qui était posé au milieu de la place de la Résistance.

C'est sur cet édifice octogonal en granit de Kersanton chapeauté de zinc, aujourd'hui disparu, que la musique militaire s'installait les dimanches d'été pour jouer des airs martiaux. Des chaises pliantes étaient disposées à son pied pour le confort des auditeurs.

Avant l'avènement de l'automobile reine, c'était là, entre les vertes frondaisons du Frugy et le confluent de l'Odet et du Steir, – que les plus anciens appelaient toujours le parc Costy – un endroit fort agréable et très couru pour les dimanches d'été.

Et puis il y avait les cliques – cuivres et tambours – des patros, la Phalange d'Arvor et la Jeanne d'Arc et, la plus importante, la Lyre Quimpéroise à laquelle une foule bon enfant emboîtait le pas en chantant le soir du 14 juillet pour une retraite aux flambeaux suivie d'un feu d'artifice et d'un bal populaire.

Le grand moment, c'était quand Ferdinand Dollé, corsetier rue Kéréon, ancien champion de gymnastique et président de l'association, annonçait du haut de sa courte taille le morceau de bravoure qui avait fait la gloire de la Lyre :

« Et maintenant, voici *Le Téméraire* ! » Les cuivres se déchaînaient sous les applaudissements et la foule talonnait la fanfare pour faire retraite, comme on disait alors, au long des quais.

Le Grand Café de Bretagne avait aussi son orchestre. Pendant quelques saisons, ce fut une formation de trois femmes, une violoniste, une pianiste et une chanteuse, qui anima les apéros et les soirées d'été sous les platanes, au long de l'Odet, à une époque où la circulation automobile était extrêmement rare.

La bonne bourgeoisie quimpéroise faisait donner des cours de musique à sa progéniture par les demoiselles Oudinet qui habitaient la rue Saint-Nicolas.

La rue Saint-Nicolas est assurément la voie la plus romantique de Quimper. Pourquoi dis-je la plus romantique ? Parce qu'elle est si pentue qu'on a dû la couper en son mitant d'une volée de marches de granit qui la rendent impropre au passage de toute voiture, fut-elle hippomobile ou automobile ; enfin, parce qu'elle est bordée de hauts murs couverts d'une végétation folâtre et que derrière ces hauts murs se cachent des jardins pleins de mystère.

En fait, ce fut la première rue piétonne de Quimper, outre quelques venelles comme la venelle de la Gaze, celle du Pain-Cuit, et la venelle au Duc, étroits boyaux reliant entre eux des rues plus passantes vouées au commerce, et dans lesquelles un véhicule à quatre roues n'aurait su trouver passage.

C'est dans cette oasis de calme que les demoiselles Oudinet, Alice et Jeanne, largement octogénaires, enseignaient aux jeunes générations quimpéroises les délicieux supplices du solfège, du clavier et du crincrin.

Mademoiselle Alice, la cadette, officiait au piano tandis que son aînée, mademoiselle Jeanne, formait les futurs Paganini.

Lorsque l'on passait dans cette voie hors du temps, l'écho de gammes laborieusement exécutées par de petites mains malhabiles troublait seul les roucoulements des pigeons perchés sur les toits chenus d'alentour.

Les deux vieilles demoiselles vouaient un amour immodéré à la gent féline. Mademoiselle Alice s'épuisait à transporter, depuis les halles, des paniers chargés de rebuts de poissons invendables dont elle confectionnait une pâtée pour tous les matous du quartier.

Cette dernière avait une bonne figure ronde et arborait un éternel sourire séraphique, plein d'indulgence pour le monde entier. Mademoiselle Jeanne, la grande sœur, était plus sèche, plus autoritaire, du moins d'aspect.

Outre leur enseignement musical, les deux sœurs étaient souvent requises pour les mariages où elles exécutaient – le mot n'est pas trop fort – *La marche nuptiale* de Mendelssohn, sans laquelle un mariage n'est pas un vrai mariage.

Je me souviens d'être allé les chercher avec mon père à l'occasion d'un mariage dans la famille. Elles étaient alors bien vieilles, mais il n'y avait point de bon mariage à Quimper sans que les demoiselles Oudinet fussent présentes à la cérémonie.

Pour les remettre du voyage – Quimper/Fouesnant, c'était pour elles une épopée –, le futur marié leur offrit malicieusement une ou deux coupes de champagne pour leur donner du cœur au ventre. Las! Mademoiselle Alice, tout émoustillée par cette divine boisson dont elle n'avait pas l'habitude, prit le mors aux dents sur son clavier d'harmonium et l'archet de mademoiselle Jeanne ne put jamais rattraper sa cadette qui avait pris une mesure d'avance. Bien entendu, on ne leur en tint pas rigueur, on les félicita et elles purent continuer à faire honneur au buffet qui était servi. Puis, rompues par toutes ces émotions et par ces agapes auxquelles elles n'étaient pas habituées, elles s'écroulèrent sur un canapé judicieusement placé pour recueillir les gros coups de fatigue.

J'accompagnai mon père lorsqu'il les reconduisit à la nuit tombée. Quand la voiture s'arrêta rue des Gentilshommes, une pleine lune éclairait les gros pavés de grès de la rue Saint-Nicolas. Je dus aider les deux vieilles demoiselles à s'extraire de la voiture. Mademoiselle Jeanne était embarrassée de son étui à violon et mademoiselle Alice d'un carton dans lequel on lui avait glissé les reliefs du buffet et qu'elle emportait comme un trésor.

En outre, le champagne continuait de faire son effet et les deux vieilles demoiselles, un peu pompettes, vacillaient sur leurs jambes fatiguées.

Elles avaient une cinquantaine de mètres à gravir avant d'arriver à leur domicile, appuyées l'une sur l'autre, mais elles n'avaient pas fait vingt pas qu'une cohorte de chats sortis des jardins voisins descendit vers leurs mères nourricières en miaulant lamentablement.

J'ai encore dans les yeux ces deux silhouettes se soutenant mutuellement, cahotant au milieu de cette mer de félins affamés sous la lumière blafarde de la lune. Quand elles ouvrirent leur porte, les chats s'engouffrèrent dans la maison en un concert de miaulements et mademoiselle Alice attendit que le dernier fût entré pour refermer son huis. « *Cette obscure clarté qui tombe des étoiles* » faisait luire les pavés de grès et sur les hauts murs des propriétés voisines, les grandes valérianes rouges, mêlées aux petites fougères drues, semblaient dormir…

*

Le Portugais.

Quel âge avais-je quand Manuel vint pour la première fois à l'école ? Neuf ou dix ans, sans doute. C'était ma dernière année à la communale avant d'entrer au lycée.

Lorsque Manuel arriva dans ma classe, il avait trois ans de plus que nous. Ça ne se voyait pas car il était petit et malingre. C'était le dernier d'une fratrie de quatre garçons d'une famille portugaise récemment arrivée dans notre ville. Le père, homme dur à la peine, avait trouvé à s'employer dans une entreprise de travaux publics, et ses trois frères aînés travaillaient également dans le bâtiment.

Est-ce parce que le petit dernier leur avait paru de complexion trop fragile pour suivre la trace de ses frères dans le dur monde du travail qu'on l'avait poussé à l'école ? Peut-être.

Toujours est-il que c'est sa mère, à qui on avait dit que l'instruction aiderait son garçon à devenir « quelqu'un », qui l'avait inscrit à la communale.

À l'époque, pour devenir « quelqu'un », du moins pour nos maîtres dont l'esprit avait été formaté au séminaire laïc de la rue de Rosmadec, l'École Normale d'instituteurs, il convenait d'entrer dans l'Administration.

Hors l'EDF, les PTT, la SNCF ou la Sécurité Sociale, point de salut !

La Communale de Paul-Bert avait une classe préparatoire dite « 3e spéciale » où, après le BEPC, quelques instituteurs vaguement spécialisés et abusivement parés du titre de « professeur » instruisaient les élèves qui désiraient être candidats aux concours permettant d'accéder aux postes subalternes des administrations susnommées.

Les sujets particulièrement doués préparaient l'entrée à l'École Normale d'où l'on sortait instituteur.

Instituteur ! Le rêve de mes parents. La mère de Manuel avait-elle rêvé de faire de lui un instituteur ? Allez savoir !

Elle s'appelait Dos Santos, venait du Portugal et ne baragouinait que quelques mots de français laborieusement appris auprès de « la madame » chez qui elle faisait le ménage. Son mari, homme taiseux et dur au mal, alignait, pour le compte d'une entreprise de travaux publics, les bordures de trottoir dans les lotissements nouveaux qui fleurissaient aux quatre coins de la ville.

Les trois grands frères de Manuel, petits costauds trapus, olivâtres de peau et noirs de poil, travaillaient eux aussi dans le bâtiment. Deux d'entre eux s'illustraient le dimanche dans l'équipe de foot locale et le troisième se mêlait régulièrement aux meilleurs dans les compétitions cyclistes de kermesse.

Auprès d'eux, Manuel était un freluquet. Maigre comme un chat sauvage, le teint olivâtre lui aussi, le cheveu d'un noir profond, il avait le regard triste d'un animal mis en cage.

Visiblement, il ne comprenait pas pourquoi on l'avait enfermé dans cette école au lieu de le mettre à l'apprentissage d'un travail manuel comme on l'avait fait pour ses frères.

C'était le premier « vrai étranger » qu'il nous fut donné de fréquenter. Les seuls que nous ayons connus jusqu'alors étaient des gaillards venus de Brest, voire de Nantes et même de Paris, au gré des déplacements professionnels de leurs parents.

Ils subissaient, dans les premiers temps, le traditionnel « Parigot, tête de veau », avant de se fondre dans la masse. Trois mois après leur arrivée, quand ils ne la ramenaient pas trop, on avait oublié d'où ils venaient.

Manuel commença par se tenir à l'écart dans la cour de récréation, tout intimidé par cette horde de braillards courant après une balle de mousse guère plus grosse qu'une orange.

Les buts étaient constitués par les tilleuls qui bordaient le fond de la cour et deux sacs d'école posés dans la poussière.

Cependant, il ne resta pas bien longtemps à part : balle au pied, ce type était un véritable sorcier. Comme disaient les chroniqueurs sportifs du temps, « il aurait dribblé six adversaires dans une cabine téléphonique ».

Aussi, lorsqu'on tirait les équipes, on se le disputait. C'est ainsi qu'il devint notre copain. Donc, côté récré, pour lui ça ne se passait pas trop mal.

Mais là où ça coinçait, en revanche, c'était en classe. L'instit, monsieur L…, avait pris Manuel en grippe. Manuel ne faisait pas ses devoirs, Manuel n'apprenait pas ses leçons sans fournir d'explications. Et pour cause : Manuel parlait très mal le français et surtout, il ne le lisait pas.

Comment en aurait-il été autrement ? Chez lui, tout le monde parlait le portugais. Ses grands frères tenaient bien une conversation en français, mais avec un accent épouvantable.

Sa mère jargouinait quelques mots essentiels à sa tâche, mais le père, nada ! Rien. Un Portugais pur et dur, à l'œil sombre et aux grosses mains crevassées.

Monsieur L… s'irritait de cette ignorance qu'il prenait pour de l'indolence et il notait Manuel en conséquence.

Notre copain rapportait donc à la maison des carnets de notes catastrophiques, on le voyait revenir le lendemain le visage tuméfié et pendant trois ou quatre jours, il ne pouvait plus jouer au foot.

Le poseur de bordures de trottoir avait la main rude et lourde. Notre instit ne s'en apercevait pas, ou affectait de ne pas s'en apercevoir.

Il continuait à se moquer de notre pauvre camarade, de son accent, de son orthographe épouvantable, et se livrait à des plaisanteries douteuses sur ceux « qui étaient juste assez bons pour faire un ouvrier ».

« D'ailleurs, ajoutait-il finement, quand on s'appelle Manuel, n'est-ce pas… »

Le Portugais était devenu le souffre-douleur de ce sadique qu'on disait affligé d'une femme acariâtre menant le branle en son logis. Les jours de cataclysme domestique, l'instituteur trouvait un exutoire à ses déboires conjugaux en malmenant le pauvre Manuel.

Monsieur L… avait une très haute opinion de son rôle dans la société : n'était-il pas le dispensateur du savoir ? Celui qui avait la lourde charge de tirer le peuple de l'obscurantisme où l'avaient plongé les curés pendant des siècles ?

Hors l'instruction, point de salut ! Telle était sa devise. Alors il divisait la classe en deux : ceux qui pourraient postuler à un poste dans l'administration et les autres.

Les autres… Les moins que rien qui devraient travailler de leurs mains et gagner leur pain à la sueur de leur front.

Se proclamant de gauche, affichant un athéisme militant – chaque fois qu'il croisait une soutane… et il y en avait à cette époque, il faisait finement croa, croa –, révérant la classe ouvrière dans l'*Humanité* qu'il déployait ostensiblement dans la cour, à la récréation, monsieur L… manifestait un mépris hautain pour l'ouvrier de proximité.

Lui eut-on fait remarquer cette contradiction étrange qu'il se serait récrié haut et fort. Saurait-on soupçonner un homme qui lit l'*Humanité* tous les jours de pareilles turpitudes ?

Il circulait sur une mobylette ocre dont la couleur s'harmonisait parfaitement avec son teint d'hépatique.

La maman de Manuel s'appelait Carmen Dos Santos. C'était une grosse femme très pieuse, toute vêtue de noir. D'ailleurs, Manuel portait autour du cou une petite croix d'or retenue par une fine chaînette, d'or elle aussi.

Le jour où monsieur L… s'en aperçut, ce fut dramatique. Il s'empara de la croix et se pencha sur Manuel terrorisé :

— Qu'est-ce que c'est que ça, Dos Santos ?

Manuel bredouilla :

— Ma… Ma croix.

— Je vois bien que c'est une croix, ironisa monsieur L… Est-ce que tu me prendrais pour un imbécile, par hasard ?

— Non, Monsieur !

Qui aurait osé répondre affirmativement à une telle question ? Sûrement pas Manuel !

— Encore heureux ! Dis-moi…

Il se tourna vers le reste de la classe, nous prenant à témoin :

— Ou plutôt, dis-nous, à quoi ça sert ?

Manuel ne put que bredouiller :

— C'est ma croix, Monsieur.

— Et tu ne sais pas à quoi ça sert ?

Manuel ne savait que répéter :

— C'est ma croix.

Ce qui faisait rugir monsieur L…

— Ce n'est pas ça que je te demande, bougre d'âne !

Il s'adressa à la classe :

— Quelqu'un saurait-il me dire à quoi ça sert ?

Il n'obtint qu'un grand silence.

— Ça sert, dit-il sentencieux, à faire du prosélytisme. Bien évidemment, bande de bourricots, vous ne savez pas ce qu'est le prosélytisme !

Non, on le savait pas. C'était même la première fois qu'on entendait le mot. Alors, monsieur L… nous l'expliqua doctement, à sa manière : en portant ostensiblement une croix, Manuel faisait de la publicité à la religion catholique, ce qui était inadmissible dans une école laïque qui devait se tenir à l'écart de toute pratique et signes religieux.

Nous n'avions jamais vu Manuel porter sa petite croix ostensiblement. Il avait fallu, pour l'apercevoir, que monsieur L… se penche sur la chemisette entrouverte de Manuel, et s'il allait à la messe comme la plupart d'entre nous, c'était plus pour faire plaisir à sa mère que par véritable conviction.

Monsieur L… n'avait pas lâché la petite croix. Il donna un coup sec du poignet et la fine chaîne d'or se rompit. Manuel eut un geste instinctif pour la lui reprendre, ce qui lui valut une baffe grand modèle de la part de monsieur L…

— Confisqué ! tonna celui-ci furieusement en mettant l'objet en poche.

— Mais c'est à moi ! s'écria Manuel d'une voix lamentable.

— Qui te dit le contraire ? fit monsieur L… d'une voix doucereuse.

Il se délectait littéralement du désarroi de notre copain.

— Je vais te dire ce que je vais en faire, moi ! Je vais la confier à monsieur le directeur, et tu la retrouveras à la fin de l'année, lorsque tu quitteras l'école. Quand tu ne seras plus dans cette enceinte, tu pourras porter tous les gris-gris et amulettes que tu veux.

On n'avait jamais vu notre copain dans cet état. Il ne pouvait être blême, son teint ne le lui permettait pas. Il était plus olivâtre que jamais.

Lorsqu'il revint à l'école, le lendemain, on s'aperçut qu'il avait reçu une sérieuse correction. Il resta terré pendant toute la récré dans un recoin du préau. Pour une fois, j'abandonnai la partie de foot pour lui tenir compagnie. Son père s'était aperçu qu'il avait perdu sa croix et le châtiment avait été à la hauteur de la faute : Manuel avait du mal à marcher.

— Qu'est-ce qui t'est arrivé, Manuel ?

Après avoir longuement hésité, il m'avoua :

— C'est parce que j'ai perdu ma croix.

Je protestai :

— Tu ne l'as pas perdue !

— Non, mais mon père le croit.

— Tu ne lui as pas dit que c'était monsieur L… qui te l'avait confisquée ?

Il fit non de la tête.

— Pourquoi ?

Il ne répondit pas car il ne devait pas oser mettre en cause son professeur.

— Je vais lui dire, moi, à ton père !

— Non !

La véhémence de ce « non » me surprit.

— Pourquoi ?

— C'est pas tes affaires !

Bien sûr que ça n'était pas mes affaires. Mais s'il croyait que j'allais laisser mon copain se faire massacrer ainsi… Et laisser mon équipe sans un joueur aussi précieux que Manuel ?

J'étais indigné : à cet âge on a un sens aigu de l'injustice.

Le soir venu, je demandai à mon père : « C'est vrai que faire du prosélytisme c'est faire de la réclame ? »

Mon père fronça les sourcils et demanda :

— Qu'est-ce que c'est que cette histoire ? Qui est-ce qui t'a fourré ça dans la tête ?

Alors je lui racontai l'affaire. Pour être sûr, il s'en fut regarder dans le dictionnaire et il me dit :

— C'est à peu près ça, mais monsieur L… est mal venu de reprocher ça à ton copain. Quand il lit ostensiblement l'*Humanité* dans la cour de l'école, il fait, lui aussi, en quelque sorte, du prosélytisme pour le parti communiste.

Mon père, s'il avait des idées de gauche, avait toujours manifesté une profonde aversion pour tout ce qui pouvait attenter à sa liberté, que ce fussent des syndicats ou des comités diocésains. Il préférait se fier à son libre arbitre.

Il haussa les épaules et constata, désabusé :

— Contre le fanatisme, d'où qu'il vienne, il n'y a rien à faire.

Ça n'était pas tombé dans l'oreille d'un sourd. Le soir même, je courus jusque chez Manuel avec mon copain Fanfan.

Le Portugais habitait une pauvre maison, dans un quartier déshérité, à la périphérie de la ville. Madame Dos Santos était seule à la maison. Elle étendait des bleus de travail fraîchement lavés sur des fils tendus dans le jardin. C'était une grosse femme à la voix douce et chantante dont les cheveux d'ébène étaient ramassés sous un fichu noir.

— Ma, qu'est-ce que c'est, mes petits garçons ?

Elle avait un tel accent qu'on la comprenait à peine. Pensant que nous étions des copains de son fils, elle ajouta :

— Manuel il est pas venou encore.

Et pour cause ! Une nouvelle fois, Manuel était en retenue, et nous le savions bien.

J'hésitai, puis, après avoir consulté Fanfan du regard, je me lançai :

— C'est pour vous dire pour la croix…

Son bon visage s'illumina :

— La croix ? La croix de Manuel ? Elle est trouvée ?

Elle en oubliait de mettre des épingles à son linge. Qu'avait donc cette croix, pour susciter un tel intérêt ?

— Elle n'est pas perdue ! dis-je.

— Elle n'est pas perdoue ?

Ses yeux brillaient de bonheur. Elle se mit à faire des signes de croix et à lever les bras au ciel. Son enthousiasme était tel que je redoutais un moment qu'elle nous serre sur son abondante poitrine pour nous remercier d'une si bonne nouvelle. Je reculai prudemment :

— Non, Madame, c'est monsieur L… qui l'a confisquée.

— Confisquée ? C'est quoi, confisquée ?

Visiblement, le mot ne lui disait rien.

— C'est monsieur L… qui l'a prise, et maintenant il l'a déposée chez le directeur.

— Monsieur L…, l'institoutore ?

— Oui.

— Le Directeur ? La croix de Manuel que sa marraine lui a rapportée de Fatima ? Ma, *porqué* ?

Je regardai Fanfan, il me regarda, nous ne nous sentions pas de taille à lui expliquer ce qu'était le pro… Le pro… D'ailleurs, on avait oublié le pro quoi.

Madame Dos Santos levait les bras au ciel, tout à la fois ravie par cette bonne nouvelle et indignée qu'on ait cru bon de priver Manuel de sa croix.

— C'est pour ça qu'il ne faut pas gronder Manuel, dit Fanfan. C'est pas sa faute…

Le front de madame Dos Santos se chargeait d'orage :

— Ma pourquoi il ne l'a pas dit, ce petit imbécile !

Nous prîmes prudemment la tangente, pressentant que Manuel allait avoir une nouvelle soirée difficile. Avions-nous bien fait de venir ?

Sur le chemin du retour, Fanfan shoota avec rage dans un caillou :

— Tout ça de la faute de ce con de L… !

— T'as raison, lui dis-je, c'est de sa faute ! Et d'ailleurs, mon père m'a dit que lui aussi, il faisait du pro… du pro… du pro je ne sais pas quoi, pour le parti communiste lorsqu'il lit l'*Humanité* dans la cour de l'école.

Fanfan s'arrêta net :

— Il a dit ça, ton père ?

Je confirmai :

— Ouais !

Il me fixa bizarrement et annonça avec détermination :

— J'ai une idée !

Je le regardai, méfiant. Les idées de Fanfan me surprenaient souvent et me laissaient dans la plus grande circonspection.

— Comme on ne peut pas lui dire, qu'il fait du pro… du pro… du promachin pour le parti communisse, poursuivit-il, on va l'écrire sur le tableau !

— Ouah ! fis-je enthousiasmé. Bonne idée !

Je réfléchis :

— Mais comment ?

— Pas dur, fit Fanfan en fin tacticien. Demain, on vient de bonne heure, on monte en douce en classe, tu fais le pet pendant que moi j'écris au tableau. Après, on se cache dans les chiottes et quand la classe monte, on se faufile dans le groupe.

Il se frotta les mains comme un stratège particulièrement satisfait de son plan :

— Ni vu, ni connu !

Ainsi fut fait. Arrivés en avance dans la cour de l'école, cœur battant, nous escaladâmes les marches qui menaient à la classe et je me postai en haut de l'escalier.

— Comment qu'on écrit pro… pro machin ? me demanda Fanfan avant de se mettre à l'œuvre.

— Tu n'as qu'à regarder dans le dictionnaire, il y en a un sur le bureau du maître !

— Ouais, dit Fanfan, parce que si on fait une faute, on va passer pour des cons !

Je lui fis remarquer que ce n'était pas là l'important puisqu'on ne saurait pas qui avait tenu la craie.

Il haussa les épaules en reniflant, manière à lui de dire qu'il avait pris sa décision et que rien ni personne ne saurait l'en détourner.

Je montai donc la garde et l'inscription ne lui prit guère de temps, si bien qu'on put rejoindre la cour de récréation sans attirer l'attention. Bien entendu, Fanfan ne tarda pas à se glorifier de son exploit qui laissa nos camarades vaguement inquiets. Comment allait réagir monsieur L… ? Quand le maître siffla la fin de la récréation, nous nous mîmes en rang bien sagement pour rentrer en classe. Monsieur L…, qui entrait toujours en dernier, fut surpris par le silence qui régnait. D'ordinaire, il y avait un joyeux brouhaha avant que chacun regagne sa place. Cette fois, la paix la plus complète planait sur l'assistance, et trente gamins avaient les yeux rivés sur le tableau où s'étalait en capitales l'inscription suivante :

EN LISANT L'UMANITÉ DANS LA COUR, M. L… FAIT DU PROXÉNÉTISME COMMUNISSE.

Le silence qui suivit fut phénoménal.

Monsieur L… s'avança, la bouche pincée, jusqu'à son bureau. Il posa doucement sa serviette de cuir sur le sous-main de buvard vert, prit cette redoutable règle dont il nous cinglait les doigts quand il l'estimait nécessaire et, se tournant vers nous, croisa les bras.

— Qui est-ce qui a écrit ça ? demanda-t-il d'une voix blanche.

J'échangeai un sourire crispé avec mon copain Fanfan. Ça allait barder pour nos matricules !

Fanfan chuchota, la bouche de travers :

— Ça va chier des clous !

— Je vous préviens, poursuivit monsieur L… que si le coupable ne se dénonce pas, toute la classe restera en retenue…

On se regarda par en dessous.

Heureusement que personne ne nous avait vus ! Monsieur L… en rajouta une couche :

— Et il n'y aura pas de récréation tant que je ne connaîtrai pas le nom du coupable !

Ça se corsait !

Monsieur L… donna un violent coup de règle sur la table, faisant tressaillir l'assemblée :

— Dos Santos, essuie-moi cette saloperie ! Tu sauras peut-être faire ça, ajouta-t-il méchamment.

Et, tandis que, l'éponge à la main, le malheureux Manuel s'exécutait, il dit :

— Il y a au moins une chose dont je suis sûr, c'est que ça n'est pas toi le coupable, tu aurais fait plus de fautes que ça ! Prenez vos cahiers de calcul, dit monsieur L… d'une voix de stentor, interrogation écrite !

Une journée infernale commençait.

*

Le soir, je fus pris à partie par mon père :

— C'est à cette heure-ci que tu rentres ? Où es-tu resté traîner ?

— Monsieur L… a gardé toute la classe en retenue !

— Pourquoi ?

— Quelqu'un a fait une inscription au tableau.

— Ah oui ? Et qu'avait-on écrit ?

Bien qu'il nous défendît de dire du mal de nos maîtres, je savais que mon père ne prisait guère monsieur L… qui, lui-même, affichait ouvertement son mépris pour les ouvriers et sa haine pour les commerçants. Aussi n'hésitai-je pas à lui répéter ce que Fanfan avait écrit.

À ma grande surprise, il éclata de rire :

— Répète un peu ?

— On avait écrit « en lisant l'umanité dans la cour, monsieur L… fait du proxénétisme comunisse ».

Cette andouille de Fanfan n'avait pas fait UNE faute, il en avait fait deux, et en plus une confusion de termes dramatique.

Mon père me regarda, les yeux mi-clos :

— Et ce n'est pas toi qui serais allé écrire ça, par hasard ?

Je répondis trop vite :

— Ah non, p'pa, je te le jure !

Il roulait de gros yeux :

— Ne jure pas, mécréant !

Puis il suggéra :

— Mais tu sais qui l'a écrite ?

J'hésitai un instant. Avais-je le droit de trahir mon copain ? Bah, mon père, ce soir-là, paraissait dans de bonnes dispositions.

— C'est Fanfan, avouai-je.

Il eut un petit rire sans joie :

— Et tu ne l'as pas aidé, bien sûr !

Je bredouillai :

— Si, un peu… J'ai fait le guet.

Mon père leva les yeux au ciel :

— C'est malin ! Vous êtes contents de vous, je suppose !

Ses yeux riaient toujours. Si j'avais eu une retenue pour une mauvaise note, il l'aurait pris tout autrement. Je baissai la tête.

— Qu'est-ce qu'il faut qu'on fasse maintenant ?

— Il est bien temps de vous en préoccuper ! Vous ne pouviez pas réfléchir, avant d'aller faire vos bêtises ? Qu'est-ce qu'il a dit exactement, monsieur L… ?

— Il a dit qu'on serait en retenue tous les soirs et qu'on n'aurait plus de récréation jusqu'à ce que les coupables se soient dénoncés.

— Toute la classe ?

— Oui !

— En somme, il vous a pris en otages.

J'écarquillai les yeux :

— C'est quoi ça ?

— Eh bien, pendant la guerre, quand il y avait un attentat, les Nazis prenaient des gens n'importe où et promettaient de les fusiller si les coupables de l'attentat ne se dénonçaient pas.

— Même qu'ils n'avaient rien fait ?

— Oui. On appelait ça des otages.

Je frémis d'indignation :

— C'est dégueulasse !

Mon père le reconnut :

— Eh oui, c'est dégueulasse, mon garçon, mais c'est aussi diablement efficace. Si le coupable ne se dénonce pas, il y a toujours quelqu'un pour le faire. Ainsi, vous…

— Personne ne nous a vus !

Je pensais à cette andouille de Fanfan qui avait raconté son exploit dans la cour de récréation. À l'heure qu'il était, il ne devait plus y avoir un seul élève qui ignorait le nom de l'auteur de ce haut fait.

— Que tu crois ! Mais bon, ce qui est fait est fait, maintenant, il faut l'assumer. Il faut aller vous dénoncer.

Je fis une grimace :

— L'avoine qu'on va ramasser !

— Il est si dur que ça, monsieur L… ?

Je pensai à la grosse règle en bois :

— Il y a des moments, on dirait qu'il est fou ! Un jour, il tuera quelqu'un.

Là, j'exagérais un peu, mais bon, les circonstances étaient exceptionnelles. Mon père décida :

— J'irai avec toi et il ne tuera personne.

Il réfléchit :

— Demain je ne peux pas, après-demain, non plus… Nous irons vendredi.

Deux jours à attendre… Au retour de l'école, j'en parlai avec Fanfan :

— Faut qu'on se rende, Fanfan, monsieur L… a pris la classe en otage, comme les Allemands pendant la guerre.

— C'est quoi des notages ? demanda Fanfan.

Je lui expliquai la guerre, les Nazis et tout ça…

— C'est dégueulasse ! dit-il, indigné.

Il pensait exactement comme moi. Et toujours comme moi, il ajouta :

— Heureusement, personne ne sait que c'est nous !

— Pff… fis-je, tu oublies que tu l'as clamé sur tous les toits ?

Son front se plissa : il comprenait maintenant son imprudence. Il affirma d'une voix tout de même mal assurée :

— Personne ne mouchardera !

Je ricanai :

— T'as qu'à croire ! Il y a « P'tite sœur » qui ne peut pas te blairer.

J.P. C…, dit P'tite sœur pour son aspect efféminé et sa propension à faire de la « lèche », était fréquemment maltraité par Fanfan.

Celui-ci serra les poings :

— S'il fait ça, je lui pète la gueule !

— Pff… fis-je de nouveau. Tu ne sauras jamais qui aura mouchardé. D'ailleurs, mon père a dit que ça se sait toujours et qu'on finira bien par se faire gauler.

Fanfan réfléchit et me demanda :

— Tu as envie, toi, d'aller raconter ça au père L… ?

Rien qu'à l'idée d'affronter un monsieur L… furieux, je frémis.

— Mon père a dit qu'il viendrait avec nous.

Fanfan ne voulait pas en entendre parler.

— Ça nous fera deux branlées au lieu d'une !

Je protestai :

— Mais non, pas avec mon père !

Il rétorqua :

— Tu ne connais pas le mien !

Puis il réfléchit, le front soucieux. Enfin, il dit :

— Ton père a bien dit que c'était dégueulasse de prendre des gens en notage ?

— Oui, mais c'était en parlant des Nazis pendant la guerre.

— C'est pareil ! trancha-t-il. Tu vas voir !

— Je vais voir quoi ? demandai-je alarmé.

Il me regarda d'un air soupçonneux, comme si j'étais capable de torpiller sa nouvelle idée, et laissa tomber :

— Rien.

J'insistai :

— Dis-moi ce que tu vas faire, Fanfan.

— Tu verras bien.

Il avait sa tête des mauvais jours, la même qu'il a cinquante ans après quand il est en rogne. Dans ces cas-là, rien ne saurait le retenir, rien ne saurait le faire changer d'avis.

Et pour voir, je vis. Le jeudi matin, sur le tableau noir s'affichait le texte suivant :

MONSIEUR L… FAIT COMME LES NAZI
IL PREN LA CLASSE EN NOTAGE.

— Oh là là ! me dis-je. Cette fois ça va tourner au vinaigre !

— Qui a écrit ça ? demanda monsieur L… d'une voix trop douce.

Chacun retenait son souffle. Monsieur L… marchait lentement dans les allées, la règle à la main droite, se tapotant la paume de la main gauche en nous regardant tour à tour, comme s'il allait lire notre culpabilité dans nos yeux. C'était insoutenable.

Et puis il y eut un bruit en provenance du couloir. Un bruit qui grossissait, une altercation assurément. La porte de la classe s'ouvrit à la volée et le directeur fit une entrée remarquée, madame Dos Santos sur les talons. Une dame Dos Santos qui n'avait plus rien de la ménagère affable que nous avions rencontrée dans son jardin.

Car elle était furieuse, madame Dos Santos. Ses gros yeux noirs roulaient, lançant des éclairs, si bien que monsieur L… recula de trois pas tandis qu'elle lui jetait à la face :

— C'est vous lé voleur ?

En trois jours, monsieur L… venait de se faire successivement traiter de proxénète, de Nazi et de voleur. C'était beaucoup pour un maître d'école qui prônait haut, fort et en toute occasion les vertus républicaines.

— De quoi ? dit-il en essayant de la prendre de haut.

Mais madame Dos Santos ne lui rendait pas le moindre centimètre.

— Cette dame, dit le directeur à monsieur L… vous accuse d'avoir dérobé une médaille à son fils.

— Moi ? dérobé ? Ah, c'est trop drôle !

Mais il ne devait pas trouver ça drôle car nous crûmes qu'il allait avoir une attaque d'apoplexie. Il tenta de se justifier :

— J'ai en effet confisqué une croix à Dos Santos qui l'arborait de manière ostensible. Vous savez bien, monsieur le Directeur, que les insignes religieux sont interdits dans l'enceinte de l'école.

— En effet, mon ami, en effet, dit le directeur embarrassé, cependant, n'avez-vous pas fait un peu trop de zèle ?

— Du zèle, ricana monsieur L… d'une voix étranglée. Du zèle ? Ah, monsieur le Directeur, laissez ça – il montra son index – au fanatisme et il se répandra de nouveau comme la peste !

En y regardant bien, on pouvait se demander où nichait ce fanatisme : chez le gamin apeuré ou chez l'instituteur blême, à la bouche mince, aux yeux pleins d'intransigeance.

— Ma où qu'elle est la croix dé Manuel ? demanda madame Dos Santos en revenant aux choses pratiques.

Monsieur L… fouilla le fond de sa poche et en sortit la croix et la chaîne.

— La voilà, votre idole, dit-il d'un ton méprisant.

Madame Dos Santos lui arracha le bijou des mains, l'examina et s'écria :

— Et la chaîne elle est cassée ! Qui c'est qui l'a cassée, la chaîne ?

— Je suppose que c'est moi, avoua monsieur L… d'une voix blanche.

— Alors il faudra payer la réparation, s'exclama la Portugaise, sinon…

— Sinon quoi ? demanda Monsieur L… en croisant les bras et en la toisant d'un air de défi.

— Sinon, je vais à la poulice, je vais dire que vous avez volé la croix à mon fils !

Nous crûmes que monsieur L… allait s'effondrer. Il recula de trois pas, comme un boxeur qui vient d'être cueilli au menton par un uppercut.

— Un voleur, moi… moi… Ah, elle est bien bonne! balbutia-t-il.

Mais il ne devait pas la trouver si bonne que ça, la plaisanterie. Le directeur, visiblement ennuyé, vint le prendre par le bras:

— Je pense qu'il serait préférable que nous allions discuter de ça dans mon bureau.

Il entraîna monsieur L… et madame Dos Santos dans son sillage, et oublia même de nous recommander de nous tenir tranquilles. C'est dire s'il était perturbé.

Et nous aussi nous étions perturbés, si bien qu'on resta quelques minutes sans voix. Fanfan fut le premier à reprendre ses esprits: il se munit du chiffon et essuya le tableau, s'attirant du même coup les lazzis de ses camarades.

Un autre élève, je crois bien que c'était Tintin la Bolée, ainsi surnommé parce que son père tenait un estaminet où l'on vendait du cidre, sortit sur le palier en nous disant:

— Je vais faire le pet!

Dans la classe pétrifiée, on aurait entendu voler un ange. Puis Tintin revint rapidement:

— Les voilà!

Il eut à peine le temps de regagner son banc et de croiser les bras. Monsieur le Directeur entra le premier, la mine grave, suivi de monsieur L… complètement défait; madame Dos Santos, imposante, la bouche pincée, fermait la marche. Nous étions sages comme des images, les bras croisés sur nos pupitres, pour une fois attentifs.

— Voilà, dit monsieur le directeur, l'incident est clos. Reprenons le travail, s'il vous plaît.

Madame Dos Santos interpella Manuel en portugais, si bien que nous ne comprîmes pas ce qu'elle disait. Mais lorsque nous le vîmes vider son casier et ramasser toutes ses affaires, nous comprîmes : notre copain ne reviendrait plus en classe.

Monsieur le directeur tenta d'intercéder :

— Madame…

La mère de Manuel ne voulait rien entendre. Elle le coupa, très digne :

— Mon fils il restera pas dans une école où le maître il est oune voleur ! dit-elle en toisant monsieur L… avec mépris.

Et elle sortit, Manuel sur les talons.

Monsieur L… avait perdu la face. Mortifié, il se revancha hargneusement sur ceux qui avaient été témoins de sa déconfiture, c'est-à-dire les élèves de sa classe, si bien que nous avons tous gardé un souvenir affreux de cette année scolaire-là.

*

Plus tard, nous apprîmes que Manuel était entré en apprentissage chez un plâtrier carreleur.

Lorsque monsieur L… le sut, il ne put s'empêcher de faire quelques fines allusions à sa nouvelle situation :

— Ah, Dos Santos fait du plâtre à présent ! Faudra pas qu'il dorme sur la gâchée comme il le faisait sur ses cahiers ! Ça prend vite, le plâtre.

Et, parlant de l'artisan qui avait embauché notre copain :

— Il va être sauvé, avec un compagnon comme ça ! Il va peut-être falloir qu'il apprenne le portugais pour le faire travailler.

Ces mesquineries ne le grandissaient pas, et elles nous agaçaient prodigieusement, au point que nous nous ingéniâmes à lui faire une vie d'enfer. Il nous le rendit au centuple, et nous passâmes une fin d'année scolaire bien pénible.

Quarante ans plus tard, l'entreprise Dos Santos est parmi celles qui comptent dans le département. Manuel, que tout le monde appelle désormais Manu, fabrique des maisons des fondations au toit, en passant par l'agencement intérieur.

Il est président de la Chambre des métiers et son premier patron n'a pas dû apprendre le portugais pour se faire comprendre. En revanche, Manu a appris le breton qu'il parle avec un charmant accent lusitanien.

Le petit Portugais maigre et triste est devenu un homme d'affaires rondouillard et affable qui roule dans le dernier modèle de chez BMW.

Les dimanches d'été, il part pêcher aux îles Glénan dans sa grosse vedette. Quand il lui arrive de croiser monsieur L… qui, à nonante passés circule toujours sur sa mobylette jaune, il ne manque pas de le saluer avec une déférence ironique.

Et monsieur L…, oublieux des choses du passé, se glorifie volontiers d'être salué par un homme de cette importance et dit à qui veut l'entendre : « Je l'ai eu dans ma classe ce petit gars… Un débrouillard ! Je savais bien qu'il ferait quelque chose dans la vie… »

Voilà comment on écrit l'histoire !

Fanfan écrit toujours, mais dans les journaux où, désormais, sa signature est appréciée. Tintin la Bolée a repris l'estaminet de son père où il se vend désormais plus de bière que de cidre ; quant à votre serviteur, il écrit des histoires dont certaines, comme celle que vous venez de lire, sont vraies. Les autres copains sont devenus cheminots, postiers, gaziers, instituteurs. Quant à Le Pape, il n'est pas devenu souverain pontife comme il en avait manifesté le désir mais a fait carrière dans la limonade, ce qui ne l'a pas empêché – on l'a vu – de baptiser son bistrot Le Vatican bar, probablement en souvenir de sa vocation première.

Ainsi va la vie…

*

Entrée dans la vie active.

Mon père avait fini par se résigner à me prendre dans son entreprise. Mais, auparavant, je vous l'ai expliqué, il avait exigé que je passe par un cours de commerce pour y apprendre les subtilités de la comptabilité en partie double. Funeste idée, je retombais dans les chiffres ! Par bonheur, il y avait une option de secrétariat réservée aux filles. J'optai immédiatement pour cette échappatoire et me trouvai fort à mon aise en compagnie de ces demoiselles.

J'avais alors dix-sept ans et, soudain, je considérais le sexe faible d'un tout autre regard.

Autant dire que ce que je retins de la tenue des grands livres et rien, c'est pareil. En revanche, j'acquis en dactylographie une dextérité qui m'a bien servi par la suite.

Pour ne pas faire baisser son coefficient de réussite, la directrice du cours, désolée, renonça à me faire inscrire au CAP qui confirmait ses étudiants.

C'était en effet un cours privé et cette bonne dame se targuait d'obtenir chaque année le meilleur quota de reçus du département.

Je m'inscrivis donc en indépendant et, au grand dam de la dame (si j'ose dire !), j'obtins la peau d'âne convoitée après avoir… Je peux l'avouer maintenant, il y a prescription, honteusement copié sur ma voisine. Je vous ai déjà raconté tout ça…

Personne n'en fut lésé, sauf ma directrice. De ma vie, je n'ai jamais tenté de m'exercer à l'exercice rebutant de la comptabilité.

Les deux années qui suivirent passèrent comme un rêve. Je travaillais en famille, avec mon père, ma mère et ma tante Marie, dans un milieu qui me plaisait bien. Le dimanche, je jouais au foot au Stade Quimpérois et je pratiquais également l'athlétisme à l'Étoile Sportive de Kerfeunteun avec quelque succès. Je venais d'être sacré champion de Bretagne junior au saut à la perche et j'avais été convoqué à un stage de présélection de l'équipe de France à Chambéry.

La guerre faisait rage en Algérie et le contingent y était désormais impliqué.

Cependant, mon entraîneur, Jean Leroux, voyait pour moi un service militaire « peinard » au bataillon de Joinville où les espoirs du sport français, toutes disciplines confondues, s'entraînaient pour rejoindre un jour l'équipe nationale. Les Jeux Olympiques de Rome approchaient, tous les espoirs étaient permis.

D'un autre côté, Pierre Philippe, mon entraîneur au Stade Quimpérois, voulait me garder dans son effectif.

Par le biais de monsieur Monteil, le maire, qui avait été ministre de la Marine, il se faisait fort non seulement de me faire affecter dans la Marine, mais encore mieux, de me faire nomme au Dourdy[117] à Loctudy. Plusieurs autres camarades avaient suivi cette filière et ils se la coulaient douce en Bigoudénie, contre un entraînement deux fois par semaine et un match de foot le dimanche. C'était bien tentant.

Pourtant, la perspective d'être affecté au prestigieux bataillon de Joinville flattait fort mon ego. Cette dernière proposition finit par l'emporter. Je n'avais plus qu'à attendre mon affectation.

Mauvaise pioche ! Lorsqu'arriva mon appel sous les drapeaux, ce n'était pas la Marine, mais l'infanterie de marine qui m'était dévolue.

Je devais donc passer ce qui aurait dû être les deux plus belles années de ma vie en enfer, dans les djebels de Kabylie.

Mais ceci, comme disait Kipling, est une autre histoire…

---

117. L'école des Mousses.

Inscrivez-vous gratuitement,
et sans aucun engagement de votre part,
à notre bulletin d'information
en nous retournant le coupon ci-contre.

Vous serez informé(e) des parutions en exclusivité,
pourrez bénéficier d'offres spéciales,
recevoir des cadeaux, etc.

Chaque nouvel inscrit recevra
une surprise de bienvenue…

Rejoignez-nous vite!

Et n'hésitez pas à proposer l'inscription
à vos parents et amis…

Je désire m'abonner gratuitement au bulletin
d'information des Éditions du Palémon :
je serai averti(e) des parutions de Jean Failler,
ainsi que de l'actualité et des offres Palémon.

Nom ....

Prénom ....

Adresse ....

....

Code Postal ....Ville ....

Pour encore plus d'offres et d'infos,
indiquez votre adresse e-mail :

E-mail ....@...................

Bon à compléter ou à recopier
et à retourner par courrier à l'adresse suivante :

ÉDITIONS DU PALÉMON
ZI de Kernevez
11B rue Röntgen
29000 QUIMPER

Vos données sont collectées par les éditions du Palémon afin de vous inscrire à notre lettre d'information. Le recueil des données est facultatif et limité à ce qui est strictement nécessaire pour vous faire parvenir notre catalogue et/ou notre newsletter. Vous pouvez à tout moment accéder à vos données, les rectifier, demander leur suppression ou la limitation de leur traitement. En cas de question, vous pouvez nous contacter au 02 98 94 62 44 ou sur **contact@palemon.fr.**

❐ Je consens à l'utilisation de mes données

❐ Je souhaite m'inscrire à la newsletter

JFM01

Retrouvez les ouvrages de Jean Failler,
les enquêtes de Mary Lester,
et tous les titres des Éditions du Palémon sur :

www.palemon.fr

ÉDITIONS DU PALÉMON
ZI de Kernevez - 11B rue Röntgen
29000 QUIMPER
02 98 94 62 44
Dépôt légal 1er trimestre 2022

ISBN : 978-2-372606-26-4

Achevé d'imprimer en janvier 2022
sur les presses de CPI Bussière
18200 Saint-Amand-Montrond
Numéro d'impression : 2062432
1er tirage

Imprimé en France